高校体育教学创新与教学改革研究

何茂林◎著

线装书局

图书在版编目（CIP）数据

高校体育教学创新与教学改革研究 / 何茂林著. --北京：线装书局，2023.8
ISBN 978-7-5120-5590-2

I.①高… II.①何… III.①体育教学－教学研究－高等学校 IV.①G807.4

中国国家版本馆CIP数据核字(2023)第145921号

高校体育教学创新与教学改革研究
GAOXIAO TIYU JIAOXUE CHUANGXIN YU JIAOXUE GAIGE YANJIU

作　　者：何茂林	
责任编辑：白　晨	
出版发行：线装書局	
地　　址：北京市丰台区方庄日月天地大厦B座17层（100078）	
电　　话：010-58077126（发行部）010-58076938（总编室）	
网　　址：www.zgxzsj.com	
经　　销：新华书店	
印　　制：三河市腾飞印务有限公司	
开　　本：787mm×1092mm　　　　1/16	
印　　张：12	
字　　数：290千字	
印　　次：2024年7月第1版第1次印刷	

定　　价：68.00元

线装书局官方微信

前　言

　　当前，进一步深入发展高校体育教学是实现中华民族伟大复兴的中国梦与中国体育强国梦的重要内容，是高校培养身心全面发展并具有良好社会适应能力的优秀人才和合格社会建设者的有效途径，这就必须彻底摒弃传统高校体育教学的形式化，树立科学的体育教学理念，重视新形势下体育教学理论的发展和创新，为高校体育教学实践提供理论指导。基于此，特撰写《高校体育教学创新与教学改革研究》一书，旨在促进我国高校体育教学改革。

　　本书以高校体育教学为研究重点，重视体育教学与其他学科之间的联系，侧重于现代体育教学理论、教学理念以及教学技术的创新性探索，对构成高校体育教学这一系统的各个要素（教学内容、教学设计、教学模式、教学评价、教学管理等）进行了深入的分析与研究，为当前新形势下高校体育教学的发展以及优秀体育教育人才的培养提供了理论指导，对当前从事高校体育教育教学的一-线工作者提高高校体育教学质量、完善高校体育教学过程、优化高校体育教学效果具有重要的启发意义。

编委会

王　程　王瑞萍　李　津
韩　娇

目 录

第一章 体育教学概述 (1)
　　第一节　体育教学的概念与目标 (1)
　　第二节　体育教学的特点与功能 (8)
　　第三节　体育教学的现状及发展 (18)

第二章 高校体育教学基础理论研究 (25)
　　第一节　体育教学论及其价值 (25)
　　第二节　体育教学与相关科学理论研究 (29)
　　第三节　体育教学的原则与方法 (33)

第三章 高校体育教学改革与创新 (45)
　　第一节　高校体育教学方法的创新 (45)
　　第二节　高校体育教学过程与评价的革新 (55)

第四章 高校民族传统体育教学理论与方法指导研究 (69)
　　第一节　高校民族传统体育的学科理论体系的构建 (69)
　　第二节　高校民族传统体育课程设置 (77)
　　第三节　高校民族传统体育教学的原则与方法 (83)
　　第四节　高校民族传统体育教学课的组织与实施 (88)

第五章 高校体育课堂教学理论 (92)
　　第一节　体育实践的意义 (92)
　　第二节　体育实践的内涵、形式、特征与功能 (93)
　　第三节　体育实践的研究对象、内容方法及学习意义 (100)
　　第四节　国内外大学生实践能力培养概况 (102)

第六章 高校体育课堂实践教学 (108)
　　第一节　课堂实践教学的概念分类及作用 (108)
　　第二节　课堂实践教学的方法与模式 (112)

  第三节　课堂实践教学的实施方案和具体措施 …………………（118）
  第四节　课堂实践教学的管理与注意事项 ……………………（124）
第七章　高校体育教学与现代教育思想的融合 ……………………（130）
  第一节　人文教育思想的融入 …………………………………（130）
  第二节　科学教育思想的体现 …………………………………（141）
  第三节　创新教育思想的应用 …………………………………（155）
  第四节　终身体育思想的强化 …………………………………（159）
第八章　高校体育的科学化训练 ……………………………………（165）
  第一节　球类运动项目的科学化训练 …………………………（165）
  第二节　有氧运动项目的科学化训练 …………………………（182）
  第三节　塑身运动项目的科学化训练 …………………………（187）
参考文献 ………………………………………………………………（194）

第一章 体育教学概述

作为传播体育理论和体育实践知识的重要途径，体育教育有助于培养学生体育方面的才能，促进学生德、智、美等诸多方面素质的全面发展。本章主要从体育教学的概念与目标、特点与功能以及体育教学的现状和发展进行分析与研究，为体育教学实践活动的开展奠定一定的理论基础。

第一节 体育教学的概念与目标

一、体育教学的概念

体育教学是众多学科教学的一种具体形式，为了更深入地认识体育教学的概念就需要首先了解教学的相关知识，对教学的基本含义进行分析是认识体育教学的重要前提。

（一）教学的概念

"教学"是一种动态行为，是教学工作者对具体的学科或技能组合进行的一种有组织、有计划的教学行为。可以从宏观和微观两个方面对教学的含义进行分析，具体如下。

首先，从宏观角度分析，教学是一种特殊的教育活动，它是指教学者以一种或多种文化为对象，对受教者进行教育，以期让受教者获得这种文化的活动。其中的教学者是掌握某种知识或技能的人，他与接受教育的人共同构成教学的主体。

其次，从微观意义上讲，教学是一种直观的教师进行教授和学生进行学习的活动，在这个活动中，教师是教学的引导者，是教学活动的组织者和知识传授者；学生是教学的"受众"和主体，简言之，教学是一种以特定文化为对象的"教"

与"学"的活动。

综上所述，可以认识到，教学是一种教育活动，这种活动需要教师和学生的共同参与，并为了实现某一具体的教学目标而相互协作。

（二）体育教学的概念分析

1.体育教学是一门学科

体育教学包括体育教学目标、教学内容、教学评价等内容。体育教学是一种特殊的教学课程，它以发展学生体能、增进学生身心健康为主要目标，配合德、智、美、劳进行教学，促进学生身心全面发展。体育教学最重要的教学组织形式是课程教学，作为一门较为特殊的课程教学，体育课程教学的目的是促进学生在德、智、美三方面全面发展的同时，促进学生的身体素质的提高和身心健康，以保证教学目标的顺利实现。体育课程教学的概念更加侧重于体育运动知识与技能的学习与掌握，但在学生对体验和参与体育运动的认识、情感与社会适应等方面没有给予充分的关注。

2.体育教学是教育的组成部分

体育教学是在教师的指导下，从生物科学、教育学、心理学、社会学、哲学等学科中获得知识，在体育与健康方面有计划、有目的、有组织地进行以身体锻炼为载体的活动，它与德、智、美、劳的教育课程相配合，共同促进学生身心全面发展。除了运动能力的教育还有些许欠缺，在体育运动、体育活动与训练的教育方面都能够促进学生身心发展，这也是素质教育的主要内容。

3.体育教学是活动

体育教学主要是有目的、有计划、有组织的相关体育活动的组合。有关研究学者也提出了相似的看法："现代体育教学是为了使学生能在身体、运动认识、运动技能、情感和社会适应能力方面和谐发展的有计划、有组织的活动。"体育教学不仅仅是把理论知识背熟就可以，它是在参与运动技能的基础上，有一定技能进行的体育活动，达到体育参与一定运动技能的标准，是体育感受体验的积累。

（三）体育教学的要素构成

体育教学既不是完全的游戏和娱乐活动，也不是一种随意的、随心而行的教学活动，它是由多种要素共同组成，才得以正常、合理、科学地开展。一般来说，体育教学的构成要素主要包括以下几个方面。

1.体育教师

体育教师是体育教学活动的组织者、指导者，同时也是知识的传授者。如果没有体育教师的参与，那么体育教学也就不会存在，这主要是因为缺少体育教师这一要素，体育教学也就缺少了"组织者"和"指导者"。在体育教学中，体育教师既是课程设计的参与者，同时也是课程教学的实施者。因此，体育教师是体育教学中的主导因素。

2. 学生

学生是体育教学中的受教育者，是体育教学的主要对象。在体育教学中，学生是最为活跃的因素，是主体因素。

教学环境是指开展体育教学活动所需要的硬件和软件条件的综合。就体育学而言，良好的体育教学环境在其中有着非常重要的影响，如果缺少良好的体育教学环境，那么整个体育教学质量就会受到很大的影响，甚至会对体育教学的顺利开展产生非常严重的影响。

3. 教学目标

教学目标是体育教师组织开展体育教学的根本依据，如果体育教学中缺少教学目标，那么后续的工作就无法正常开展。体育教学目标涉及多个方面和多个层次，它是体育教学中的定向因素和评价因素。

4. 教学内容

体育教学内容主要是由内容实体（体育课程）和内容的载体（体育教材）共同组成的。体育教学内容是体育教师根据体育学科的体系、学生的需要和社会的需求选编出来的。如果缺少了体育教学内容，那么体育教学就显得非常空洞。

5. 教学过程

教学过程是体育教学中的最为中心的要素。如果缺少这一要素，体育教学也就无法得到时间、空间和程序上的支撑，更无法进行体育教学的组织和管理。

6. 教学方法

在体育教学中，体育教学方法与体育教师、学生和体育教学目标等要素有着非常密切的联系，它是体育教师根据体育教学目标和学生的实际情况所选择的有效的教学手段和技术，其中包含了为促进学生加深理解教学内容中的各种信息及其传递的方式。

7. 教学评价

体育教学评价与体育教学目标和体育教师等要素之间有着密切的联系，它是体育教师根据具体的教学目标而制定的各种考核和评价指标，这些指标既包括体育教学的教学情况，也包括学生的学习情况。

二、体育教学的目标

学校体育教学目标是学生在实际参加的有关体育内容的教学中对于最终学习成果的预期标准。体育教学目标是由体育教师制定的，具有较强的灵活性和实用性；为体育具体的教与学活动提供依据。除此之外，它还是对具体教学过程与丰富教学活动的定向。

体育教学目标又可分为阶段性目标和最终目标，其中阶段性目标是指体育教学各个阶段的目标；阶段性目标的总和就是最终目标，即体育教学的总目标。体育教学总目标是实现体育教学目的的标志。

（一）体育教学目标的特性

通过总结来看，体育教学目标的特性主要表现在两个方面。

1. 预见性和挫折性

首先需要说明的是，体育教学的目标并不是确立之日起在很短的时间内可以达到的，也就是说它并不是已经实现的现实。由此可知，体育教学目标对体育教师和学生共同完成体育教学活动有着很大的指导和激励作用，它是一种对体育教学活动结果的预见与期待。另外，学校体育教学还具有一定的挫折性，因为体育教学目标不是已经存在的现实，因此在实现的过程中会遇到许多不在预期之内的问题和困难，这些困难会给最终要实现教学目标以极大阻碍，要达成目标是需要付出努力，甚至经过非常艰辛的努力才能实现的。

2. 方向性和终结性

学校体育教学目标能够反映出特定的价值取向，这也说明了它带有明确的方向性。在实际的学校体育教学中，这个方向性也是非常直观、明确地展现在体育教学主体面前，如他们应走向什么方向，走到哪里等。

而体育教学目标的终结性不是体育教学的终止。体育教学目标的完成意味着下一个更高更强的体育目标的建立和开始，这个"终结点"只是整个体育过程的互相联系的一个一个的"歇脚点"。

（二）体育教学目标的功能。学校体育教育目标的功能主要表现在三个方面。

1. 体育教学目标是选择教学内容与方法的重要依据

体育教学中包括的内容较为广泛，除最为常见的体育运动项目技能，还会学习一些和体育与保健相关的知识与技能。而正确合理的体育教学、目标可以界定体育教学内容的范围，对教学内容的选择起到导向作用，并且对其做出最有价值的判断。另外，对于相应的教学内容选择对应的教学方法也是要以体育教学目标为依据的。

2. 体育教学目标是组织教学活动的重要依据

体育教学目标的高低决定了体育教学活动组织的严谨程度和方法。它会对体育教学内容的结构形式和教学的组织形式产生影响，指导体育教学的具体实施。例如，较低的体育教学目标（体育教学的子目标）可以轻易完成，因此在对其相关内容进行教学时可以组织得相对轻松一些；对待较高的目标则需要严谨、紧张、细致的教学组织。

3.体育教学目标是教学评价的重要依据

对于体育教学的结果都要进行系统、客观的评价，以此获得有效数据和结论用于反馈给体育教学管理部门。此后，相关部门会根据这些评价调整体育教学中的各种指标，促进教学水平的进步以及与学生的适配性。总的来看，学校体育教学目标是评价体育教学价值和效果的主要依据，它是进行学校体育教学评价的基本标准。由此可知，体育教学目标为学校体育教学评价提供了依据。

（三）体育教学目标制定的依据

1.以人体的发育规律为依据

根据我国体育教学的现状来看，受教育对象的人体发育规律对教学的影响非常重要。人体发育有几个敏感期，这些敏感期对体育素质的培养有着非常重要的作用，抓住这几个敏感期进行体育教学可以达到事半功倍的效果。根据近几年的调查研究发现，按照我国国民的个体发育规律，各项素质发展的最高峰的年龄主要集中在学生时期，特别是大学时期。体育教学可以充分满足大学生的身心发展需求。在高校期间，要制订更加系统、合理、科学的体育教学计划，此阶段的教学最有可能会让学生受益终身。这也是体育教学的根本目标。

2.以个体参与体育运动的兴趣与能力为依据

体育教学要想取得最佳的教学效果，就必须吸引学生的关注力，提高学生参与体育运动的兴趣。要想提高学生的学习兴趣，根据学生生理、心理和智力的特点，将体育运动的趣味性、对抗性等相结合，使学生由浅入深、由易到难地逐渐掌握体育运动知识，从而获得参与体育运动的基本能力。而且教师还注重学生对体育运动的兴趣，来提高欣赏体育运动以及参与运动的能力，使其成为学生终身的爱好。

3.以促进个体综合素质的全面发展目标为依据体育运动不仅仅只是提高学生的运动技能，还要综合发展学生的综合素质。在德育方面，一些体育运动项目要求学生克服内在和外在的双重障碍，培养学生坚定的意志和顽强的毅力。无论遇到怎样的困难都要遵循道德规范和准则，努力实现自己的目标。在智育方面，体育运动项目中，很多运动项目都要求运动者具有高速判断、分析、思维、想象的能力，让运动者智力得到良好的开发。在美育方面，体育本身就是健康美、形体美的代名词，无时无刻不在培养学生对美的感受能力、鉴赏能力、表现能力以及创造能力。因此，在制定教学目标时要考虑选择合理的教学内容，使学生的德、智、美的综合素质得到全面发展。

体育教学的目标能够把握体育教学的方向，是体育教学研究非常重要的一个部分，对教学改革发展起着至关重要的作用。

（四）体育教学目标的制定

1. 体育教学目标制定的步骤

对体育教学对象进行分析。学生的学习需要是指学习者学习成绩、学习态度等的现状与体育教学目标之间的差距。分析学习者能力与条件是指学生在体能、运动技能、体育知识等方面已经具备的能力与条件。在对学生的学习需要与能力条件认真分析的基础上才有可能设置合理有效的学校体育教学目标。

对体育教学内容进行分析。在制定体育教学目标时，要认真分析体育教学内容的特点与功能，这是因为制定具体的体育教学目标终归离不开具体的体育教学内容。教学内容的不同自然带来了不同的特点与功能。无目标的体育教学内容，注定也就没有教学内容的目标。

编制体育教学目标。在分析完体育教学内容后，就要开始着手制定体育教学目标了。体育教学目标是指导体育教学活动设计、实施和评价的基本依据，它通常在"单元"或"课"的教学计划中按照课程的水平目标分别陈述。

2. 体育教学目标陈述

通常认为，体育教学目标陈述主要包括四个方面的要素。

明确目标的行为主体。体育教学目标注重学生学习产生的变化和结果，而不应是像以往那样单纯以教师的"教"为行为主体的过程。现代，包括未来的教学都要以学生作为行为主体。因此，对于体育教学目标的陈述也就要注意突出体现这一趋势。

准确使用行为动词。体育教学目标应采用行为动词来描述体验性目标和结果性目标，以区分学习结果的层次性。

规定学习条件。在体育教学目标的陈述中要注意将教学条件描述出来。体育教学设计的准备工作和体育资源较多，这些都是体育教学中不可或缺的内容，就教学条件来讲一般包括情景、环境和信息三大条件。

说明预期效果。体育教学目标的陈述中必须有经过教学活动后预期达到的效果。另外，在对预期效果进行描述时要以学生为主体，且语言通常为肯定句。

3. 体育教学目标制定的要求

连续性。体育教学目标是通过若干年级目标、单元目标、课时目标的实现最后加以实现的，在不同年级之间、同一年级前后之间、不同单元之间等既有一定的独立性，又相互联系与影响。因此，制定体育教学目标，无论是年级、单元，还是课时之间都注意相互之间的连续性。

层次性。无论是体育情感目标、认知目标、运动技能琴还是增强体能目标本身如有一个从低到高的层次。各领域目标之中，都有从低到高的层次。

可操作性。体育教学目标的制定应具体、明确，便于操作，有利于给体育教学活动的过程以清楚的导向，并且目标制定得还要便于最终对教学效果的评价；体育教学目标的制定应尽量利于测量和评价。

4.体育教学目标制定的注意事项

应具有教育价值。体育教学的目标要具有教育价值，在实际的体育教学中，有些体育教师过于强调目标分解和细节。结果制定了一些体育价值并不大，甚至没有价值的目标，这极大地影响了体育教学效果。

应与体育课程目标相关。学校体育课程目标是体育教学目标的上位目标，每一个下位目标都必须与上位的目标有机衔接，并与之相一致。

应与学生实际情况相适应。学生的需要、能力、条件等实际是制定体育教学目标的前提与基础，只有体育教学目标与学生实际情况相适应，这个目标才称得上是合理的目标，学生在追求这个目标的过程中才能获得相应的进步和增加对体育运动的兴趣。

目标描述应准确直白。只有当学校实施体育课程教学的人能像目标制定者那样理解其中要达到的结果时，目标才是有效的。

应找到学生与内容的结合点。在制定体育教学目标时，必须考虑体育教学的对象和教学内容两个因素。要使目标符合学生的实际，必须认真考虑学生的需要及要达到的学习结果。

体育教学目标应注意及时调整。无论体育教师考虑得多么周密，体育教学目标制定得多么明确具体，其体育教学过程也不是一成不变的。体育教学根据实际情况及时调整既定目标。

（五）体育教学目标的实现途径

体育与健康课、课外体育活动与其他体育健身活动等内容是高校体育教学工作的主要内容，同时也是体育教学目标实现的基本方法。

1.体育与健康课

体育与健康课是必修课，它是以教育部制订的教学计划为依据而开设的。体育与健康课是系统地对学生进行体育教育的课程。高校体育的基本组织形式也是体育与健康课。体育与健康课有三个基本特征。

（1）体育与健康课的课程标准是有一定规定的，授课的班级也是相对固定的。

（2）体育教师是专业的，场地、设备与器材也有较好的保证。

（3）体育与健康课有规定的考评，学生毕业与升学都要进行体育与健康课的测试。

2.课外体育活动

我国高校体育目标得以实现的重要组织形式之一是课外体育活动。课间操、体育锻炼、早操、课外体育训练、课余体育竞赛以及在校外进行的郊游（夏令营、冬令营）等是课外体育活动的重要形式。课外体育活动具有四个方面的意义。

（1）课外体育活动能够提高学生学习体育知识和技能的积极主动性。

（2）有利于学生运动能力的提高，对学生自觉锻炼身体的意识和习惯具有积极的培养作用。

（3）有利于学生体质的增强，能够发展学生的体育兴趣与爱好。

（4）学生的课余体育生活能够得到丰富，学习和生活质量等也会有所提高。

3.其他体育健身活动

其他体育健身活动是指在高校教育的各个环节中开展的有利于学生增进健康、增强体质的活动。这些健身活动也是实现体育教学目标的主要途径。

第二节 体育教学的特点与功能

一、体育教学的特点

体育教学与其他学科的教学存在着共性，同时又有自身的特性。体育教学与其他学科教学的共性主要体现在三个方面。首先，体育教学与其他学科教学的目的都是传授某种知识或技能。其次，体育教学和其他学科的教学都属于教师与学生的双边活动。教师与学生在教学活动中会有各种形式的交流，如语言上的交流和肢体动作的交流等。过往这种交流更多的是从教师到学生（教师传授给学生某种知识和技能），现代教学要求教师开始注重使这种交流转向从学生到教师。最后，体育教学和其他学科的教学均是以班级为单位开展教学活动，实际的教学过程中，班级教学的组成方式会根据需要有所不同，如学生入学时组成的自然班，或根据学生的不同兴趣组成的单项班等。

这里重点对体育教学区别于其他学科教学的特点进行分析阐述。

（一）教学环境的开放性

一般学科的教学主要是室内，而体育教学场所多为室外，目前，我国各级院校的体育教学多以体育实践课为主，体育教师组织的大多数体育课主要在学校操场进行。与其他学科主要是在封闭的教室、实验室等地方开展教学活动不同，体育教学的教学空间富有变化性，环境更加开放，即体育教学环境具有开放性特点。

体育教学环境的开放性决定了体育教学具有不同于室内教学的特殊要求，开展教学活动应注意以下几点。

首先，一般来说，室外活动受干扰因素多，如天气、地形、周边设施与噪声等，体育教学的组织管理工作愈加复杂，需要精心设计与统筹安排体育教学的组织形式、教学步骤与方法，以保证室外体育活动正常、有序地开展。

其次，室外的体育教学是动态的，大部分的教学时间学生都处在不断变化与形式多样的运动中，而且班级内学生较多，教师可采取分组教学。

最后，由于一些学校的体育基础设施条件较差，体育教师应重视和加强学生的安全教育。

（二）教学过程的直观性

体育教学以身体练习为主，身体是教学的主要载体，因此，教学过程拥有直观性特点。这种直观性主要体现在讲解、示范和教学组织管理与三个方面。

1. 教学内容讲解的直观性

在体育教学过程中，教师的讲解必须生动、形象，具有强烈的画面感，具体来说，要求教师对体育教学内容的讲解不仅要达到与其他学科教师讲解同样的水平，还要求体育教师的语言更加生动，并且富有一定的肢体表现能力，以使学生有形象、贴切、有趣的感觉。尤其是在某些拥有较难技术动作的体育运动教学中，教师不仅要对体育教学重点进行详细描述，还要用生动、形象的语言把复杂的技术动作进行简单化讲解，做到深入浅出，以便于学生理解和掌握。

2. 动作技能示范的直观性

体育教学过程中，每一项体育项目的教学都涉及技术动作或战术配合，为了加深学生的理解和认识，教师有必要进行动作示范和实践演示。在教师运用示范法时，需要运用非常直观形象的动作示范，其中包括正确动作的演示和错误动作的演示，这些演示都是非常直观地展现在学生眼前，不能有任何的艺术加工和变形，这样才会使学生从感官上直接感知动作的正确与错误，以利于他们建立正确的、清晰的运动表象。当学生建立正确的动作表象后，再配合教师的讲解，使之与思维结合起来，从而掌握体育知识、体育技术和体育技能，改善身体素质，提高运动水平。

3. 教学组织与管理的直观性

相较于一般学科的教学，体育教学中教师与学生接触更多，关系更融洽，对学生的组织与管理也带有直观性，如要更加富有责任心、更具有活力，身体力行，这对学生的身心也是一种无形的教育。有利于教师对学生的观察与帮助，把控教学过程，也能为学生创造宽松的教学环境，使学生在教学中表现出来的言行都是他们最为真实的一面，有利于体育教师获得正确的教学反馈，并及时修正教学过程。

（三）教学内容的情感性

体育教学内容是非常丰富的，它会涉及多种与体育>目关的内容，通过对体育运动项目知识、技能及相关内容的学习，学生可以普遍从中体会到源自体育的丰富情感。体育教学中，学生丰富的情感体验主要表现在三个方面。

1.体育教学内容的运动美

在体育教学过程中，师生可以体会到只有体育才能赋予人的人体美和运动美。一方面，学生通过接受体育教学，掌握体育健身的方法和技能，达到运动塑身的效果，使身体外在形态保持优美的线条和良好的身材比例；另一方面，学生通过对不同运动的学习，可以认识到人体不同的动作展现出的动作美和肌肉的动态美，这种美只有在运动中才能看到，是极为外显的美。

2.体育教学内容的精神美

在体育教学中，学习运动项目，了解运动知识能使学生真正领悟体育精神。学生通过参与体育活动可以陶冶情操，平衡心态。如学生在关键时刻始终保持冷静的心态，或是在胜利时表现出谦虚等。而每一项运动都向人们表现出了不同的美的特点和审美特征，如球类运动可以表现个人对球类技术的掌握能力，集体球类项目中除了个人能力，还包含了与队友之间的协作和互助精神。这些内容都是人类积累下来的丰富的体育内涵，而通过体育教学能促进学生感受到体育的精神美，掌握体育的精髓。

3.体育教学内容的创造美

体育教学是一种创造性的社会活动，其创造的成果就是让学生获得内在的顿悟和精神上的启迪。同时，体育教学沟通着学生与学生、教师与学生，对提高学生社会适应能力具有重要作用。

此外，在体育教学中，学生通过体育教学中对美的感受，可以提高审美能力。既然有美的存在，那么就要有欣赏美的人和能够欣赏美，懂得如何欣赏美的能力。

（四）教学条件的制约性

体育教学内容丰富，涉及要素较多，因此也会受到多种因素和条件的影响，这就使得体育教学会受到更多客观条件的制约，这是体育教学的重要特点之一。

体育教学活动受到的制约主要来自学生运动基础、学生其他基本情况（年龄、性别、生理和心理特点）、体育教学场地条件、器材、气候等。这些因素都会影响体育教学质量的高低。具体来说，主要表现在两方面。

1.学生特点的制约

学生是体育教学的主体，是体育教学过程中体育知识与技能传授的受众，与学生有关的诸多情况会对体育教学本身造成一些影响，因此体育教学要想进行得顺利，获得良好的教学效果，就要注重对学生的运动基础以及体质强弱等实际情况的区别对待。这些差异具体如男生与女生不同的身体形态、机能水平、运动能力等，根据这些差异，学校体育教育部门和体育教师在进行教学设计、教材选择和教学组织等方面的工作时就要考虑周全，否则就会影响教学目标和教学效果的实现。

2.教学条件的制约

教学环境状况会直接影响体育教学效果。在体育教学中，体育教学环境是体育教学的重要载体，其质量的高低对体育教学会产生较大影响。例如，体育教学活动多在户外开展，面临的是严重的空气污染，或邻近马路带来的噪声污染等问题，这些问题则势必会影响体育教学主体在教学活动中的状态与情绪；天气对于室外体育教学的影响也是不能忽视的，这点在早年间越发明显，如遇到雨、雪、大风等恶劣天气时，体育教学不得不停止，转而来到室内进行一些体育理论课的教学，长此以往，不利于体育教学目标的实现。

总之，体育教学受多种体育教学条件的制约，要想顺利开展体育教学，就要摆脱不利于体育教学的各种条件因素的影响，尽量将制约因素的影响程度降至最低。

（五）技能学习的重复性

在体育运动项目的技能学习中，重复练习是学生可能提高的重要基础。新的《体育与健康课程标准》指出，现代体育教学应促使学生完成运动参与，促进学生的身体健康、心理健康，并提高学生的社会适应能力。体育教学最基本的目的则是使学生掌握运动技能，而要达成这一体育教学目的，就必须重复学习运动技能。当然，这里所说的技能学习的重复性，并非某一运动技能的"简单机械化重复"，而是同一运动技能学习的重复性，在这种重复过程中，学生的运动技能是持续、螺旋式提高的。

具体来说，结合体育运动技能的形成具有阶段性和规律性分析，运动技能形成大致分为四个阶段：即练习分解动作阶段、练习连贯动作阶段、独立完成连贯动作阶段和熟练完成连贯动作阶段。学生要想熟练掌握运动技能，需要经过长期的反复练习。学生无论是掌握篮足排运动中的复杂技能，还是学习体操中的滚翻、田径中的跑等技能，都需要经历由不会到会、由简单初步学习到复杂深入学习、由不熟练到熟练的发展过程。

技能学习的重复性要求体育教师在体育教学过程中要严格遵循循序渐进的教

学原则，逐步指导学生掌握各种运动技能，根据不同运动技能的特点，合理安排练习内容和时间，通过反复练习，使学生逐步掌握、提高运动技能。

（六）身体活动的常态性

正如前面所言，在体育教学中，学生需要不断重复学习体育运动技能，这也决定了学生在体育教学活动中，要经常进行身体活动，即体育教学具有身体活动的常态性特点。体育课堂教学过程中，教师与学生的身体操练非常频繁，这种几乎常态化的特点成为体育教学非常显著的特点。

体育教学要求学生掌握基本的运动技能，体育教学过程中有很多对身体活动的要求是体育教学与其他学科教学的最大不同。文化类学的、教学环境多为教室、实验室或多功能厅，此类学科的教学要求教学环境要保持相对的安静，这样才能激发学生的思维并产生很好的学习效果。而与这些学科相比，体育教学却刚好相反，其教学的地点多为户外或专用场馆，普遍较为宽阔，而且在大多数时间的运动技术练习环节并不需注意保持安静，学生之间、学生与教师之间都可以随时有相关的交流沟通，如此才更有利于学习运动技术。因此，在体育教学中，几乎所有内容都涉及身体活动，或者是为即将到来的身体活动做准备的活动，就是对作为"身体知识"的体育教学的最好诠释。在反复练习的过程中，对学生的机体产生一定的刺激，安排得当的生理负荷有利于发展学生的身体。

需要特别指出的是，体育教学的身体活动的常态性特点不只针对学生，也包括教师，在体育教学过程中，不仅是学生要进行具有一定运动负荷的运动，教师在做示范、做指导和参与组织教学中也需要付出不少体力。

（七）身心练习的统一性

身体与心理的发展具有密切的联系，现代科学研究发现，身体健康有助于改善心理健康，而心理健康与否也可以影响身体健康。因此，体育教学具有要求学生身心共修的特点。

体育教学重视对学生身体的改造，与此同时它还强化学生的心理与多种适应能力的发展。而在其他学科的教学中却无法达到这样的效果，这主要是因为体育教学营造了不同种类的教学情境，一系列积极的情境使得参与其中的人在潜移默化中受到感染，在体育教学中，学生的身心发展看似是多元的，但实际上是一种身心统一的锻炼，即达到身体与心理的共同拓展和发展，表现出十足的统一性。身体发展是基础，心理发展依赖、并能促进身体发展。从这一方面来看，体育教学不仅可以促进学生掌握技能、发展身体、增强体质，还有利于培养学生的思维方式和良好的心理品质，促进学生身心健康与协调发展。

体育教学中学生身心练习的统一性，要求教师应做好以下教学工作。

首先，体育教学内容的选择应有助于学生的身心发展。体育教学内容的选择会影响到体育教学效果，作为体育教学评估的依据，教师在选择时应慎重。为了使体育教学体现出身心统一的特点，教师应针对学生的身心健康状况合理选择教学内容，所选教材的编排要符合该年龄段学生的心理特点，除此之外还要满足其美学、社会学等其他方面的要求。使学生通过体育教学中的知识学习、身体练习、情感体验，身心收益。

其次，体育教学方法的选用要符合学生的身心特点。与其他学科的教学相比，体育教学的教学方法更加丰富，这更加便于体育教师结合体育教学实际合理选用教学方法，为了体现体育教学中学生身心练习的统一性，体育教师选择的教学方法均应遵循与学生年龄段相适应的身心变化规律，选择正确的、适合学生身心发展的体育教学方法，体育教师必须根据学生的这些身心特点安排教学方法，才能有效地激发学生的积极性和兴趣，促进学生身体和心理的共同发展和提高。

最后，体育运动负荷的安排应注重学生的身心承受能力。身体练习是学生获得技能的重要基础，在此过程中，学生还要经历各种心理体验。具体来说，在体育教学实践中，教学内容以身体练习为主，需要学生运用身体器官直接参与活动，不仅要承受一定的身体负荷，还要承受一定的心理负荷。学生在完成大负荷的身体练习时，要承受肌肉活动引起的疲劳与不适，体验不同的心理过程，磨炼思想意志，还要克服困难、团结一致、努力拼搏，感受失败和成功的心境。这种身心练习的统一性更有益于学生的身心健康发展。

（八）人际关系的多边性

教学是师生共同参与的双边互动过程，在体育教学中，人际交往占据重要位置，体育教学中的人际交往具有多边性的特征。现代体育教学的组织形式主要在单人、双人、小群体以及全班之间不断转换，要求学生在不同的时空内完成不同的身体运动、不断地变换角色位置，彼此之间建立多种不同的联系。因此，在体育教学中，师生之间、学生间、小群体之间具有频繁且形式多样的人际交往关系。

体育教学过程中人际关系的多边性要求体育教师在教学中注意以下四点：一是尊重学生，关注学生成长；二是运用多种方式与学生交流和沟通；三是鼓励与评判，教会学生在体育课堂中初步体会社会交往；四是引导学生相互进行配合，培养学生的合作意识，提高其人际交往能力。

二、体育教学的功能

（一）传播体育知识

知识是教学的基础性功能，体育教学也不例外，在体育教学过程中，体育教师承担着传播体育知识的重要责任，因此，体育教学具有传播体育知识的重要功能，体育教学主要是通过改造学生身体的手段来实施教学的，从教与学的角度来说，可以将体育知识形容成一种"身体的知识"。这种知识最初伴随着人类的发展而发展，每个人类社会时期都有相应的"身体的知识"的传承，如在原始社会，身体的知识就是人类通过走、跑、跳、投、打等动作捕获猎物或逃避猛兽等行为。而在现代社会中，体育知识的传承内容变成了某项体育运动（如篮球、体操）的基本知识或某些体育技能。

应该认识到，体育教学中对体育知识的传承不是简单的"身体的知识"的模仿，更多的是通过体育教学，来向教学对象——学生，传承体育文化，即体育教师通过体育教学内容向学生展现、传授和体育教学内容相关的文化。

（二）传授运动技能

科学研究表明，适当参加体育运动对人的身体素质的发展非常有益，而体育教学就成为传授这些运动技术的最好方式。体育教学中所涉及的体育运动技能对于人体的要求不再像过去那样严格，这里的运动技能主要是指如球类、武术、田径和游泳等运动技巧和方法。

就我国体育教学现状来看，学校体育教学活动的组织过程就是体育教师以体育教学内容为依据对学生传授体育知识与相关技能或向信息传送的过程。因此，运动技术就成为体育教学的主要内容，也是重要内容。具体来说，教师在体育课中传习的是各项具体运动技术，如足球运动中的传球技术，甚至可以细分到内脚背传球技术。因此，对于运动技能的训练，没有实践就无法学会。

体育教师是运动技术的掌握者和传播者，在向学生传授运动技术的过程中发挥着十分重要的作用。体育教师对运动技术的传授应从简单的、入门的、基础的入手，在此之后逐渐积累，由简到繁。运动技术不同于其他学科的学习，它不仅需要学生对运动理论有深刻的了解，还要身体力行地亲身参与技术练习，在无数次的重复中逐渐在脑海中和身体上建立起对技术的表象反应，最终到熟悉动作以及可以在下意识的情况下做出正确的动作。整个教学过程是循序渐进的。

（三）传承体育文化

从某种意义上讲，体育教学真正的目的在于教会学生正确的体育运动方法，使其能在未来的生活中对身心产生持续的、良好的影响，体育教学也可以看作一种体育文化的传承。体育知识、运动技能的传授都是为体育文化的传承而服务的。

从文化的发展角度来看，传承体育文化是一个长期的、系统的过程，要想真正实现体育教学传承体育文化的功能，就必须使学生通过不同阶段的体育教学，学习到较为完整的运动知识、运动文化。具体应从以下三个方面着手。

首先，保证单次体育课内容之间教学的连贯。可以把体育课中传习的各种小的运动技术累加起来，学生学到的是某个运动项目的完整技术，继续累加，就学到了各种运动技能。

其次，保证不同阶段体育教学的可持续发展。体育教学是由每周两至三次的体育课组合而成的一种贯穿全年的教学计划。其中根据不同的教学周期可以分为课程教学、周教学、学期教学以及学年教学。比学年教学周期更长的就是多年教学。在小学体育教学、初中体育教学、高中体育教学和高校体育教学中，应将这几个不同阶段的体育教学有机统一起来，以促进学生对体育文化全面系统地掌握和传承。重视发挥学生的主体性作用。当前，人们对以人为本的教育教学理念的追求使得人类自我知识的回归不仅代表了体育教学的特殊性，还赋予了体育教学知识传承的特殊意义。具体到体育教学中，要求教师在体育教学的开展和实施中重视学生的主体性作用，因为学生才是体育文化的继承者和传承人，体育教学就是要发挥体育文化的传承功能，使体育文化能通过体育教学获得长久的传承。这也是现代教育强调以人为本的重要原因所在。

（四）体验运动乐趣

乐趣是体育的特质。一个运动项目从不会到熟练掌握，人们会有一定的成就感和乐趣。运动中友伴之间的巧妙配合也能产生许多意想不到的乐趣。体验运动乐趣是人们从事身体运动和体育比赛的重要目的，让学生体验运动乐趣是体育教学的目的之一，也是体育教学功能的主要表现之一。

在学校体育教学中，教师应根据学生个性的、身体素质等的差异，让他们在掌握运动技能和进行身体锻炼的同时，体验运动的乐趣，以使学生喜爱运动并养成参加运动的习惯。具体来说，教师需要做好以下三方面的工作。

1.正确对待和理解运动乐趣问题

每一项成熟的体育运动项目都有其固有的乐趣，这些乐趣来自该运动项目所特有的运动过程和比赛特征。选入教材的运动项目或是游戏也是如此，只不过有的运动项目乐趣明显，有的不太明显。教师应该结合教材、学生实际、教学目标以及教学手段，深刻理解和运用运动乐趣。

2.让学生不断获得成功的运动体验

很多时候，体育教学中的身体练习是枯燥的，很多学生经过自己的刻苦努力，不断练习提高，较好地掌握了运动技能，获得了极大的成就感，他们对运动乐趣的体验就更强烈和深刻。因此，学校体育教师应该采用各种教法、手段，让每个学生都有机会获得成功的运动体验，从而提高学生参与运动的积极性与主动性。

3.开发利于学生体验运动乐趣的教学方法

在体育教学中，教师要善于采用多种方法来帮助学生体验运动的乐趣。如采用挑战性练习法、游戏法、让位比赛法、分组总分比赛法等教学方法，通过情节化、游戏化、竞赛化、简单化、生活化等多种手法，让学生能够充分地、平等地体验到体育运动中的各种乐趣。

（五）强健身体素质

体育运动的健身功能是客观存在的，增强人民体质是发展体育运动的本质属性。经过长期的改革与实践，现代高校体育课程在规划设计教学大纲、选择教材内容、安排课时、实施教学组织等方面已逐渐合理化与科学化。

当前，促进学生身体的发展，实现体育教学的健身功能是我国学校体育教学的根本目标，要实现这一目标，需要教师做好以下三点。

1. 重视健康教育

教师应根据体育教学的规律特点，将各种行之有效的健身内容、方法与手段（健身的、竞技的、娱乐的、保健的等）应用到体育教学中去，有机协调并统一体育教学的教育性、健身性、竞技性和娱乐性等特征，从而提高体育教学质量，促进学生积极参与体育运动，科学地进行体育锻炼，进而取得强身健体的效果。

2. 合理安排负荷

运动有助于健康，但是应注意将运动控制在科学的范围之内。为保证学生身体的健康，体育教师应酌情掌控运动负荷强度。学生亲身参与体育运动实践在体育教学活动中是必不可少的。而既然参与运动实践，就必然会使身体承受一定量的运动负荷。合理的运动负荷对发展学生身体素质有极大的帮助，它对学生的机体或多或少会产生一定的刺激与影响，其影响的程度要视运动项目的内容、学生身体素质、持续运动的时间、运动间隙时间、营养补充等状态而定。只有适应学生身体发展状况的身体活动量，才能取得良好的教学效果。

3. 突出锻炼重点

不同的运动项目对身体的锻炼重点不同，如足球运动对人体的耐力、爆发力、速度和灵敏度有着较高要求；游泳对人体的心肺功能和协调能力有较高要求等。在体育教学中，教师应结合学生的身体状况有区别地、有针对性地选择合适的体育教学内容，组织学生进行体育锻炼，使学生获得身体的合理发展。这要求体育教师在制订教学计划前就要对学生的普遍体质与运动基础有一个清晰、全面的认识，并遵循体育教学的规律，运用科学的教学方法合理地组织体育教学，以此来有效发挥体育教学的健身功能。

（六）促进心理健康

体育教学不仅有利于学生的身体发展，还对学生的心理健康发展具有重要的作用。和体育教学的健身功能一样，体育教学促进心理健康的功能主要是通过教师传授来实现的，因为教师的一言一行无时无刻不影响着学生的思想，这些行为都是在潜移默化中进行的，因此，教师必须身体力行、为人师表，为学生做出表率与榜样。

体育教学对学生心理健康发展方面的作用主要表现在以下两个方面。

1.平和心态、缓解压力

参与体育活动有助于学生体验各种心理，在参与体育运动的过程中，学生要频繁面对成功与失败，其中失败和挫折的次数远远多于成功。由此可以培养学生在逆境中正确处理心态的能力，作为胜利者也要做到戒骄戒躁，只有具备这样的素质，才能再接再厉，取得成功。教学更为重要的作用是传授各种人类社会的道德、规范与理念，这是学生走向社会之前的必学内容。

此外，平和的心态有助于学生提高自我抵抗压力的能力，而体育活动，也有助于学生获得身体和心理上的放松，缓解学生的学习压力。

2.修养品德、完善人格

首先，体育教学具有帮助学生形成良好思想品德的功能。学生在体育教学与比赛中，可以养成遵纪守则的良好习惯。根据体育运动或游戏的规则，运动竞赛或游戏要想顺利进行，必须依靠参与者自觉遵守既定规则。在体育练习或比赛（游戏）中，学生还要懂得关心同学，尊重对手，尊重裁判，自觉遵守体育课堂秩序。

其次，实践证明，系统的体育教学对陶冶学生良好情操，塑造学生完美人格具有重要的作用。体育教学中，大多体育运动或体育游戏都需要集体共同参与方能完成。体育运动取胜的关键是靠集体的团结配合。因此，学生为了取胜，必须认识到团结互助、协调合作、发挥集体力量的重要性。总之，身体练习的过程中体力活动与智力、情感、意志活动紧密结合，融于一体，形成身体思维，所以学校体育教学能使学生的体能和思维活动同时得到发展，学生作为体育运动团队中的一员，需要处理好个人利益与集体利益的关系，应抱有克服一己私欲，顾全大局的思维行事。这有助于学生形成完善的人格。

总之，体育教学的功能是多元化的，现代体育教学要求教师不断提高自身的体育专业素养和体育教学能力，以此来充分发挥体育教学的多种功能，促进学生的全面发展，从而使学生成为适应社会发展的高素质人才。

第三节 体育教学的现状及发展

一、高校体育教学的现状分析

近年来，我国体育教学改革正在如火如荼地进行，其理念在于打破传统的以竞技体育为主的教育思想和破除教学安排的竞技体育体系，力求将人本主义精神，贯彻到身体、健康、娱乐、竞技等作为体育教学改革的目标中。在这种理念的指导下以及众多有益的改革尝试下，体育教学改革取得了一定的成绩，不过这个成绩与21世纪对人才所提出的"知识、能力、素质全面发展"目标要求相比仍旧有较大差距，改革中遇到的许多弊端限制了教学改革的步伐和进展。由此可见，我国高校体育教学改革正走在正确的道路上，不过这条道路要走完还需要很漫长的时间，过程中也一定会经历万千困难。

对高校体育教学的改革需要依现状而定，对于我国高校体育教学的现状主要可以归纳出以下五个方面。

（一）体育教学目标缺乏准确性

在目前各大高校开展的体育教学活动中，仍旧是以让学生掌握某项体育运动技术为主要的教学目标，如掌握乒乓球、羽毛球或足球技术。其年终考核也是以这些技术的量化指标为标准，显得非常生硬和单调。这种过于重视让学生强行接受教学内容，而不是花心思在新型教学的创造上，如此就使教学的要求和标准大大降低，并且使体育教学的目标与真正的目标有所偏离，缺乏准确性。

（二）教学质量出现下降趋势

前面提到了体育教学目标缺乏准确性的现状，使得接受此类体育教学的学生在体育学习中积极性不高，学习个性不够突出，仅仅是像生产产品一样接受一致的教学，不能充分体现现代体育的特殊性。新型教育理念要求在教学中体现出以人为本与主动性的双重原则，但在实际的体育教学当中，为追求高效率，尽管体育教师一方面强调要在秉承以人为本的原则下开展教学工作，另一方面在教学实践中只是将这些理念停留在文字表述上，显得空洞、乏味。学生在接受教学的过程中始终感受不到新意，久而久之也就失去了对体育教学的期待和兴趣，长此以往，必然会导致体育教学工作质量的下降，不利于学校体育教学任务的达成。

（三）教师专业水平相对较低

体育教学所涉及的内容很多，其教学环境也与其他学科教学有很大区别，由此可见，体育教学绝不是由老师带领学生玩闹嬉戏这么简单。体育教学是一门专业性非常强的学科，为了达到预期的体育教学目标，就需要有经验丰富的体育教师参与教学。现代体育教学的内容中充满了较为新颖、现代的体育运动，体育教师能否率先掌握这些新兴运动项目的技术就成为保证教学质量的关键。

不过从现阶段的实际来看，体育教师的学习速度显然还没有完全跟上新兴运动进校园的速度。现代体育教师的培养环境多为在传统体育教学模式下产生的，一些条件较好的高校会聘请一些退役运动员担任体育教师。不过，这两类体育教师大多是技术型和训练型的，他们对自己已掌握的运动技能有着充分的信心，同时由于他们自小接受单一的体育运动训练，文化水平普遍较低，与其他学科教师相比，存在明显的科研能力较弱的不足。另外，受传统培养方式的影响，体育教师的工作随意性较大，这就使得他们对自己专业以外的体育课程和项目重视不够。

多种不利因素相加，就使得从总体上来看，我国高校体育教师的专业水平较低。他们掌握的知识相对陈旧，教学方法与手段也缺乏创新，造成体育教师整体专业水平的下降，从而严重影响了高校体育教学工作的发展。

（四）硬件设施普遍匮乏

我国是一个体育资源较为匮乏的国家。尽管高校作为我国重要的人才培养基地可以优先获得优质的体育资源，但从总体上看，许多高校所拥有的体育资源仍显现出不足、陈旧等现象。教育改革从总体上增加了高校生源，而高校学生的人均体育资源则保持不变且逐年下滑，如此一来就加大了学生数与体育资源数的反比关系。可以说，高校场地设施严重缺乏是当下影响体育教学发展的因素之一。

（五）传统教学思想仍起主导作用

我国是教育大国，我国的传统文化中非常重视教书育人的作用。由此，传统的教育理念也一并留存到了今天。然而，现代教育早已不同于传统教育，这是社会发展到一定阶段所必然产生的。如果此时仍旧延续传统教学思想，必将影响我国教学的现代化及在未来的发展。

就我国高校体育的教学思想来说，它一直秉承着体育健身的理念开展。实际上这种理念本没有错，然而当现代教学理念着重素质教育后，对于仅在乎身体健康的体育教学来说就显然表现出了其片面性。

涉及德、智、体三方面关系的教学实践中过于重视对"体"的练习，忽视了对学生"德"与"智"的培养，而这两方面的素质教育在当下也是成为社会所需人才不可或缺的方面。由此可见，若高校体育教学的实际工作还停留在以竞技项目为主要内容的传统体系的话，将会给未来我国体育教学的发展带来极大阻碍。

二、高校体育教学的发展趋势

科技的发展带动了人类社会的发展。在当今社会中，几乎所有事物的发展都离不开相应技术的进步。对于高校体育教学的发展来说也是如此，科技的发展带来了更多更为丰富的体育教学方法与手段。当然，体育教学的发展也不能全部依托于科技水平的发展，教学理念的进步是发展的软件，它与科技所带来的帮助同等重要。

从高校体育教学的发展过程中可以看出，教育理念是所有教育行为的基础，这就需要高校体育教学部门重视体育教育理念的转变，具有与时俱进适时转变体育教育理念的意识。具体到体育教师来说，不仅需要他们具有良好的体育教学超前意识，而且要有新的人才观、质量观来满足未来学生发展的需求，更应该引导学生树立"终身体育"和"全民健身"的体育教育观念和意识。为了适应新时代的发展要求，人们将改变传统的选择教育观为发展教育观，通过体育教学，增强高校学生的身体素质、心理素质以及社会适应能力等，促使其身心的全面发展，培养出适应21世纪高科技快速发展的高素质人才。

在新形势下，我国高校体育教学的发展趋势主要体现在以下方面。

（一）更加重视发展高校学生的健康素质

众所周知，体育教学及锻炼对增进和保护高校学生的身体健康具有较积极、较能动和较行之有效的作用。因此学校体育教学也应建立在多维健康观的基础上，全面贯彻"健康第一"的指导思想，深化学校体育改革。

1.提高学生的体质健康水平

高校体育的本质决定了体育教学必须为提高学生的体质健康而服务。而促进学生体质健康水平的提高是学校贯彻"健康第一"指导思想的最为直接的体现，也是促进学生整体水平提高的基础。增强学生体质，增进健康，既是学生顺利完成学业的需要，同时也是学生终身健康的需要。

2.提高学生的心理发展水平

心理发展水平包括心理健康水平和心理素质水平。学生的心理发展水平与其生理健康有着非常密切的联系。也就是说，一个患有严重的心理疾病的人就不可能拥有健康的身体。对于学生而言，心理疾病所产生的影响要比生理疾病更为深远和严重。在我国的社会主义市场经济条件下，社会竞争变得越来越激烈，这就要求人们必须具备较好的心理发展水平。因此，促进高校学生心理的健康发展，提高其心理发展水平有着非常重要且深远的意义。

3.提高学生的社会适应能力

一个人能否处于良好的健全状态，关键取决于他的社会适应能力的强弱。从社会文化的视角来看，体育的实质是模拟社会生产和生活。基于此，一些人常常将体育课堂称为"社会课堂"，将体育精神当作现代社会精神的缩影。所以，提高对学校体育的重视程度对我国高校学生社会适应能力的发展和提高有着非常重要的意义。

（二）更加关注向高校学生灌输"终身体育"的意识

在深化学校体育改革的实践中，广大学校体育工作者深刻地认识到，传统的学校体育比较关注增强学生体质的近期效益，而对培养学生的体育意识、兴趣、习惯和能力重视不够，要使学生终生享有健康，就必须让体育伴随其终生。

因此，学校体育既要重视近期效益，又要重视长远效益。加强对学生终身体育的教育，培养学生的终身体育意识，使其养成经常锻炼的习惯，掌握科学健身的知识与方法，具有独立进行科学锻炼的能力。进入21世纪后，新一轮的基础教育与高等教育的体育课程改革，更加强调要对学生进行终身体育的教育。

（三）更加强调体育教学的选择性与层次性

1.体育课程管理体制的改革为学校体育的选择性创造了条件

传统的体育课程与体育教学，基本上是实行统一管理的办法：由国家统一制定和颁发《体育教学大纲》，规定统一的教学目标，统一的教材内容、教材比重与时数分配，统一的考核项目、统一的评分标准。各地各校对体育教学的选择性只局限在"选修教材"中，且对"选修教材"的实施也有诸多规定。

由于我国幅员辽阔，经济与教育发展不平衡，因此，我国试行了国家、地方和学校三级课程管理体制。在课程管理方面，国家只制定课程标准，提出课程目标，对课程内容不作硬性规定，采取开放与放开的做法，对课程进行宏观管理。具体课程标准的贯彻实施、达成方法、内容设置等，完全由各地、各校根据实际需要和自身条件和特点自行选择。

2.层次性将成为体育教学中贯彻区别对待的重要方法

由于我国教育基本上都是采用大班教学，一个教学班少则四五十人，多则六七十人，要完全实施个性化教学目前尚有一定的困难。因此，根据个性化教学的基本思想，进行分层次教学成为体育教学实践中实施因材施教、区别对待的重要形式。

分层次教学是指根据学生的身体条件与运动技能，把一个教学班的学生分成若干个层次，按层次确定学习目标和评价方法，采用不同的教学策略，以保证绝大多数学生都能完成课程学习目标。

3.高校体育将呈现出地域特点与学校特色

由于加大了体育课程的选择性，各地高校只要遵循《课程标准》规定的"选择教学内容的基本要求"，就完全可以根据自己所具有的课程资源、地理条件、气候特点、体育传统等，自主选择体育课程内容与课外体育活动及课余训练内容，因此，学校体育呈现出鲜明的地域特色与学校特色。

（四）更加注重体育教学的课内外与校内外一体化

高校体育教学逐渐走向课内外与校内外一体化，主要基于以下三个方面。

1. 大课程观的确立

课程是为实现课程目标在教师组织指导下开展的一切课内外活动的总和。大课程观的确立为学校体育走向课内外与校内外一体化奠定了理论基础。

新一轮的体育课程改革是"从大课程观出发，将体育的课堂教学与课外、校外的体育活动包括运动训练纳入课程之中，形成课内外、校内外有机结合的课程结构"。因此，各类学校及体育教师实施新的体育课程，必须认真搞好课堂教学、认真组织好课外与校外的多种多样的体育活动，以满足高校体育教学的需要。

2. 增进学生健康的需要

研究表明，当"国民经济发展到一定水平，人的体质健康某些指标呈下降趋势"。而"与体质健康相关的某些人体生理指标的提高，必须要有一定锻炼时间、量和强度的积累"，如果每周体育活动的总量仅限于几节体育课，那么，体育教学提高学生生理机能的作用将十分微小。《中共中央、国务院关于深化教育改革全面推进素质教育的决定》指出："学校要树立健康第一的指导思想，切实加强体育工作。""确保学生体育课和课外体育活动的时间。"要贯彻落实学校教育与体育课程的"健康第一"的指导思想，有效地增进学生的健康，增强学生体质，学校体育就必须走课内外、校内外一体化的整体改革和发展道路。

3. 课程资源的开发和利用

为了适应"课内外、校内外有机结合的课程结构"的需要，必须充分开发和利用体育课程资源。

就人力资源而言，除体育教师，班主任、辅导员、有体育特长的其他学科教师、校医、共青团与学生会的干部以及体育特长生等，都将被动员起来，充分发挥他们在学校体育中的作用。

就课程时间和空间而言，首先，除课程计划规定的教学时间，早晨、课间、课外、双休日、节假日的时间，也将得到合理的利用；其次，体育课程将拓展到家庭、社区、少年宫、业余体校、体育俱乐部，以及江河、湖海、田野、山林、草原等一切可以用来体育锻炼的地方，为学校体育冲破课堂与校园的束缚，实现课内外、校内外一体化提供可能性。

（五）更加朝着多样化的方向发展

高校体育教育的多样性体现在以下三个方面。

1. 学生个体体育需要的多样性

在高校体育教学中，大学生有着各种各样、各不相同的需求，并且同一学生的需求也是多种多样的，如娱乐需求、健身与健美需求、调节身心的需求、发展体育特长的需求等。因此，高校体育教学要对学生的个体体育多样性需求给予相应的满足。

2. 学校体育内容形式的多样性

为了满足学生不同的、同一学生不同的体育需求，学校体育教育的内容必将朝着多样化的方向发展。具体如下。

（1）开设个体健身类的体育项目，如健美运动、健身操、越野跑、长走、山地自行车等。此类项目可个人进行锻炼，受制因素少，校内校外均可进行，简便有效。

（2）开设反映时代特征的现代体育项目，如足球、篮球、跆拳道、攀岩、体育舞蹈等。此类项目极富挑战性，能够发展学生的个性，满足学生实现自身价值和加强社会交往的需求。

（3）开设休闲体育项目，如网球、台球、保龄球、乒乓球、羽毛球、游泳、冰雪运动、轮滑、滑板等。此类项目娱乐性强，技术含量高，能满足学生愉悦身心的需求。

（4）开设民间体育项目，如武术、跳绳、跳方格、跳皮筋、跳竹竿、踢毽子、荡秋千、爬竹竿等。这类项目扩大了学校体育资源与体育课程资源，可以满足学生健身、娱乐等多种需求。

3. 学校体育组织形式的多样性

目前，学校体育组织形式主要朝着以下三种类型发展。

（1）体育俱乐部。体育俱乐部将成为高校体育重要的组织形式。各个高校根据自身的条件，通过组织各种各样的体育俱乐部，以此来更好地满足大学生提高运动技能水平、发展体育特长以及健身、娱乐、健美的需要。

（2）体育社团。高校中的体育社团通常是由大学生自己来进行组织和管理的，学生们只有参加选择权。一般是由校（院）团委、学生会来组织发起，并由学校体育教研室（部、组）来给予相应的指导和支持，大都是以单项体育协会的形式出现。根据协会的章程，学生们通过交纳一定的费用，自愿报名参加，协会中的管理人员也是通过民主选举产生的。另外，一些全国性的综合体育团体，如全国大学生体育协会，主要任务是负责组织相同级别的学生体育竞赛。这些体育团体有效地提高了学生参与体育活动的积极性。

（3）非正式学生体育群体。非正式学生体育群体多以共同的体育爱好为基础自发建立起来的，以直接的、面对面的、相对固定的角色互动来进行活动，成员之间年龄相近，彼此之间并不存在正式的控制手段。如引导和运用得法，这些非正式学生体育群体将为学校体育注入新的活力。

第二章　高校体育教学基础理论研究

本章着重研究高校体育教学的基础理论，主要内容包括体育教学论及其价值、体育教学与相关科学理论研究、体育教学的原则与方法等。对体育教学基础理论的研究有助于更好地指导高校体育教学实践。

第一节　体育教学论及其价值

一、体育教学论概述

（一）体育教学论的概念

体育教学论是一门科学，其主要是对体育教学的各种现象与一般规律进行研究。换言之，体育教学中的各种现象和教学现象中隐藏的规律是体育教学论的主要研究对象。

（二）体育教学论的结构

体育教学论其实就是人们对体育教学中相关问题的思考，它分为两大部分，即体育理论教学论和体育应用教学论，这两部分又可以做具体的划分。

（三）体育教学论的研究

1.体育教学论的理论基础

理论基础是研究任何一项学术的支撑与基础条件，体育教学论的研究也是如此，具体如下。

一元论。沃尔夫创造了一元论一词。沃尔夫是18世纪德国著名的数学家、物理学家、唯心主义哲学家。起初一元论不是作为哲学用语出现的。把一元论作为哲学用语的是海克尔，他是19世纪末德国著名的动物学家、哲学家。"海克尔把基于物种保存原则和进化论的世界观称作一元论,并著有《作为宗教和科学之间的纽带的一元论》一书,还创立了'一元论者协会'。"

世界只有唯一一个本原,这是一元论所主张的哲学学说。这一主张是与二元论及多元论相对而言的。二元论主张世界的本原有两个,即精神与物质,同样,多元论主张世界的本原除了物质与精神,还有空气、水等。

一元论所强调的是,物质是根本存在的,是处于第一位的,而精神则是第二位的,精神随物质存在而存在,一旦物质消失,那么精神也就随之消失。

一元论可以分为唯物主义一元论和唯心主义一元论两大类。唯物主义一元论强调世界的本原是物质的;唯心主义一元论则强调世界的本原是精神的。

严格意义上讲,唯物主义的一元论是不彻底的。主要是因为在以前还没有马克思主义的时候,所有主张唯物主义的人的社会历史观,从本质上讲都是唯心主义的。马克思主义产生后,才坚持了彻底完整的唯物主义一元论,它的坚持反映在自然观与社会历史观上。因此只有马克思主义哲学才从本质上坚持了唯物主义一元论。在唯物主义的一元论中,科学论证和全面贯彻世界的本原是物质这一观点的只有辩证唯物主义一元论。

二分法。日常研究或对事物的种类进行表述时,人们经常会混淆"分类"与"划分"的概念,把分类当作划分,或把划分按照分类的含义使用,所以,这里要严格区别二者的概念。

分类有两种解释:"首先,按照种类、等级或性质分别归类,如把邮件分类。其次,把无规律的事物分为有规律的。按照不同的特点分类事物,使事物更有规律。"

从上述分类的两个解释来看,可以大致把分类当作归类理解,归类指的是把个体对象按照共同的特征归为一类,并把具有共同特征种类集合成类。

分类的着手点是比较并概括个体之间、类之间的相同点与不同点。因此,对分类来说,归纳和类比的意义重大。

划分通常就是区分的意思,也可以说对一个整体进行划分,分为若干部分。传统逻辑向外延伸了划分的概念,延伸为将一个类分为若干子类。

总体来讲,分类是从种到属,而划分则是从属到种,二者方向相反,但又相辅相成,往往并用,结果一致。要划分准确,就应对以下规则加以严格遵守。

第一,各个子项之间没有相同的分子,也就是说,各个子项之间不兼容。

第二,每个子项都包含其母项中的某一个分子。

第三,每次进行划分时,划分的根据不能改变。

第四,不可以进行越级划分。

综上所述,从划分的原则来看,"两分法"是比较科学的划分方式,它基本遵循了划分的规律与原则。

观察学习理论。观察学习又称作"模仿学习",还可称为"替代学习"。其界定是,人们只要对榜样的行为进行观察就能学会某种行为即所谓的观察学习。在班杜拉(美国,当代著名心理学家)看来,人类不必是行为的直接实施者,不必是行为的亲身体验与强化者,也能形成一切社会学行为,其主要方法是在社会环境的影响下,观察并学习他人或榜样的示范行为及其结果,即可提高学习效率。

在班杜拉看来,观察学习具体包括四个过程,即注意、保持、运动再现和动机。榜样的条件会影响观察学习者的学习行为,因为学习者只有通过仔细对榜样的示范行为加以留心,才能够进行观察学习。榜样若想起到很好的示范效果,需要具备以下四个条件。

首先,基本条件是示范行为要具备实施的可能性,保证观察学习者有能力做到。

其次,示范行为要与观察学习者的年龄相符,使其容易理解。

再次,示范行为要突出重点,力求生动,能够引起观察学习者的兴趣,吸引其注意力。

最后,示范行为要可以信赖,榜样要使观察学习者相信示范行为是为学习者专门示范,没有别的目的。

2.体育教学论的研究对象

不管哪个学科,其都有属于自己与其他学科不同的研究对象,这是每个学科与其他学科相区别的主要标志之一。体育教学论这门学科也不例外,其研究对象具体如下。

(1)教与学的关系问题。体育教学这一活动包含多种因素,如教学主体、教学环境、教学客体等,这些因素之间的关系是错综复杂的,每个因素之间又是相互联系、相互依存、相互影响的。在体育教学活动设计的各因素之间的关系中,最根本的、最关键的关系是教与学两者之间的关系,教学活动要以这一关系为主要依据才能得以顺利开展。因此,要对体育教学进行研究,就要首先对教与学二者的关系进行分析与研究,通过研究来将其中所隐藏的教学规律揭示出来,从而对体育教学原理进行深入掌握。

(2)教与学的条件问题。在开展体育教学的过程中,其能否顺利进行直接受到教学条件这一重要因素的影响。体育教学目标能否顺利完成,教学质量能否得到提高从一定程度上也受到体育教学条件好坏的影响。教学的硬件与软件设施、教学氛围等是体育教学活动中教与学的条件的主要的内容。

(3)教与学的操作问题。体育教学论不仅仅对理论方面的相关内容进行研究,而且对实践操作中的问题进行研究。在体育教学过程中,教与学的操作问题具体指的是以体育教学的原理与规律为参考依据对教学过程进行设计。例如，对教学内容的选择，对教学方法与教学模式的运用，对教学评价方法的设计等。

3.体育教学论的研究内容

（1）理论部分。体育教学论中研究的理论部分主要包括：体育教学原理、体育教学因素、体育教学的特征、原则、体育教学规律等。

（2）实践部分。体育教学论中研究的实践部分主要包括：体育教学方法、体育教学内容、体育教学模式、体育教学评价等。这些都是与实践操作相关的内容。

二、体育教学论的价值

（一）有利于对体育教学本质的认识

体育教学是许多教学现象集合起来的一个整体，它具有相对的复杂性，与其他学科相比，体育教学现象更为复杂，正因为如此，体育教师要将体育教学的本质认清是有一定难度的，这进而会使教师对体育教学活动的正确认识与评价受到制约。体育教学论能够帮助体育教师对体育教学现象进行准确的、科学的辨别与判断，从而促进体育教师在一定程度上认识体育教学的本质。

（二）有利于对体育教学要素之间的关系进行辨别

体育教学是一个庞大的教学系统，且具有复杂性，其涉及的教学因素有很多，如教学主客体、教学内容、方法、模式、环境等。为了使体育教学活动能够顺利进行与开展，体育教师有必要通过体育教学论来对体育教学要素进行分析与判断，将其中的关系厘清，并深入理解这些要素，以此来对体育教学的本质进行深入认识与理解。

（三）有利于对体育教学研究进行完善

在基础教育不断改革的过程中，体育教学的内容和内涵也在发生着深刻的变化。而且，随着体育教育与体育文化的不断革新，体育教学现象也逐渐复杂起来，一些新现象与新特点在体育教学中不断出现，但是人们无法解释这些现象，也无法解决这些新问题，这就需要通过对体育教学论的系统学习来解决这些问题，学习体育教学论后，体育教学理论将会日益完善。

（四）有利于对体育教学实践进行指导

通常，总有一定的教学规律会隐藏在体育教学的各种现象中，如果能够对这些体育教学规律有一定的认识，并且在体育教学实践中参照这些规律，就可以取得良好的教学效果。体育教学论的学习有利于体育教师对体育教学规律的认识与掌握，从而促进其教学能力的增强，使体育教学任务能够尽快完成。

（五）有利于体育教学活动的顺利进行

国家推行体育新课程改革后，传统的教学理念已经不能满足新课改的需求，需要对其进行改革与创新才能开展体育教学活动，这主要是为了保障新课改后的教学目标顺利达成障。通过学习体育教学论，能够对与时俱进的教学理念进行熟悉与掌握，但要注意学习的规范性与系统性。

体育教学论能够促进体育教师教学能力的有效提高，可以指导教师在不同的教学阶段都可以以现实情况为依据对教学内容、教学方法、教学模式、教学评价机制等做出正确的选择，以保证顺利实现体育教学目标。

体育教学论对体育教师教学理论水平的提升是非常有利的。通过学习体育教学论，能够帮助体育教师建立起科学的体育教学观，从而指导其运用体育教学观对体育教学的本质与规律进行充分的掌握，进而能够对最新的体育教学问题进行研究与把握，最终提高解决体育教学问题的能力。

第二节　体育教学与相关科学理论研究

一、体育教学与美育

（一）美在体育教学中的体现

在体育教学中，处处体现着美，包含着较为广泛的美的内容，具体来说，主要体现在以下四个方面。

1.教学环境的美

这里所说的教学环境主要是指包括场地、器材的选择和布置等在内的教学的主要外部条件。环境对人的活动会产生一定的影响，对于体育教学来说，周围环境的影响同样不容忽视。教学环境不仅是教学实施的必要条件，而且优美的教学环境能够带给学生美的感受，使学生享受美，从而促进学生学习兴奋性的不断提高。除此之外，良好的教学环境还有利于学生紧张心理的克服、疲劳的消除以及技能的理解掌握等。

2.教学内容的美

体育教学中，教学内容的美是特别重要的一个方面。究其原因，一是在体育教学活动中，教学内容自身的地位很重要，也很突出；二是有很多美的因素在教学内容中有所反映。

美在体育教学内容中表现得十分广泛，主要从两个方面体现出来：一是社会美、艺术美、自然美和科学美，这些美的因素源于人类文化知识体系；二是体育教师和学生在体育教学活动中加工过的美。但是，不管是哪一种，都充分体现了美的存在。另外，体育教学中教学内容的美不仅是指外在的形式美，还指内在的美。比如，崇高的理想和高尚的情操、坚强的意志和顽强的品质等。

3.教师和学生形态的美

所谓教师和学生的形态，是指体育教师和学生在体育教学实践中所表现的行为方式的总和。具体来说，其主要包括师生的言行举止、面部表情等。所谓形态美，也就是指教师和学生的行为举止、语言和仪表等所表现出来的美。在体育教学活动中，教师的形态美和学生的形态美两者之间相互联系、相互感染，特别是教师的形态美，对学生具有非常显著的重要的牵引作用。

4.教学过程的美

体育教学活动的美主要体现在以下两个方面。一方面是在体育教学实践规程中体育教师与学生所表现出来的活动，其具有创造性与丰富性；另一方面是体育教师和学生在教学活动中表现出来的美的形式。

在体育教学实践中，不仅要在整个教学过程中体现出教师的独特性和学生的个性，而且应具备教学的完整性、有序性、节奏性等。

（二）美学在体育教学中所起的作用

1.能够使体育教育理论的研究更加深入、细致

现阶段，国内外有很多关于体育教学理论的研究，但是，从社会的政治经济制度和生产力的发展角度对教学进行研究的资料比较多，而从其他视角如人的价值、人自身发展进行研究的资料却很少。体育教学的任务并非只是把体育知识与技能传授给学生，同时还要对学生的内在进行良好的塑造和科学的培养，使学生能够全面发展。体育教学任务的完成离不开对学生进行美的教育。

2.能够使体育教学中情感激烈和个性陶冶被忽略的问题得到改善

现阶段，体育教学活动表现出一些鲜明的特征，其中主要的一个表现就是学校对知识传授、思想品德教育和技能提高的重视，但对情感鼓励和个性熏陶的忽视。体育教学活动是包含教师的教与学生的学的双边活动。体育教师要以学生的现实状况为根据来对他们的个性进行有针对性的有目的的培养，使学生对美的情感体验更加丰富。

3.能够使体育教学效应得到有效提高

在体育教学的实践过程中，体育教学效应的提高离不开美发挥重要的功能与作用，其主要表现在以下两个方面。

一方面，教师在展开具体课堂教学之前，需要仔细地备课，对体育教材进行认真钻研，在备课与钻研中体验教材中教学内容所表现出来的美，然后以此为基

础采用具有创造性的教学方法来将自己所体会到的美充分展现给学生。

另一方面,体育教师在教学中发挥着主导作用,学生在这一条件下,能够进行创造性的学习,从而能够使自身在体育理论知识、具体动作技术、身体素质以及情感、智力、思想品德等方面都获得一定的提高与发展。

二、体育教学与德育

(一) 体育教学与德育的关系

1.德育的实现要以体育教学为主要途径

促进学生身体素质水平的提高,使学生在身体与心理上得到全面的发展,把学生培养成为德、智、体、美、劳全面发展的优秀人才是体育教学的根本目标。从这一根本目标中可以看出,在体育教学的内容

德育是其中之一。另外,体育教学实践中可以运用各种各样的教学形式;而且大都需要学生进行身体的练习才能实现这些教学形式运用的目的、而无论采用何种教学形式,都会从中体现出德育思想,因此对学生进行道德教育有利于教学任务的顺利完成和教学效果的大幅提高。

2.体育教学质量的提高在一定程度上得益于德育

对学生进行道德教育离不开体育教学这一重要的方式与途径。与此同时,体育教学质量的提高又是以道德教育为主要途径的。这主要是由于,只有学生在一定程度上认识并理解了学习体育的效用,才能激发其积极学习体育的兴趣与热情,才能更好地促进体育教学活动的开展。通过在体育教学中实施德育,能够促进学生思想认识能力的不断提高,使学生有意识地端正自己的学习态度,从而充分认识到学习体育的重要性等。

(二) 德育对体育教学的影响

在体育教学实践活动中,德育的影响主要体现为以下两个方面。

1.对学生的全面发展有积极的影响

对学生实施道德教育,要充分结合理论与实践,以此来统一学生的理论与实践认知、身体与心理、思想与行为。而且要注意在德育过程中不断对学生的理想信念进行强化,使学生自身的知、学、行逐步统一,从而促进其体育实践能力和思想意识等的有机统一,使学生成为各方面都不断发展的栋梁之材。

2.能够扩大学生对他人及社会的影响

现阶段,社会在不断进步,经济也在日益发展,这就要求学生的综合素质都要提高,以此来适应社会发展的需要。与此同时,这也是与学校教育需要相适应的要求。在学校,对学生进行良好的道德教育,有利于扩大学生将来对他人与社

会的积极影响。

三、体育教学与人的社会化

（一）人的社会化概述

对于社会的生存与发展来说，人的社会化有着非常重要且较为深远的影响。对于人的社会化，简单来说，就是社会将一个"自然人"教化为一个"社会人"的过程。

（二）体育教学对人的社会化的影响

1.体育教学是培养社会角色的重要、有效途径

每个人只要在特定的社会生活，就会有一些不同的社会角色需要扮演，充当社会角色会促进人的社会化，加速人的社会化进程。人们在社会中需要学习很多与角色相关的内容，其中，与角色相关的权利及义务的学习，与角色相关的态度、情感和价值观及角色转变的学习等是比较重要的。体育教学在培养人的社会角色方面发挥着举足轻重的价值与功能，具体来说，体现在以下两个方面。

首先，学生在体育教学活动中可以充当多样化的角色。例如，学习中充当学生，比赛中充当运动员或裁判员，训练中充当教练员等，学生通过充当不同的角色参与体育教学中，对于学生对不同角色任务的了解，角色多样性和稳定性的理解，扮演角色技能的锻炼，角色的态度、情感以及心理习惯和社会习惯的培养等都会产生非常积极的促进作用。

其次，在体育教学活动中，教师与学生通常使用的教学方法中包括教师的示范教学与学生的模仿学习。从学生的模仿学习来看，不管在课堂上教师传授怎样的教学内容，学生都能够采取这一学习方法。学生采用模仿学习法可以对其所扮演的种种角色的感受进行深刻体会，能够使自身的集体意识与社会意识得到进一步的强化，从而对自己的社会角色与位置有更加深入的认识，对自己所表现出的行为也会有所理解，进而提升自身的社会适应能力。

2.体育教学对学生良好个性的形成非常有利

一般情况下，有两方面的因素会影响学生个性的形成与发展，即遗传因素和包括家庭、学校、社会等的社会环境因素。在学生良好个性的形成过程中，体育教学发挥着积极的影响与作用。体育教学活动，学生进行体育学习往往需要有身体的直接参与，经常会发生时空的转化，学生之间的沟通与联系也很频繁，这对于学生学习效果的提高都是非常有利的。由此可以看出，体育教学所具有的这些特征对于学生良好个性的形成而言，比其他学科更能发挥积极的作用。而且，这对于学生学习自主性的提高、良好意志品质的培养以及集体主义价值观的建立也

都有着积极的影响与作用。

第三节 体育教学的原则与方法

一、体育教学的原则

在高校体育教学过程中，有一定的教学原则需要教师与学生严格遵循，只有这样，才能顺利开展体育教学工作。

体育教学原则指的是在体育教学过程中，教师与学生一定要遵循的基本要求与指导，它是通过长期概括和总结体育教学经验而得的。

（一）专项教学原则

1.基本依据

体育教学内容丰富，种类多样，不同内容的体育教学对学生的要求是不同的，因此，教师应结合体育教学项目的特点和规律开展体育教学，在促进学生基本身体素质提高的基础上，发展运动专项能力，提高运动水平。

2.基本要求

体育教学的专项教学原则要求体育教师应重视学生专门性知觉的优先发展。体育运动通常是在具体的运动环境中进行的，以篮球为例，篮球运动围绕篮球、篮球场地以及场地上的器材进行，运动过程中，学生对环境和器材的感知是专门性知觉发展的过程，其中手指、手腕对球的控制能力对篮球教学至关重要，因此，教师应重视学生对球控制能力的优先发展。

（二）因材施教原则

1.基本依据

作为体育教学的主体，学生之间具有共性与特性。共性中：在身体年龄阶段发育的稳定性和普遍性；特性则是每位学生受性别、遗传、生长环境、教育水平、认识能力等因素的影响，彼此之间存在差异，身心发展显现出很大区别，而具体到学生具备的体育运动能力的话，这种差异性就可能更加明显，如有些学生的家长喜爱运动，所以从小就培养孩子参与体育运动或参加业余体育训练，这样孩子的运动水平往往超越同年龄段的孩子的平均水平而显得格外突出。因此，体育教学中应重视不同学生及同一学生不同阶段的差异，因材施教。

2.基本要求

（1）引导学生正确对待个体上的差异。针对差异，如果利用得当，就是一个教育学生要互相帮助，培养团队意识和集体精神的好机会。不同学生的运动天赋和对于体育的了解各有不同,要在体育教学中贯彻个体差异性的原则,就要求教师在充分了解学生个体差异性的基础上,向学生讲解个体差异的具体表现,并引导学生正确看待差异。差异的存在是客观的,然而这却不能成为歧视天赋较差的学生的理由,同时教师也不能过分偏爱天赋较好的学生。

(2) 深入细致地研究和了解学生之间的差异。一方面,教师要对学生个体的差异性进行全面的了解,这是贯彻个体差异性原则的前提条件。为此,教师可以在学期前进行一些测试或座谈交流,弄清不同学生在身体条件、兴趣爱好和运动技能等方面的差异。另一方面,教师应认识到学生个体差异并不是一成不变的,如有些学生在一开始的测评中被认为是没有很好的运动天赋,但是其本人非常热爱体育运动,在平时的课堂上也非常积极地配合教师完成各种教学内容,经过一段时间后学生就会取得突飞猛进的进步,对此,教师要有长远的眼光,要能发现不同学生在运动方面的天赋。

(3) 重视学生个体差异性与统一要求的结合。在体育教学中,提高全体学生的综合素质是每个教师的目标,因此在制定教学目标时,都会考虑到目标的可行性,以满足大部分学生的要求。学生的个体差异是客观存在的,教师应在教学中充分重视这一点,但是体育教师也要立足于整个班级的教学,对学生统一要求,以促进学生完成教学任务,达成体育教学目标。

(三) 合理安排运动负荷原则

1.基本依据

(1) 人体发展的基本规律。学生在参与体育教学时,不管是身体练习还是运动技能的学习,都需要承受一定量的运动负荷。但人体在体育运动过程中的规律揭示出了任何练习和教学都不是活动量越大越好,运动负荷过大,会对学生的身体健康造成不同程度的损害,运动负荷过小,不利于良好教学效果的取得,运动负荷的安排是否适宜得当,是检验一名体育教师水平高低的标准。

(2) 不同学生生长发育的特殊性。大多数学生的身体尚处在生长发育阶段,身体各方面机能的发展还不完善,因此对体育教学的安排应既满足学生锻炼身体和掌握运动技能的需要又不至于使学生体能透支而出现危险情况,体育教师在为学生安排和设计体育教学活动量时,要以学生可以承受的身体负荷为依据。

2.基本要求

运动负荷的安排要服从体育教学目标。体育教学的目标是培养学生健康的体魄和健康的心理素质,因此,基于这个目标可以认识到,体育教学不是为了让学生不断超越身体的极限挑战自我,也不是为了增加运动负荷而进行大运动量训练。竞技体育中单纯为了金牌而无限制地加大运动负荷的方法不适用于普通学生的体育教学。

运动负荷的安排要服从学生的身体需求。体育教学应为促进学生身体发展而服务，因此，体育教学中，运动负荷的大小应充分考虑学生的身体发展状况与需要，教师要合理地对运动负荷做出安排，就必须了解学生的身体发展情况（包括不同性别学生的生理差异、学生在不同生长发育阶段的特点等），运动负荷安排要体现对学生身体的无伤害性，同时要有利于促进学生身体发展。

运动负荷的安排要充分考虑学生之间共性与个性关系，需要体育教师在运动负荷方面考虑周全。一方面，教师要从学生的整体情况来考虑。这个整体情况主要是指学生在相同年龄段有相对趋同性，因此他们的身体素质发展有类似的特点；另一方面，教师在整体趋同性的基础上，还要关注一些个体特殊情况，如对伤病学生的运动负荷安排应酌情减少。

运动负荷安排应为逐步提高学生自我控制运动负荷能力服务。体育教学虽然主要以学生参与身体练习为主，但是也不能忽视学生对体育理论知识方面的掌握，体育理论教学往往能够让学生更好地理解体育的意义，从而促使他们主动参与体育锻炼中来，而不仅仅是在课堂中参与。因此，体育教师应加强对学生体育运动理论知识方面的教育，提高学生判断运动负荷是否合理的基本能力，并使学生能在体育活动中自主调节运动负荷。

体育教学中应重视合理休息。运动负荷的安排与休息方式、休息时间有关。科学合理地安排休息方式、休息时间和心理负荷，对于顺利达到理想的体育锻炼效果有着重要作用。

（四）全面发展原则

体育教学应以促进学生的身体锻炼为基础，促进学生身心的全面协调发展。在体育教学中，除了促进学生身体健康，还应将体育教学与心理学、美学和社会学等学科知识结合起来，全面促进学生智力、心理素质、美育（感）等多方面能力的发展，以培养适应社会主义现代化建设需要的人才。

1.基本依据

社会主义体育教学目的的需要。我国社会主义的性质，决定了体育教学具有明显的社会主义目的性，这就要求体育教学要为培养身体健壮的全面发展人才服务。因此，在体育教学中，要使学生身心双修。

实现体育教学基本功能的需要。体育具有健身功能、教养与教育功能、休闲娱乐功能、促进个体社会化功能和美育等多种功能。

学生发展的需要。在新的历史发展时期，学生的发展并不仅限于身体的发展，在思想、心理、智力、道德品质与行为、审美及表现美的能力等方面都应有所发展。

2.基本要求

（1）在体育教学中，体育教师要对体育教学大纲（或课程标准）精神认真学习和领会，全面贯彻教学大纲（或课程标准）的目标和要求。

（2）体育教师应树立现代体育教学价值观念。用现代体育教学价值观去对体育教学质量做出评价与衡量。现代体育教学除了具有一定的生物学价值，还具有心理学、教育学、社会学及美学的价值。

（3）体育教师在制订各种体育教学工作计划和编写教案时，应在课堂中给予学生足够的身体练习时间，并在教学中重视学生的心理发展。

（4）在体育教学的准备、实施、复习、评价等阶段中，无论是制定教学任务、选择教学内容还是运用各种教学手段和方法，都应注意增强学生体质并促进其全面发展。

（五）巩固提高原则

1.基本依据

根据遗忘规律和运动条件反射建立与消退的理论，学生学到的知识与技能在一段时间内，如不经常复习就会遗忘或消退。另外根据"用进废退"原理，学生对所学习的运动技能进行反复练习时，有助于发展运动能力、身体素质和生理机能，起到强身健体的作用。因此，要注意巩固提高所学到的知识和运动技能。"学习如逆水行舟，不进则退""温故而知新"这些关于学习的名言名句充分揭示了学习中巩固提高的重要性。体育教学多为身体的练习，一般来讲，如果这种练习不能得到巩固，就会随着时间的延长而消退，因此在体育教学中遵循巩固提高原则是十分必要的。

2.基本要求

在体育教学中，教师应合理安排训练计划。让学生进行反复强化的练习，增加练习的密度，使其获得进一步的巩固和提高。制订合理的训练计划是为了让机体在巩固提高的过程中避免出现过度疲劳损伤机体。

不断提出新的学习目标，培养学生的体育运动兴趣和体育学习动机。

教师要给学生布置适量的课外体育作业或家庭体育作业，将课内课外结合起来，达到巩固提高的目的。

增加运动密度和动作重复的次数，反复强化，不断巩固运动条件反射，提高技术水平、身体素质和体育能力。

体育教师应重视良好体育教学方法和训练方法的选择。在教学中，可通过改变教学方式或者改变练习条件来达到巩固提高的目的。

（六）终身体育原则

1.基本依据

通过体育教学长久地影响学生对运动健身重要性的理解，并使学生身体力行地参与其中是体育教学的最终目的。这也是新《体育与健康课程标准》对当前体育教学的基本要求。因此，培养学生的终身体育意识，帮助学生养成终身体育的良好习惯是体育教学应遵循的基本原则之一。

2.基本要求

（1）促进学生终身体育思想的形成。体育教学中，教师要对学生的体育爱好与技术特长加以留心观察，并积极引导帮助，而且要注重对学生体育学习兴趣的激发，引导其形成终身体育思想，养成持久体育锻炼的习惯。

（2）在体育教学中充分考虑教学的长期与短期效益，体育教师不仅要重视体育教材或某项运动技能的教学成果，还要考虑体育教学的长期效益，这与体育教育总体目标的要求是一致的。

二、体育教学的方法

（一）语言教学法

语言教学法即在教学活动中，教师通过对学生进行语言指导，从而达到相应的教学效果的方法。作为一名教师，能够正确、简明、形象地使用语言，对于学生的学习和教学工作任务的完成具有重要的意义。正确地使用语言，不但能够使学生更好地理解相应的学习目标和任务，而且能够促进其对相应的知识和技能进行快速掌握。

因此，在体育教学过程中，教师应注重语言法的运用，注重语言的技巧。一般学校体育教学中语言教学法的形式有：讲解、口头汇报、口头评价以及口令和指示等。

1.讲解法

讲解法即教师将相应的动作要领、方法和规则要求等方面的知识向学生进行说明，其目的在于更好地指导学生进行相应的运动技能的学习和掌握。讲解法是较为常用的教学方法，在运用时，应注重以下五个方面的问题。

要明确讲解的目的，根据教学的目标、教学内容和学生特点进行讲解。在讲解过程中，应对自身的语速、语气进行调节，并抓住教学内容的重点和难点，具有一定的目的性和针对性，这样才能够使学生明白哪些是重点，应该着重理解哪些方面。

在进行讲解时，应注重其内容的正确性，不管是具体的工作原理还是相关的基本知识，都应做到准确无误。另外，还应注重讲解的方式要与学生的学习情况和学习能力相适应，使学生能够很好地接受相应的知识。

为了更好地使学生理解相应的技术动作，讲解要做到生动形象、简明扼要。具体而言，在讲解过程中，应注重将新的技术动作和知识内容与学生已经了解和熟悉的内容联系起来，使学生更好地理解相应的动作技术。另外，教学时间有限，学生的注意力集中程度也会随着学习时间的延长而有所下降，因此，应抓住重点，简明扼要地进行讲解。

在进行讲解时，还应注重讲解的时机和效果。在讲解相应的内容时，首先应选择合适的站立位置，确保每个学生都能够听到相应的内容。另外，给学生进行讲解时，应充分调动其好奇心和积极性，如此才能取得更好的效果。

2.口头汇报法

口头汇报法是教师了解教学效果的重要方法之一，这种方法要求学生根据教学需要，向教师表述学习心得和有关教学内容、方式和疑难问题等相关方面的问题。通过学生的口头汇报，能够使教师明确自身在教学过程中的不足，为教师提高和发展自身的教学水平提供相应的依据。对于学生而言，通过这种方式不仅能够培养其语言表达能力，还能够促进其进行积极的思考，加深其对教学内容的理解。因此，在教学过程中安排相应的口头汇报不仅有助于教师和学生素质的提高，对于教学质量的提升也有重要的促进作用。

3.口头评价法

口头评价法也是一种重要的语言方法，对于学生的动作完成情况以及课堂表现给予相应的口头评价，能够更好地促进学生的学习。口头评价可分为两种：一种为积极的评价；另一种则是消极的评价。积极的评价即对学生的正面鼓励，它能够在一定程度上激发学生的积极性，促进教学活动的更好开展；消极评价则是否定性的评价，这种评价往往指出学生的不足，明确其提高的方法和努力的方向，但用这种方式时应注重语气和口气。

4.口令和指示法

在体育教学过程中，需要借助多种口令和指示，如"立正""跑""转体"等。这些语言简短有力，能够很好地指导学生进行相应的技术动作的学练。但需要注意的是，运用这些口令和指示时，应注意把握时机和节奏，否则会造成学生动作的不协调和出错。另外，还应注重发音的洪亮有力，不仅要使学生能够清楚地听到，还应给学生以势在必行之感。

（二）直观教学法

直观教学法是体育教学中较为常用的一种教学方法。通过相应的直观的方式作用于人体的感觉器官，引起相应的感知，从而实现体育教学目的。一般常用的直观教学法有：动作示范、条件诱导、多媒体技术、教具和模型的演示等。在实践过程中，人们认识事物时都是首先从感觉器官的感知开始的，因此，直观教学法能够使学生更易于理解相应的教学内容。

1.动作示范法

动作示范法指的是教师采取一些示范动作使学生对技术动作的形象、结构和要领进行掌握的基本方法。一般在进行动作示范时，教师可亲自进行示范，也可指定相应的学生进行动作示范。在采用动作示范方法时，应注重以下四个方面的问题。

（1）在进行动作示范时，应具有一定的目的性。如果是为了使学生了解动作的基本形象，示范动作可稍快；如果动作示范是为了使学生了解相应的动作结构，并引导学生进行学习，则动作应稍慢，可略夸张；如果是示范相应的重点和难点动作，可多示范几次。

（2）示范动作一定要注重其正确性，避免对学生形成误导。在进行相应的讲解时，不仅要注重内容的正确性，还要体现出教学内容的特点，并与学生的学习能力相适应，提高学生的学习兴趣。

（3）进行动作示范时，应使全体学生都能够看到。因此，可使学生呈圆圈形站立，或是错位站立。

（4）在进行动作示范时，一般会配合相应的讲解方法，使学生能够更好地理解。可采用先示范后讲解、边示范边讲解和先讲解后示范等方式。

2.条件诱导法

条件诱导法也是较为常用的一种教学方法，它以某种条件为诱因，并与相应的动作建立联系，从而达到相应的教学目的。例如，通过相应的音乐伴奏和喊节拍的方式，形成一定的动作节奏通过简单的语言提示使得学生的动作能够流畅进行。另外，也可设置相应的视觉标志，指示学生进行相应的动作方向和运动轨迹等方面的操作。

3.多媒体技术法

多媒体技术法主要包括电影、幻灯片、录像等。在运用电影和电视、录像时，应注意播放内容要与体育教学目标相适应，并有机结合电影和电视、录像与讲解示范练习。多媒体技术虽然在教学过程中得到了普遍的运用，但是在体育教学过程中，其应用并不广泛。这与体育教学在户外授课、器材运用不方便有很大的关系。

4.直观教具与模型演示法

在体育教学过程中，对于一些高难度的动作可采用图表、照片和模型等直观方法进行辅助教学。通过运用这些教学工具能够使学生更加易于理解相应的技术结构和动作形象。另外，对于一些战术配合，也常采用模型演示的方式进行讲解。

（三）完整与分解教学法

1.完整教学法

完整教学法指的是从动作开始到结束，完整地进行教学和练习的方法。一般在技术动作的难度不是很高，或技术动作不可进行分解时，会采用完整教学法进行教学。另外，在首次进行动作示范时，也会采用完整法来进行动作技术形象的示范。完整教学法的优点在于动作协调优美、结构简单、方向路线变化较小，各部门之间具有密切的联系。其缺点在于对一些复杂的动作而言，采用这种教学方法会为教学带来一定的困难。为了便于学生进行学习，促进教学活动更好地开展，应注重以下四个方面的问题。

在讲授一些简单和易于掌握的动作技术时，教师可以先进行完整的动作示范，然后由学生直接完成完整的动作练习。

有些技术动作无法分解，这时要采用完整教学法。需要注意的是在采用这种方法时，要对其中的各项要素进行必要的分析，如动作的用力、动作转变的时机等。但是，不能拘泥于动作的细节，要从整体上进行把握，确保动作的完整性和流畅性。

对于一些难度动作，可适当地降低其难度，可先通过降低难度或是徒手完成相应的动作，在此基础上逐渐增加难度。需要注意的是，降低难度时，不能使技术动作出现错误，这是基本要求。在教学过程中，对于一些器材的质量以及高度、距离等标准可适当降低。

采用完整法进行教学时，可适当改变外部的环境条件，在外力条件的帮助下完成相应的完整动作。

2.分解教学法

分解教学法即将完整的动作划分为几个部分，逐步使学生掌握完整的动作技术。这种方法适用于难度相对较高，并且动作可分解的运动项目。采用这种教学方法时，能够将复杂的动作分解为简单的动作，从而使技术难度降低，更加有利于学生的学习和掌握。但是，这种方法也有其相应的缺点，即它注重对于局部动作的分解把握，可能在一定程度上使得学生对于整体的理解不全面。因此，分解教学法和完整教学法通常结合使用。

在运用分解法进行教学时，应注意以下三个方面的问题。

应仔细分析动作技术的特点，采用合理的方式对其进行分解，注重时间、空间等方面的有序性和统一性。

将完整的技术动作分为多个环节时，应注重各个环节之间的联系，注重动作结构之间的联系。

在熟练掌握各阶段的动作之后，要注重各个环节之间的动作衔接，要保证其过渡的流畅性，形成有机的整体。

（四）游戏与竞赛教学法

1. 游戏教学法

游戏教学法也是体育教学过程中较为常用的一种方法，它是指教师组织学生通过做游戏的方式来完成相应的教学任务的方法。通过开展相应的游戏，使得学生之间开展竞争和合作，提升学生的思考和判断能力，促进教学质量的提升。游戏法具有一定的趣味性，能够提高学生参与的积极性，培养学生的学习兴趣，因此在体育教学中广泛地运用。在运用游戏法时，应注重以下三个方面的问题。

应根据教学目标和教学内容采取合适的游戏规则和游戏要求，确保游戏内容与教学内容相契合。

采用游戏法时，学生需要遵守相应的规则。但是，应注重对学生的鼓励以充分发挥其主动性和创造性。通过开展相应的游戏引发和启迪学生的思考。

教师应做好相应的评判动作，要做到公正、客观，避免挫伤学生参与体育学习的积极性。

2. 竞赛教学法

竞赛教学法即在教学过程中，为了检验教学效果和提高学生的技术水平，组织学生进行比赛的方法。竞赛法将所学的技术动作应用于实践，能够使学生更好地掌握相应的技术动作。采用这种方法具有一定的竞争性和对抗性，学生需要承受较大的运动负荷。通过开展竞赛，能够培养学生的应变能力，对于其心理素质和意志品质等方面的发展也能起到一定的促进作用。

采用竞赛法时，应注重以下两个方面的问题。

开展竞赛时，应进行合理的组织，无论是个人赛还是小组之间的比赛，其实力应相对较为均衡。

开展相应的竞赛时，学生应熟练地掌握相应的技术动作，并能够在比赛中很好地运用。

（五）预防与纠错教学法

为了防止和纠正学生在练习过程中出现和可能出现的错误动作，教师在教学过程中经常采用预防与纠错教学法。在教学过程中，学生对于各种动作技术的掌握不标准和出错的状况是不可避免的，教师应正确对待，并注意进行有意识的引导和纠正。

预防和纠错是相互联系的。预防意味着具有一定的超前性，要求对可能的错误动作进行积极的引导，并对其出错的原因进行分析；纠错：鲜明的针对性，即针对学生的错误动作采取相应的纠正措施，并分析出错的原因。预防与纠错的具体方法有以下四种。

1. 语言表述法

为了使学生建立起正确的动作概念，应注重动作细节与要点描述的准确性，使学生能够明确理解各技术动作的标准和结构顺序。通过这种方式，使学生建立起正确的动作意识。

2. 诱导练习法

为了使学生的动作准确无误，可采用诱导性的教学方法，使学生达到相应的教学要求。例如，学生在做肩肘倒立时，不能将腰腹部挺直，针对这种情况，可在垫子上方悬一吊球，让学生用脚尖触球，这样学生就可以挺直腰腹部了。

3. 限制练习法

在进行相应的动作练习时，设置一定的限制条件，有助于错误动作的纠正。例如，在进行篮球投篮练习时，为了使学生的投篮动作更加协调、标准，可进行罚球线左右的投篮练习，使学生掌握正确的投篮方式。

4. 自我暗示法

自我暗示法是一种重要的方法。它是指学生在进行相应的动作练习时，为了保证动作的准确性，在练习中有意识地暗示自己达到要求的方法。例如，在进行篮球的投篮练习时，学生可暗示自己投篮时手指、手腕的动作要标准，使得自身的投篮动作准确无误；再如，在奔跑练习中要暗示自己注意后腿充分蹬地。

（六）体育教学的其他方法

除了上述的教学方法，在创新教学理念的影响下，一些其他教学类别的教学方式也逐渐被移植到体育教学之中，如自主学习法、合作学习法以及发现式教学法等。

1. 自主学习法

自主学习法为了实现相应的教学目标，在教师的引导下，学生根据自身的需要和条件制定相应的目标，选择相应的教学内容，并通过独立地分析、探索、实践、质疑、创造等方法来进行学习的方法。自主学习能够充分发挥学生的主观能动性。

在体育教学中，自主学习法指的是"为了实现体育教学目标，学生在体育教师的指导下，依据自身的需要和条件制定目标、选择内容等学习步骤，完成学习目标的一种体育学习模形"。自主有独立性、能动性和创造性等特点，有利于激发学生学习体育的积极性，培养学生的体育自主学习能力，确立学生在体育学习中的主体地位，提高体育教学的效果。

在体育教学过程中，采用这种方法时应注意以下两方面的问题。

（1）学生应根据自身的知识储备和能力水平，选择相应的目标和学习内容，并在教师的引导下进行。

（2）学生应根据自身情况，对照学习目标，积极进行自我调控，并及时改进教学方法和教学策略。

2.合作学习法

合作学习法是指"在教学过程中，对学生进行相应的分组，学生为了完成共同的学习任务，而有明确的责任分工的互助性学习形式"。各小组成员根据自身的特点承担相应的责任，他们之间是相互依赖的关系，在相互协作中，完成相应的任务。在体育教学中，应用该方法应遵循以下六个步骤。

（1）在教师的引导下，学生结成相应的小组。

（2）全体成员在教师的指导下，根据教学内容确定相应的教学目标。

（3）确定各学习小组的研究课题，并对各小组成员之间的分工进行明确。

（4）小组成员合作学习，围绕相应的主题完成自身的任务，从而实现小组任务目标。

（5）各小组进行一定的学习和交流，分享相应的成果，并纠正自身不足。

（6）对学习的过程进行评价，总结经验和得失，促进下次学习更好地开展。

3.发现式教学法

发现式教学法是通过积极引导学生发挥自己的创造性思维，使学生在发现的过程中进行学习的一种教学方法。有学者将其定义为：从"青少年学生的好奇、好动等心理特点出发，以发展学生的创造性思维为目标，以解决问题为中心，以机构化的教材为内容，使学生通过再发现进行学习的方法"。

在体育教学过程中，运用发现式教学法要遵循以下三方面的步骤。首先，提出相应的问题，或是设立相应的学习情境，使得学生面临相应的问题和困难，在教师的引导下进行相应的探索；其次，通过进行相应的练习，初步掌握技术动作的原理和方法；再次，通过分组讨论，提出相应的假设，并进行相应的实践验证，并对提出的问题进行讨论，最后得到共同的结论。

采用发现式教学法时，应注意以下四个方面的问题。

（1）教师要善于提出相应的问题和创设相应的情境，要充分调动和激发学生的积极性，激发学生学习的兴趣。

（2）教师提出的问题应适应学生的能力水平，使学生能够根据已有的知识和经验，并通过一定的探索得到相应的答案。

（3）教师要注重抓住教学的重点，引导学生对于重点问题进行积极的思考，并找出解决问题的方法，启迪学生的创造性思维。

（4）采用这种方法时，应注重由浅入深、由抽象到具体，使得学习过程符合人们的认知规律。

第三章 高校体育教学改革与创新

第一节 高校体育教学方法的创新

高校体育教学中多媒体技术的应用:

一、多媒体教学技术的特征

(一) 多媒体教学技术的多维性特征

所谓的多媒体技术的多维性特征,主要指的是多媒体教学技术所拥有的对信息范围进行处理的扩展与扩大空间的能力,而此种多维性职能能够变换、加工、创作输入的信息,使其输出信息的表现能力得到增强,其显示效果得到丰富。例如,在高校体育教学的开展过程中,利用多媒体系统进行辅助,不仅能够保证学生对文本知识的学习,使其对静止图片进行观察,并且在多媒体技术的支持下,学生能够清楚地观察、了解体育教师的动作演示,使高校体育教学效果得到加强。

(二) 多媒体教学技术的集成性特征

所谓的多媒体技术的集成性特征,主要指的是多媒体技术能够将不同类别的多种媒体信息有机地进行同步组合,例如,声音、文字、图像,等等,进而促进多媒体完整信息的相册。此外,集成性还存在另外一层含义,指的是对这些多媒体信息进行处理的工具或者设备的集成,包含视频设备、储存系统、音响设备、计算机系统等的继承,总而言之,指的是在提供的各种设备上将各种媒体紧密地进行关联,使文字、声音、图片与音像的处理实现一体化。

(三) 多媒体教学技术的交互性特征

所谓的多媒体教学技术的交互性特征,主要指的是人和人之间、人和机器之间、机器和机器之间的交互活动,是人和机器进行对话的能力,也就是使用者同机器之间进行沟通的能力。这也是多媒体计算机系统不同于传统音响、电视机等家电设备的地方。根据实际的需要,人们能够选择、控制、检索多媒体系统,同时,还能够参与到播放多媒体信息与组织多媒体节目的行列中。传统的只能对编排好的节目被动接收的电视机形式已经被打破。

(四) 多媒体教学技术的数字化特征

所谓的多媒体教学技术的数字化特征,主要是指在多媒体计算机系统中,各种各样的媒体信息都是以数字的形式在计算机中存放,并得到处理。多媒体技术是在数字化处理的前提下被建立的,例如,以矢量方式储存与处理的图形、以点阵方式储存与处理的图像、以数字编码方式储存与处理的音频和视频。在数字化技术发展的背景下,多媒体教学技术得到了广泛的传播与发展。

除了上述的四种主要特征,多媒体教学技术还有其他的一些特征,通常来讲,还拥有分布性、综合性与实时性等特征。所谓的实时性特征,主要指的是对于同时间相关的心理,如声音与视频信号等的处理,还有人机的交互显示、操作与检索等操作都存在实施完成的要求。所谓的分布性特征,主要指的是基于多媒体数据多样性的存在,在不同的时间与空间都会存在它的素材,并且在不同的领域中,它也得到了广泛应用。所以,对于多媒体产品的开发,在离不开计算机专业人才参与的同时,更加需要的是听、视专业的人才。而多媒体计算机系统的存在比较明显的综合性,它不仅能够综合集成各种媒体设备,同时还能够综合各种信息,使它们成为整体,促进综合效应的产生,不再是单兵作战,而是文字、图片、声音与音像的有机组合。

二、多媒体在高校体育教学中的应用优势

多媒体教学技术通过文字和图形的形式,同动画、音频与视频相结合,将体育课程的教学内容进行立体的显示,具有表现形式和表现手段丰富多样、灵活多变的特征,使其独特的优势得到充分体现。

(一) 多媒体技术使高校体育教学观念得到了更新

高校体育教学的传统教学模式是以教师的教作为重心,在高校体育教学应用多媒体技术,能够使此种传统高校体育教学模式发生改变。体育教师在进行授课的过程中,对现代化的多媒体教学手段进行了应用,同时还需要人机交互活动与学生间交流活动的开展,使学生的体育参与意识得到激发,将体育多媒体教学的教学思想进行了展现,即以学生的"学"作为中心。这都能够极大地促进高校体育教学方法的实践性与多样性变革,改变学生体育知识与体育技能的学习思路与

方式。

（二）多媒体教师使高校体育教学的质量得到提高

在体育课程的传统教学活动中，教师主要的教学方式是讲授为主，挂图等展示方式为辅。在实践课中则需要体育教师进行讲解与示范，在主观条件与客观条件的约束下，很难做到完全规范、标准的技术动作示范，在较短的时间内学生正确的动作概念也很难形成，只有体育教师才能够反馈出学生的体育学习状况，而这样的高校体育教学效果也是可想而知的。

多媒体高校体育教学的实施使得上述的状况得到改变，在文字与图片的辅助下，体育课程的抽象概念得以具体化、形象化，而通过计算机，就能够对难度较高的体育技术动作进行模拟演示。而在对速度较快、结构复杂的技术动作进行讲解与示范的过程中，取得的效果则将会更加明显。在多媒体技术的支持下，通过慢动作使学生对这一系列动作进行清晰的感知，促进相关体育概念的形成与动作要领的掌握，方便进行模仿与掌握，使得高校体育教学的效率与效果得到极大地提高。

（三）多媒体技术使学生的体育学习效果得到提高

多媒体技术能够使人的视觉、听觉等多种感官系统得到刺激，促进大脑不同功能区域交替活动的开展，促进体育学习内容生动化、形象化的发展，增强高校体育教学活动的趣味性与直观性，方便学生对体育技术动作的理解。多媒体技术对字体、色彩、图表、音乐、动画和闪烁等多种表现手段进行了综合利用，保证"声图并茂""有声有色"，使得高校体育教学内容的艺术表现力与强烈的感染力得到增强，使高校体育教学的课堂氛围得到活跃，特别是多媒体高校体育教学伴随多媒体技术与仿真技术的不断发展，VR实现的理论与方法也不断发展。例如，美国城市设计与规划专业的学生，对这一套系统进行利用，从而能够对一座虚拟的城市进行设计、制作，如果学生能够改变城市场景的试图，那么就能够对观光浏览真实幻觉的出现起到一定的促进作用。

（四）同传统的高校体育教学方法相比，多媒体CAI具有的优势分析

在高校体育教学课堂教学活动开展的过程中，由于高校体育教学内容与高校体育教学任务方面存在着一定的需求，因此，多媒体CAI能够科学地、合理地对现代化教学媒体进行选择，并进行应用。而信息的全方位传递需要人体的多种感官，同时对于媒体组合开展的系统教学能够进行反馈与调控，在高校体育教学课堂教学开展的过程中，保证它的存在是始终有效的，从而实现高校体育教学过程的优化。

多媒体CAI高校体育教学同传统的高校体育教学活动相比较，存在的优点有以下几种。

1.体育教师在指导学生体育学习活动的过程中对其系统进行利用

在现代化高校体育教学中，计算机能够承载大量的教学相关信息，能够按照高校体育教学的实际需要，开展人机对话，并且能够对各种各样的高校体育教学活动随意地调用、开展。

2.可帮助学生尽快地建立动作概念

如果能够将多媒体CAI应用在体育课堂教学过程中，就能够促进力量教学效果的获得。例如，体育教师在对足球理论课进行教授的时候，提到"越位"这一概念的时候，大部分学生对此概念能够很好地理解，然而，在具体的实践中却不能较好掌握。在进行表达的过程中，体育教师可以对画图的形式进行利用，同时，还能够对声像资料进行应用，对于足球比赛活动中一些典型的与不典型的"越位"镜头编辑在一起，从各个角度出发，向学生及时展示什么是"越位"，同时还要将经过反复多次推敲的解说词列入其中，使学生的各个感官得到调动，从理性上与感性上使学生对这一概念进行理解。

3.学生可用其直接地开展自我学习、自我测验与自我评价

对于高校体育教学的多媒体使用方法，由体育教师向学生传授，保证学生的体育学习活动，不仅能够在课堂上进行，还能够在课堂教学结束后开展，即复习或自学。

4.向学生及时、准确地反馈其学习进程，提高体育学习效率

在传统的高校体育教学过程中，教师在对跳远动作进行教学的时候，会对学生做出的不规范腾空动作或者是没有达到规定标准的动作进行指出，但是有时候学生可能并没有意识到错误的动作，因此导致教师和学生之间出现了沟通障碍，需要注意的是，如果想要消除掉此种障碍，就需要在体育教师的悉心指导下，学生对某一种动作一遍一遍地不断重复，并且在不断的重复练习中，对动作的要领不断体会。如果是在学生需要改进某一个成型动作或者使自身运动成绩得到提高的时候，就可能会导致学生训练水平较低与成绩提高较慢。

如果体育教师每一次对学生做的跳跃动作进行录制，进行慢动作处理，再组织学生进行观看，使学生对存在的问题能够及时发现，并纠正。还可以利用计算机的处理作用，将一些优秀学生所做的这一动作进行事先的录制，再将两者开展对比，就能够很明显地得出两者之间存在的区别。此外，这套编制的多媒体CAI在专业运动员的训练中也同样适用。

5.使学生的体育学习兴趣提高

在传统高校体育教学活动开展的过程中，鉴于单调高校体育教学形式与落后

高校体育教学手段的存在，使得学生想要调整过来由于学习过程反复、辛苦、无聊而产生的不能积极应对学习的心理状态是不容易的，同时，多媒体CAI具有的形式是新颖的、变化多样的，能够对学生良好的心理状态进行调节，同时还能够有效刺激学生自身的求知欲，从而使学生的体育学习效率得到一定的提升。

综上所述，多媒体CAI能够刺激学生的各种感官，对知识或信息进行最大限度的吸收。多媒体CAI在高校体育教学中的应用，促进高校体育教学软件多媒体化的发展，能够使学生心理上的不同要求得到更好满足。它能够将信息编码成图像，经过同步识别以后，保证高校体育教学文件的声图并茂，绘声绘色，且清晰，便于理解，使学生更加容易接受。

（五）体育多媒体CAI课件设计

体育课件的结构主要包含两个主要部分，即原理教学模式与训练教学模式。而对体育多媒体CAI课件而言，总体的结构组成是高校体育教学内容与高校体育教学目标，其主要目标是使学生对体育基础知识和基本技术、技能进行掌握，使学生的身体素质得到增强，使学生的良好思想品德得到培养，促进学会观察能力与模仿能力的提高。

高校体育教学中微课的应用：

一、微课的概念

（一）微课概念

所谓的微课，主要是指以视频的方式把教师在课堂内外教学活动开展过程中传授的教学环节或者强调的主要知识难点与重点进行展示的一种新型的教学资源。微课具有一些比较显著的特点，即（1）碎片化；（2）突出重点；（3）具备的交互性比较强；（4）能够反复多次使用。微课作为一种全新的教学模式，能够使学生的碎片化学习活动随时随地展开。

（二）微课的组成

对微课而言，其组成内容的核心就是示例片段，也就是课堂教学视频。不仅如此，也有同某个教学主题相对应的辅助性教学资源，例如，素材课件、教学设计、练习测试、教师点评、教学反思和学生反馈，等等。在一定的呈现方式和组织关系下，它们共同营造了资源单元应用的"小环境"，而这里所说的资源单元具有的显著特征是主题式的半结构化单元资源，因此，微课同传统单一资源类型的教学资源之间是有一定的差异存在的，主要表现在教学设计、教学课例、教学课件与教学反思等方面，同时，微课与上述的这些教学资源之间存在一定的联系，即微课作为一种新型的教学资源，其发展基础就是上述的这些教学资源。

(三) 微课的特点

1. 碎片化

微课视频具有10分钟左右时长，将课程教学过程通过清晰的视频录制的方式进行呈现，一堂传统课堂教学的时间是45分钟，而原有的段状课程在微课的作用下，逐渐向点状课程转变，促进了更加精华、细致课程内容的出现，因此，学生除了课堂的教学的时间，还可以利用课外的其他的零散时间，例如，当学生排队等待就餐的时候，可以利用这一小段时间进行学习，所以，微课的显著特点之一就是碎片化。

2. 突出重点

基于学生的学习特点，在微课显著碎片化特点的影响下，对于教师的教学能力，微课也提出了更高的要求。在微课视频的10分钟展示时间内，教师将严谨的逻辑性进行体现的同时，还要将课程内容的重点与亮点突显出来，真正地抓住学生的学习重点，才能够使学生的学习兴趣得到更好的激发。

3. 较强的师生交互性

微课作为一种新鲜的课堂形式，它的出现在满足学生知识渴求与猎奇心理的同时，还能够有效改善传统教学模式中教学内容单方面输出的情况。在微课教学开展的过程中，教师与学生之间的互动得到加强，不仅仅及时收集了学生课程学习的兴趣点，同时，对于学生存在的疑问，教师也能够及时进行回答。这无疑会为教师课程后期的设计提供便利条件，使现阶段学生的知识渴求得到一定的满足，进一步提升课程的教学效果。

4. 能够反复多次使用的教学资源

在微课的模式下，学生能够按照自身的实际需要，对体育学习活动随时随地展开，例如，在课程开始之前，学生可以通过微课来预习运动技能、巩固难点和重点、练习课后的动作，等等，上述的这些微课学习途径，在进一步提升教学效果的问题上都能够发挥出有效的促进作用，此外，对微课教学模式的使用，还可以使学生课程学习的积极性得到增强。

二、微课在高校体育教学中的应用

由于微课存在碎片化、突出重点、较强的师生交互性与可重复利用教学资源的特征存在，从体育微课的基本设计原则出发，开发质量较高的体育微课，进一步改善当前高校体育教学的现状，使学生体育运动项目学习的兴趣得到提高，对于体育方法微课的应用要始终去探索，一般来讲，在高校体育教学中，主要会在以下几个方面将高校体育教学中微课的应用体现出来。

（一）微课应用在学生体育需求调研中

鉴于高校体育教学传统模式同高校体育教学内容间存在的关联，在高校体育教学实践活动正式开始前，体育教师应该按照课程逻辑将高校体育教学内容中的难点与重点提取出来，同时，还应该同现阶段体育栏目与体育热点新闻相结合，制作体育微课，之后再将已经制作完毕的体育微课利用移动互联网的各种渠道在学校范围内广泛传播，通过对微课中学生的点击率与回帖评论内容的考察，体育教师能够有效地评定体育课程内容的合理性，保证体育教师更加深入地了解到学生兴趣与期待，此外。在前期对体育微课进行传播，能够有效地使学生体育学习的积极性得到调动，使学生更加期待将要学习的新内容，使学生的被动学习行为转向主动学习行为，进而提升学生的体育参与度。

（二）微课应用在体育课程设计中

对体育微课而言，它不仅补充了传统的高校体育教学模式，还是多媒体时代下高校体育教学发展的必然结果。微课的逐渐出现。使得原本的体育课程设计得到了重新定义，因此，就需要保证体育课程有理有据，有血有肉。在高校体育教学开展的后期阶段，将以往室内体育理论课与室外实践课分开开展的体育课程设计进行改变，将两者进行融合，同时，对于多媒体时代大数据的时代特征进行考虑，在设计室内理论课的时候，可以以教师和学生的信息数据交流为主，使他们的头脑风暴在体育课程中得到掀起，呈现出更加公平、更加自由的体育课程，此外，在这样的形式下，体育教师的教学思维能够得到更进一步更新，使学生体育学习的热情得到提升。

（三）微课应用在体育课程教学中

一方面，基于体育时事热点与体育课程的新内容等方面，体育教师能够对新颖的体育新课进行设计，并向微课导入，在体育课堂教学开展的过程中，组织学生集体观看，主要的目的在于吸引学生的注意力，激发他们的体育学习兴趣；另一方面，在高校体育教学实践活动开展的过程中，体育教师可以将复杂动作的教学制作成微课，同时，在体育课堂教学过程中，重复地向学生播放，将更加具体、更加直观、更加生动、更加形象的高校体育教学过程呈现出来。

体育教师可以根据新课内容和时事体育热点等设计新颖的新课导入微课，在课上给学生观看，目的是使学生的注意力得到吸引，使学生的学习兴趣得到激发，另外，对于高校体育教学中复杂的教学动作，教师可将其制作成微课，在上课过程中对学生进行重复播放，使高校体育教学过程教学更生动、更直观、更形象、更具体。

（四）微课应用在体育课后辅导中

对高校体育教学而言，每一节体育课堂教学的时间是45分钟，有限的高校体育教学时间，使教师能够面面俱到地讲授内容，想要实现精细化教学几乎是不可能的，所以，一部分学生不能与教学节奏同步或者学生不能对其所学运动技能充分掌握的情况必定会出现，所以，当体育课堂教学结束以后，教师可以将包含高校体育教学重点的微课视频向学生发放，以便学生能够在课堂结束以后，对已经学习的技术动作进行练习，对课堂上所学内容进行复习，切实保证温故知新，提升学生的学习效果。

（五）微课应用在体育课程分享中

从本质上来讲，分享就是学习，学生喜欢在朋友圈中分享一些好的视频课程，对身边的朋友、学生进行感染，使学生的学习圈子得到扩大。因此，我们应该对于一种倡导分享精神的学习共同体进行构建，这样能够保证学习共同体成员间互相督促，对有用的体育学习信息进行分享。例如，将微课应用在体育舞蹈教学过程中，在校园内学生可以对已经学习到的且比较感兴趣的体育舞蹈课进行分享，使越来越多热爱体育舞蹈的学生能够及时对学习资源进行获取分享，同时，学生还可以对校园内其他兴趣一致的学生进行自发组织，安排大家一起对体育舞蹈微课进行学习，保证体育舞蹈社团的更进一步发展得到促进，通过对社团活动的有效组织，例如"快闪"等，使学生的课堂学习以外的生活得到丰富。

高校体育教学中慕课的应用：

一、慕课的概念

慕课不是搜，而是一种将在世界各地分布的学习者与授课者通过某一个共同的主体或者话题而联系在一起的方式方法。

（一）授课形式

几乎所有慕课的授课形式都是每一周话题研讨的方式，并且只会将一种大体的时间表提供给授课者与学习者，但是一般来讲，慕课课程都不会对学习者存在特殊的要求，一般会进行说明的内容比较简单，例如，阅读建议、每周进行一次的问题研讨、每周进行一次的问题研讨，等等。

（二）主要特点

1.规模比较大

所谓的规模比较大特点，指的是网络开放的大规模课程，而不是以个人名义对一两门课程进行发布。我们这里所说的网络开放的大规模，通常是指那些参与者发布出来的课程，这些课程一般会被人们称作大规模的课程或者大型的课程，慕课就是这些课程的典型形式。

2. 开放的课程

所谓开放的课程，一般会对创用（CC）协议严格遵守；可以说，开放的课程，就能够被成为慕课。

3. 网络课程

网络课程的相关材料通常在互联网上散布，而不是面对面的课程。此种课程的显著特征就是没有上课地点的特殊要求。例如，如果你想对美国大学的一流课程进行享受，那么不管你处在什么地方，不需要花费太多的金钱，只要有网络连接与电脑的存在就能够实现。在一篇评论文章中，斯坦福大学校长约翰·汉尼希曾经表达过这样的观点，即由学界大师进行授课的小班学习课程存在的水平依然很高，但是，经过证实，网络课程也是一种能够获得高校成果的学习方式。如果相比于大课的话，结果也是仍旧一样的。

二、慕课在高校体育教学中的应用

（一）高校体育教学中慕课的应用价值分析

自慕课引入我国以来，已经过了很长的一段时间，同时对于此种新式的教学方法许多的学校都开始进行尝试，然而，慕课在高校体育教学方面的应用非常的少。实际上，慕课的教学方式在高校体育教学方面也是非常适用的。

随着社会网络的日渐发达，人们每都会上网，不管是对网页进行浏览，还是刷微博，我们都必须承认的是网络在现代人们生活中承担的责任越来越重要，而对于慕课而言，就是对于此种现状进行利用，在学习开展的过程中充分利用网络条件。

除此之外，作为一种学习方式，慕课还具备一定的主动性特征，任何人的监督与强迫都不会对其发生作用，按照自己的个人兴趣爱好，使用者可以选择、学习自己喜欢的运动。同时，慕课所拥有的资源范围是非常广泛的，在高校体育教学开展过程中对慕课进行应用，教师和学生还可以实现对国外高校体育教学资源的分享与使用。

现阶段，学校体育课的开展形式主要是体育教师授课，学生接受学习，即高校体育教学课堂教学中，教师首先进行讲解、示范，之后学生再进行练习。然而，我国大多数中小学、高中体育课的开展时间一般是45分钟，当体育课的准备活动做完以后，由体育教师进行体育技术动作的讲解与示范，但是，此时一堂体育课的时间已经耗费很多，学生们的练习活动无法在剩下的时间展开。然而，对于这个问题,慕课就能够很好地进行解决。

当体育课堂教学结束以后,学生在课后就能够自行复习。在体育微课视频中包含真人操作与讲解,能够帮助学生对于白天体育课堂学习的动作进行复习与记忆。尽管高校体育教学时间长达一个半小时左右,学生能够拥有足够的时间去学习、练习体育运动技术,但是,他们只能对每门体育课修习一次,由于基本上每个学期所要学习的内容都是相同的,但是学生会存在差异,不利于一部分学生深入学习、开展练习。

在高校体育教学中应用慕课的教学方式,不仅能够保证学生深入学习活动的开展,还有利于学生自己掌握学习进度。同时,由于慕课中存在的学习资源是非常丰富的,有利于学生寻找到适宜自己的运动方式。例如,对于一部分学生而言,可能剧烈的运动不适合他们,所以,他们能够在慕课中对比较适合自己的运动进行寻找,如此一来,不仅能够避免损伤自己身体的情况发生,还能够使体育锻炼的目的顺利实现。

实际上,如今许多家长也比较重视学生的体育锻炼问题,为了保证孩子的健康成长,家长总是喜欢带着孩子从事散步、晨练等体育锻炼活动。然而,这些体育活动的效果能够真正实现吗?大多数的时候,人们通常会认为,只要自己去参加体育锻炼了,那么就会有益自己的健康发展,然而,需要注意的是,如果人们不能应用健康的方式开展体育锻炼的话,那么在浪费了体育锻炼时间的同时,还会在一定程度上造成身体伤害。如果在高校体育教学中应用慕课的方式,那么在体育运动锻炼的过程中,参考标准的动作,去完成体育锻炼,在这样的情况下,就像是一个专业的私人教练陪在自己身体,并对体育锻炼活动进行正确的指导。

(二)慕课应用在高校体育教学中的未来发展

慕课的教学方式来源于国外,在我国的高校才刚刚开始起步,而且有一些内容对于我国高校而言是不适用的,必须进行一段时间的磨合才能够同我国的教学理念相适应。

基于这样的形式,我国大部分高校应该按照自己学校的特点自行录制慕课视频。同时,在录制慕课视频的时候,可以是多个学校的教师共同参与录制、讨论,然后在对多个优秀的视频进行选择,并且上传到网上,方便学生进行观看、下载、学习。由于不同的教师在讲课的风格与方式上也会存在不同,而教师录制的慕课中包含多个教师的教学课程,那么学生就能够对最适合自己的教师进行选择。此外,这样能够避免大课参与人数多的情况,还能够有效改善学生听课效果不佳的情况。将慕课应用在高校体育教学中,能够使小班教学的目的得以实现。同时,同一学科由多个教师进行录制,能够使比较与竞争更加容易形成,能够帮助学生对于自己的教学缺点更加仔细的观察，使高校体育教学质量得到提高。因为慕课在高校体育教学中的应用主要以网上教学为主，所谓的监督制度是不存在的，因此，要求学生的自主学习能力是比较强的。在高校体育教学考核的问题上，计算机考核的方式可以不再使用，体育教师组织学生开展网络学习以后，再安排传统方式的考试即可。只有这样才能够使学生通过计算机检测进行作弊的情况得到有效避免。此外，还能够对于学生通过慕课进行学习的效果得到检测。需要注意的，对于慕课教学的认识，教师与学生应该摆正。

对于慕课教学而言，并没有对教师完全解放，例如，在高校体育教学开展的过程中，通过慕课教程开展教学的方式是可取的，然而，如果学生出现一些疑问，也只能是对同一个视频进行观看。因此。教师与学生之间的定期交流应该存在，如此一来，不仅能够使教师和学生之间的感情得到增进，还能够对学生的学习产生一定的帮助。尽管我国对于慕课的应用还处于开始阶段，然而，在现代网络发展的背景下，慕课的发展是一种必然趋势。将慕课应用在高校体育教学中，能够给教师未来教学的开展带来一定的启示，需要注意的是，在使用慕课方式开展高校体育教学的时候，还应该同国内的高校体育教学情况相结合。

例如，在篮球运动课堂教学开展的过程中，不仅仅要对手指上的动作进行教学，还要对脚上的动作进行教学，更重要的是还要将两者的教学活动紧密地联系在一起。因此，在制作相关慕课的时候，不仅要将这些动作进行分解，还要有一个规范的整体动作，以便于学生学习活动的开展。查阅相关的文献资料可知，尽管国内已经引入慕课的教学方式，但是慕课在高校体育教学中的应用还不广泛，如果想要对一个体育慕课的完整体系进行构建，那么就需要具备相关的慕课教程。一般来讲，由国外引入的教学资源通常都是外语，存在大量的体育专业名词，导致学生在理解上容易出现困难，面对这样的情况，在制作慕课的时候，可以聘请我国国内优秀的体育教师集合具体的教学情况进行制作。

第二节 高校体育教学过程与评价的革新

一、体育教学过程的概念

体育教学过程是为实现体育教学目标而计划、实施的、使学生掌握体育知识和运动技能并接受各种体育道德和行为教育的教学程序。这个程序具有学段、学年、学期、单元和课时等不同时间概念。

二、体育教学过程的性质

（一）高校体育教学过程是学生对运动技能进行掌握的过程

高校体育教学过程是学生对运动技能进行掌握的过程。从本质上来讲，体育课程的教学就是在身体练习不断反复开展的过程中，使学生能够对运动技能进行掌握，同时，在对运动技能掌握的前提下接受其他方面的养成教育，同体育课程不同，其他学科的教学过程实际上就是，使学生对概念进行识记，并且对推理、判断等思维方式进行应用，去对科学知识进行掌握，同时使学生的智力得到发展。因此，我们可以将高校体育教学过程理解为学生对运动技能进行掌握的过程。

（二）高校体育教学过程是使学生运动素养提高的过程

对运动技能进行掌握的前提就是，使运动素质得到提高，同时，还要使大肌肉群的运动素质得到有效提高，运动技能与运动素质提升之间存在的关系是互相促进。所以，高校体育教学过程可以理解为是使学生运动素质得到不断提高，且以此能够使学生体能得到增强的一个过程。在高校体育教学活动开展的过程中，在重视学生掌握运动技能程度的同时，还应该对学生运动素质的提升给予一定关注，并且，在对高校体育教学进行设计，对高校体育教学进度进行安排，对高校体育教学内容进行选编的过程中，将运动技能与运动素质的提高紧密地联系在一起，保证两者的协调发展。

（三）高校体育教学过程是知识学习、运动认知的形成过程

体育学科作为一门综合性课程，包含了自然学科与人文学科。在高校体育教学活动开展的过程中，不仅强调学生对运动技能的掌握，还会组织、安排学生对其他知识进行学习，获得一定的运动认知。在某些时候，这也是运动技能掌握与运动素质提高的重要前提条件。所以，高校体育教学过程也是对体育知识与运动认知进行掌握的一个过程。

体育是涉及人文学科和自然学科的一门综合性课程，在以掌握运动技能为主的高校体育教学过程中，学生也会涉及许多知识的学习和运动认知的获得，有时，这也是掌握运动技能和提高运动素质的基础。因此，高校体育教学过程也必然是一个掌握体育知识和运动认知的过程。

（四）高校体育教学过程是集体学习与集体思考的过程

高校体育教学的教学形式主要以"集体学习"和"小集体学习"为主，之所以这样，原因在于绝大部分的体育运动项目的完成都是通过集体形式或者小集体形式，所以，也应该在集体性学习与集体性撕开的过程中完成体育技能的学习。

此外，现阶段的高校体育教学目标也是更加倾向于学生的集体学习，旨在使集体教育的潜在作用能够得到充分的发挥。同时，在高校体育教学中，集体性学习与集体性思考能够使教师与学生之间、学生与学生之间的沟通和互动得到加强，同时，还能够促进学生社会适应能力与社会交往能力的培养，所以，对于高校体育教学过程，也可以认定为开展学生集体性学习与集体思考的一个过程。

（五）高校体育教学过程是对运动乐趣进行体验的过程

从生理学的角度上来讲，学生体育学习的过程是一个充满汗、累和苦的一个过程，是对学生身体实施生物学改造的一个过程，同时，对运动固有乐趣从身体方面与心理方面进行体验的一个过程。这种乐趣体现了体育运动的生命力，同时是高校体育教学的重要内容与目标，还是对学生体育参与意识进行培养的重要手段与途径，是终身体育运动开展的前提条件，所以，对于高校体育教学过程，我们可以理解为学生对运动乐趣进行体验的一个过程。

三、体育教学过程存在的主要矛盾

在体育教学过程中，主要矛盾存在三对，分别是：（1）体育教师的教同学生的学之间存在的矛盾；（2）体育教师同教材之间存在的矛盾；（3）学生同教材之间存在的矛盾。在这三对矛盾中比较显著的就是体育教师的教同学生的学之间存在的矛盾。

在高校体育教学过程中，体育教师与学生是两个重要的主体性因素，因而导致体育教师的教与学生的学之间双边互动的矛盾关系得到构成，并且在高校体育教学过程中，这一矛盾是始终存在的，同时，还能够对其他矛盾的存在与发展起到一定的支配作用，从而作为原动力，促进高校体育教学过程的发展。

四、体育教学过程的功能

高校体育教学过程从根上来讲，就是认识与实践之间统一、协调发展的一种活动过程，这一过程的最终目标在于，使学生的全面发展得到促进，换句话来讲，高校体育教学过程的主要功能在于使学生身心诸方面的和谐发展得到促进。对于高校体育教学过程的功能进行全面认识与开发，能够使高校体育教学成为有效途径，以促进高校体育教学目标的更好实现。高校体育教学过程的功能主要会在以下几个方面的内容中表现出来。

（一）体育教学过程的教育功能

在体育教学开展的过程中，不仅能够增长学生的知识，使其能力得到全面发展，还能够熏陶、改变学生的思想情感、道德品质与精神面貌。在体育教学中，教师应该将教书与育人自觉地统一起来，充分发挥体育教学过程的教育功能，使学生思想品质与道德素养的发展得到促进。

（二）体育教学过程的知识传递功能

体育教师通过体育教学过程的开展，能够将科学文化知识与基本技能技巧系统地向学生传递。体育教学过程实际上就是对学生有目的、有组织、有计划进行培养的一个过程，因此，体育教学过程的知识传递功能能够高质量、高效率的发挥。

（三）体育教学过程的智能培养功能

在知识传授与技能形成的统一发展过程中，智能培养得以实现，上述三个因素之间的关系是非常紧密的，是互相促进、互相依存的统一体。首先，智力活动的主要内容就是知识；其次，对知识进行学习与应用的活动，本身就能够实现智力的锻炼与能力的培养；最后，形成技能可以使智力活动过程得到大大简化，使智力活动水平的提高更加迅速、更加经济、更加有效。

（四）体育教学过程的审美功能

作为教学艺术与教学手段，"美"的因素始终存在体育教学过程中，并且在体育教学活动的各个方面都有存在，在"美"的多样形式下，使学生对"教"所要传递的各种各样教育信息顺利吸收，同时，获得教学美的体验与享受，使紧张学习导致的疲劳得到消除，促进一定审美趣味、审美观念与审美能力的形成。

（五）体育教学过程的发展个性功能

发展个性的主要内容是对知识进行传授，对智能进行培养，促进技能的形成、在原有生理条件与经验背景的基础上，每一个学生都有可能会形成独有的知识、智能结构与技能，同时能够对自己新的知识体系进行构建，从而为个性发展创造良好的条件。

然而，需要注意的是还受到其他几个方面内容的影响，即身体素质的健全，态度、情感动机、意志、品德、思想、价值体系等方面的培养。对于上述能够对学生个性发展起到决定性作用的这几个方面内容，体育教学过程能够发挥积极的影响作用。

五、与体育教学过程有关的概念

本节内容主要是对体育教学过程的基本概念进行分析，但是本书的许多章节也都与体育教学过程存在是十分密切的联系，只是从不同方面出发对体育教学过程的内容进行阐述，例如，体育教学模式、体育教学设计、体育教学原则、体育课堂教学活动等都是从不同的角度来描述体育教学的整个过程,并且对相关规律进行揭示。所以,表述、分析体育教学过程是体育教学论的重要内容,本节只是对其进行简单的探讨。

为了便于大家更全面和综合地理解体育教学过程,在此就体育教学过程与体育教学原则、体育教学模式、体育教学设计、体育教学计划以及体育课堂教学概念的关系做一简析。

(一)体育教学过程与体育教学原则

在许多《教学论》著作中都称教学原则,实际上就是教学过程的原则,由此可以看出,体育教学过程和体育教学原则之间的关系是非常密切的,但体育教学过程与体育教学原则又是不同的概念范畴。它们之间的联系主要体现在:

(1)体育教学原则是体育教学过程实施的基本要求。
(2)体育教学原则是体育教学过程优化的基本内容。
(3)体育教学原则在体育教学过程的各个层次中始终存在。

但是,体育教学过程与体育教学原则之间也存在一定区别,在区分过程中需要注意以下问题:

(1)体育教学过程是时间和流程的范畴,体育教学原则是要求的范畴。
(2)体育教学过程可以分阶段、有重点,体育教学原则是贯穿始终的。
(3)体育教学过程与内容关系密切,体育教学原则与方法关系密切。

(二)体育教学过程与体育教学模式

体育教学模式实际上就是单元和课时体育教学过程结构,是本着某种体育教学指导思想设计的教学过程类型,体育教学过程与体育教学模式是"抽象"和"具体"的关系。因此可以说,那些具体的、有特色的、长短不一的体育教学过程设计以及其中的方法体系就是体育教学模式。

(三)体育教学过程与体育教学设计

从本质上来讲,体育教学设计就是体育教师构想与安排体育教学过程,对于体育教学的任一个过程而言,都有某一种体育教学设计存在其中,而体育教学设计是包含在体育教学过程中的工作。但是我们也不能认为有了一个体育教学过程就有了本教材所说的体育教学设计,因为本教材所讲的体育教学设计是"教师经过精心设计的为实现体育教学过程最优化的工作"。

(四)体育教学过程与体育教学计划

所谓的体育教学计划,主要是指体育教学过程的设计方案,我们对它的理解,通常是存在于纸上的体育教学过程。对于体育教学过程与体育教学计划而言,二者是一对应的关系，例如，如果有学期体育教学过程，那么就会存在学期体育教学计划；如果有单元体育教学过程，那么就会存在单元体育教学计划；如果存在学时体育教学过程，那么就会存在学时体育教学计划，等等。

（五）体育教学过程与体育课堂教学

体育课堂教学是教学的场景，通常指一个课时的体育教学，也是作为时间基本单位的体育教学过程。而体育课堂教学的各项因素同体育教学过程之间都存在十分紧密的联系，都是体育教学过程的主要构成因素，同时，也是对体育教学过程进行观察的最佳视角。

体育教学评价的改革创新：

所谓的体育教学评价，主要是指在体育课程中一般性教学评价的具体应用，同时也是体育课程教学的重要环节。要卓有成效地开展体育课程教学工作，真正实现提高学生综合素质的目标，就必须在实际教学中贯彻新的教学理念，利用新的教学方式和丰富的、与实际社会生活相配套的体育课程内容来进行教学，而所有这些都需要有与之相对应的教学评价配合。因此，只有对当代体育课程的教学评价有较深入的了解，树立全新的教学评价观，充分发挥其在体育课程教学中的向导作用，才能更好地促进新课程改革背景下体育课程的教学工作。

一、体育教学评价概述

（一）教育评价

评价是客体对主体需要被客体满足程度的一种判断，属于价值活动。通过评价，使学生不断的学习、进步、成功，对自我充分认识，使能力的全面发展得到促进；根据反馈的信息，教师可以进行适当的调整，并且使自身的教学能力得到提高。根据学生情况进行教学管理方式的改善。

评价所涉及的范围很广泛，主要是指在教学目标和标准的基础上对学生和教师进行具体调查，评价优缺点进行改进。我们可以粗略地将教育评价分为：学生评价、教师评价、教学评价、课程评价、学校与教育机构评价、教育政策与教育项目评价等。

（二）体育教学评价的概念

所谓的体育教学评价，主要是指从体育教学目标与体育教学的原则出发，判断、评估体育教学的过程，以及所取得的成果。从体育教学评价的概念中可以得知，它主要将三个基本的含义包含其中。

（1）体育教学评价的开展需要从体育教学目标与体育教学的原则出发

体育教学目标作为一种评判依据，可以测试体育教学预先设定的成果是否已经实现，预期的任务是否已经完成；而体育教学的原则作为一种评判依据，可以测试体育教学开展的合理性，及其能够满足体育教学的基本要求。需要注意的是，上述的两个评价依据，在具备一定规范性与客观性的同时，还具备教育评价的信度与效度。

（2）"体育'教'与'学'的过程和结果"是体育教学评价的对象

体育教学评价主要将体育教学过程中的受教育者——学生的学作为重点对象，主要包含了对学生学历水平与品德行为的评价；此外，体育教学评价也会评价教师的教学，主要包含对教师教学水平与师德行为的评价。

（3）"价值判断与量评工作"是体育教学的工作内容

"价值判断"属于质性的评价，一般是指对体育教学方向的正确与否与体育教学方法是否得到进行评价；"量评工作"属于量性的评价，一般是指对可以量化的学习效果进行评价，例如，身体素质的增长，掌握技能的数量，等等。

（三）体育教学评价的结构与评价内容

1.体育教学评价基本构成的四个要因

对于体育教学评价而言，其结构的基本要因是"为什么评""谁来评""评什么""怎么评"这四个基本问题。

2.体育教学评价的结构与内容图

依据"评什么"与"谁来评"的主要因素作为横轴与纵轴对一个象限进行制作，就能够将体育教学评价的结构与内容图得出来。

体育教学评价的组成主要包含四个大类，如果再细致划分的话，就是八个小类。如果也将如家长对学生评价这种非主要性评价算在其中的话，就应该存在九种类别的体育教学评价，同体育教学课程评价之间存在非常密切的关系。

（1）对于体育学习过程教师做出的评价

在体育教学评价过程中，比较传统的评价方式就是对于学习过程体育教师做出的评价。在此种评价方式中，经验丰富的教师是主体，而体育教学过程与参与其中的学生就是评价的主要对象，之所以将它们作为评价的对象，主要是因为他们能够将体育教学效果反映出来。所以，此种评价方式一直以来都被人们关注。此外，对于体育学习过程教师做出的评价又存在两种不同形式，即在体育学习过程中，教师对学生进行的激励评价；当体育学习过程结束以后，作为学习结果，体育教师评定学生的体育成绩。

（2）对于体育学习过程学生做出的评价

在新的教育理念与新的《体育与健康课程标准》中都对一种评价方式给予了重视，并积极倡导，那就是对于体育学习过程学生做出的评价，此种评价方式主要包含体育教学过程的评价与体育教学效果的评价。评价形式主要有两种,即学生与学生之间的互相评价,学生的自我评价两种。并且,这两种评价方式,对于学生形成民主素养是有一定帮助的,同时,还能够在评价的实践中,使学生对自身民主权利正确行使的能力与对事物进行观察,对问题进行分析的能力得到不断培养与提高。然而,在应用此种评价方式的时候,应该要考虑学生的年龄阶段问题,年龄较小的学生不能够应用此种评价方式,我们在对学生的评价给予强调与重视的同时,还要注意不能对学生的评价完全依赖。

(3) 对于体育教学过程学生做出的评价

现代教育理念中比较重视与强调的评价方式就是对于体育教学过程学生做出的评价,此种评价也包含了两个方面的内容,即体育教学过程的评价与体育教学效果的评价。同时,还存在两种类别的评价形式,不仅有体育学习过程中,学生对教学的随时反馈,还有学生参与的相关评教活动,前面的评价活动是非正式的,而后面的评价活动是比较正式的。

(4) 对于教学过程教师做出的评价

对于教学过程教师做出的评价,其目的是使体育教学质量得到不断提高,一般也包含两种评价形式,其一是教师对于自身教学情况做出的自我评价,其二是教师与教师之间的互相评教活动,二者之间均存在正式的形式与非正式的形式。从人员角度来讲,有个人的、体育组内的、校内督导的与校际间的评价形式;从时间角度来讲,有平时的评价与集中性的评价等形式。

(5) 其他评价

我们这里所说的其他评价,主要指的是对于体育教学,非教师与学生做出的评价,例如,对于学生体育学习家长做出的评价、对于体育教学家长教师联合会(国外的PTA)做出的评价等,上述的两种形式都是其他评价。但是,此种评价方式只能是起到一定的参考性与辅助性作用,这主要是因为此种评价形式的主体并不是体育专业人员,并且没有在体育教学过程中参与。

(四) 体育教学评价的功能

1. 导向功能

由于不同的评价标准会得出不同的评价结果,因此评价标准像一根"指挥棒"一样起着导向作用。评价之后的反馈指明了体育教学决策与改进的方向,如果做法获得肯定,那么在体育教学过程中将会对其进行强化;如果做法被否定,那么就需要对其进行纠正与改变。

2. 诊断功能

通过体育教学评价,体育教师对于体育教学的质量可以进行科学的、客观的鉴定，了解体育教学的成效和问题。体育教学评价就像是体格检查，能够科学地、严谨地诊断出体育教学的现状。全面性的体育教学评价，能够对于学生成绩实现体育教学目标的程度进行评估，同时还能够帮助教师对学生学习困难的症结所在进行诊断，并且对学生学习进步的提高做出一定协助。

3.调控功能

体育教学评价的最终结果是将反馈信息向体育教师与学生报告，使他们能够对教与学的情况及时了解，为体育教学活动内容与形式的调整提供根据。根据体育教学评价的最终结构，教师可以对体育教学计划进行修订，对体育教学方法进行改进，而学生可以对学习策略进行调整，对体育教学方式进行改变。体育教学评价对于体育教学过程向反馈与调节随时可以进行的可控系统的转变得到促进，使体育教学活动同预期目标越来越接近。

4.激励功能

在体育教学的整个过程中，体育教学评价发挥的作用是监督与控制，是一种对体育教师与学生的强化与促进。通过体育教学评价，能够将体育教师的教学效果与学生的学习成绩反映出来，激励体育教师的工作热情与学生的学习动机。如果体育教学评价是科学的、合理的，那么就不但能够使体育教师与学生的心理满足与精神鼓舞可以获得，而且能够使体育教师朝着更高目标努力的积极性得到激发；即便是较低的评价也能发人深思，使体育教师与学生的奋进情绪得到激发，使推动作用与促进作用得到发挥。这是因为这种反馈激励对于体育教师与学生自我的认清存在一定的帮助，进而使体育教学质量得到提高。对于体育教学评价的激励功能，应该有效利用，对学生尽可能地开展正面鼓励，避免学生积极性受到伤害的情况出现。注意在日常评估时尽量避免学生之间的比较，要帮助学生设定个人进步目标，使他们在每次参与身体活动时，充分感觉到自身的进步。

二、体育教学评价的种类

（一）体育教学评价的分类标准

按照不同的标准对体育教学评价进行分类，可以进行多种情况的划分。

1.根据不同的评价基准进行分类

如果根据不同的评价基准对体育教学评价进行分类的话，就可以分成自身评价、绝对评价与相对评价三类。

2.根据不同的评价功能进行分类

如果根据不同的评价功能对体育教学评价进行分类的话，就可以分成总结性评价、形成性评价与诊断性评价三类。

3.根据不同的评价内容进行分类

如果根据不同的评价内容对体育教学评价进行分类的话，就可以分成过程性评价与结果性评价。

4.根据不同的评价表达进行分类

如果根据不同的评价表达对体育教学评价进行分类的话，就可以分成定量评价与定性评价。

上述的几种评价方式都存在不同的功能，且每种评价方式都不仅仅存在优势，还存在不足。在评价体育教学设计方案的时候，应该按照体育教学实际的目标与需求对适当的评价类型进行选择。

（二）体育教学的评价种类

1.体育教学的绝对评价

体育教学的绝对评价，主要是指按照体育教学的目标评价体育教学的设计方案、教与学的成果。此评价形式在被评价的集合与群体之外建立了体育教学评价的基准，针对某种指标对集合或者群体中的每一个成员同基准进行逐一对照，进而对其优劣进行判断。通常来讲，会将体育教学的课程标准、教学计划中的教学大纲、课程具体实施方案，以及相对应的评判细则。

体育教学绝对评价的优势是存在比较客观的评价标准，因此，在体育教学的评价过程中，如果能够恰当地使用此种评价方式，那么就能够保证每一个被评价者都能够对自身同客观标准之间的差距有所了解，以便于他们能够不断努力向标准靠拢。此外，通过体育教学的绝对评价，体育教学的管理部门可以对体育教学各项目标的完成情况进行直接鉴别，同时，还能够对即将开展工作的重点进行明确。但是体育教学的绝对评价也是存在缺点的，在对评价标准进行制定与掌握的时候，容易影响到被评价者的原本经验与主观意愿。

对学生的智力、态度、体能、知识与技能等方面的情况开展摸底测试，以便对学生的准确情况与实际水平进行了解，对其是否具备体育教学新目标实现的必须条件进行判断，为体育教学决策提供一定的理论依据，保证体育教学活动同学生背景与需要的协同发展。

我们这里所说的诊断，是一个存在较大范围的概念，不仅能够对缺陷和问题进行验明，还能够识别各种各样的优点与特殊才能。所以，体育教学针对性评价的最终目的是对体育教学方案进行设计，使起点水平与学习风格不同学生的需要得到满足，同时，还要在体育教学程序中对学生进行最有益的安置。

2.体育教学的形成性评价

在体育教学活动开展的过程中，形成性评价的不断进行是为了更好效果的获得。此种评价形式能够对阶段设计成果、阶段教学效果与学生的学习进展情况与存在的问题等进行及时了解，及时做出反馈，并且对体育教学工作进行不断调整与改进。这种评价会频繁地发展，例如，学习一个知识点之后的练习、提问，一个单元之后的技术评定，一节课以后的小测试。形成性评价是体育教学设计活动中的重要评价形式；或者是评价新的体育教学方案时，一般都是应用在此方案的试行过程中，主要的目的在于对该方案进行修改，对有利的证据进行收集。从体育教学质量提高的问题上来讲，对于形成性给予重视要下面将要分析的总结性评价更具有现实意义。

6.体育教学的总结性评价

体育教学的总结性评价，也被称作后置评价，通常是当体育教学活动结束一段时间以后，为了能够对体育教学活动的最终结果进行把握而开展的评价。例如，在学年末或者学期末的时候，体育教师会组织考评、考核，主要目的是对学生的学习结果进行检验，看看它是否达到了体育教学目标的要求。在体育教学的总结性评价中对体育教学过程中教与学的结果进行了强调，进而全面地鉴定被评价者所取得的重大成果，对等级进行区分，对体育教学整个方案的有效性做出价值判断。

7.体育教学的过程评价

在体育教学开展的过程中，针对教学目标实现的手段与方案开展的评价叫作过程评价。过程评价的主要目的是对目标达成的手段与方法的使用情况进行关心与检查。例如，在某一个教学目标完成的过程中，游戏法与竞赛法哪一个效果更加明显；在某一个动作技能教学开展的过程中，究竟是完整法比较适合，还是使用分解法好；对于某一种技能的学习，是由学生自己探索发现的，还是在同伴的谈论与协作下实现的。所以，过程评价的开展不是在体育教学过程中，就是在体育教学设计的过程中。体育教学的过程评价不仅能够促进形成性评价的继续修改，还能够促进体育教学过程中费用、时间与学生接受情况等方面所做的总结性评价的完成。

5.体育教学的结果评价

针对体育教学活动具体实施以后产生的效果进行的效果评价，就是结果评价。例如，对于某一种体育教学方案的实施效果与某一种辅助性教学设施的使用价值所开展的评价。体育教学的结果评价侧重于对总结性评价的功能进行完成，同时还能够将形成性评价的相关信息提供出来。

6.体育教学的定性评价

所谓的体育教学定性评价，主要是指针对评价资料展开"质"的分析，是对综合与分析、分类与比较、演绎与归纳等逻辑分析方法进行应用，思维加工所获得的资料与数据，进而开展定性描述的评价。而一般会有两种分析结果出现，其一，描述性材料，存在较低的数量化水平，更为严重的是根据不存在数量概念；其二，同定量分析相结合而产生的，即包含数量化但以描述性为主的材料。

7.体育教学的定量评价

所谓的体育教学定量评价，主要是指针对评价资料开展"量"的分析，是对统计分析与多元分析等分析方法进行应用，对所获得的资料与数据做出定量结论的评价。鉴于体育教学中人的因素涉及范围比较广，因而使得各种变量及其互相作用具有复杂性特点，所以，为了能够将数据的规律性与特征揭示出来，应该由定性评价来规定定量评价的范围与方向。

三、体育教学评价的改革

体育教学评价的改革具有非常重要的意义，主要包含以下几个方面的内容。

（一）使评价学生应用单一锻炼标准的模式得到改变

绝大多数的体育教师可能都会遇到此种情况，即在体育教学课或者体育活动开展的过程中，一部分学生没有做出积极的表现。但是根据体育锻炼标准中的体育测试，凭借良好的先天身体素质就能够获得优异体育成绩。这样即便不够努力也能够取得较好成绩的情况，对于那些身体素质先天较弱，但是却一直积极参与的学生而言，是一个严重的打击。所以，改变评价学生应用单一锻炼标准的模式势在必行。

体育课的成绩应该不仅仅是一个方面的，如果评价的时候将锻炼标准作为唯一的评价方式是不够全面的。因此，按照体育课程评价改革的精神，对于新颁布的学生体质健康标准充分利用。不仅能够将其作为一种学生体质强弱测试的标准，还能够将其作为一个学生进步程度的参考。例如，在学生刚刚入学的时候，就组织学生进行体质方面的一次摸底测试，并且在学生的个人档案中将测试的结果记录下来，保证每一学年开展一次测试，同时比较测试的结果，使学生体质提高的情况得到反映，这也将作为学生进步度的一个评价内容。

（二）改变以教师为唯一评价执行者的评价体制，对学生进行多方位的评价

在传统的体育教学过程中，教师主导了评价活动，导致学生的地位一直是被动，甚至是毫无存在感的。作为体育教学活动的主导者，体育教师需要对学生的身体素质基础、运动能力状况进行了解，并且按照学生的学习情况与锻炼表现对多种针对性的评价活动进行开展，进而使学生的积极性得到充分调动，促进体育课目标的尽快实现。伴随"水平目标"的逐渐设立，体育教师的教学任务在每一

个阶段都会发生改变,因此,也要保证体育教学方式和方法的应用、体育教学内容的选择也多样化的发展。在新时期的体育教学过程中,我们在对评价内容进行设计的时候可以从运动技能、运动参与、身体健康、心理健康与社会适应等五个方面出发进行考虑。

(三)对过程评价与结果评价相结合的方法进行应用,使学生学习积极性得到提高

在传统的体育教学评价中主要针对学生的学习结果进行评价,重视学生在各项运动中取得的最终成绩,而对于学生整个学习过程的评价则没有重视。所以,导致评价的有效反馈功能逐渐失去,对激励学生学习,在体育教学效果提高与体育教学改进方面并没有多大的作用。

所谓的过程性评价,就是对各种评价的工具与方法进行利用,对于体育教学的各个方面经常性评定,同时还要将结果向学生及时反馈,促使学生对问题尽早发现。现阶段,我们不仅仅要调整体育教学评价的内容,还要在平时的评价中,对学生的练习过程直接进行评价。

此种评价方式的存在,不仅能够保证大多数学生对于整个体育学习过程认真的、积极的对待,还能够对一部分学生凭借线条身体素质条件而消极学习的情况有效防治,此外,还能够对那些先天身体素质差却很努力的学生进行有效鼓励。

(四)按照新课程倡导的质性评价方法,对体育课特有的教学环境资源积极开发

体育课与其他学科对比有着很大的弱势,这种弱势是由多方因素引起的。可对于这次的课程改革,体育对于其他学科来讲,拥有的课程资源优势得天独厚。课程改革基本上涵盖了所有的学科,要求他们能够使学生的互相协作能力、社会适应能力与人际交往能力得到提高。对于其他学科,由于受特定教学范围的影响,安排的内容只能限制在本班级范围内,而恰恰是这种局限性限制了学生这些能力的提高。

相关的心理学研究得出,如果人在同一种环境中停留的时间较长,那么此种环境会降低对他的刺激,直到最低的状态,这就是我们常说的适应。这也是即便教师大声地、极力地讲课,但是,只有外界出现声音,哪怕是非常非常的小,也会吸引学生的注意力,使他们转头往外看的主要症结所在。对于体育课而言,教学的载体与教学的环境也可以是多样化发展的,甚至可以与其他年级的体育教师互相合作,以促进学生的相互协作、社会适应能力、人际交往能力的共同提高。使学生学会走出自我,参与其他各类体育活动;学会从他人中获取健身知识;学会对"体育运动"这个载体进行应用,来使自身的人际交往能力得到提高。

所有评价内容的确立、方式方法的应用，都会存在一定的变化，它会受到学习阶段深入与水平目标提高的影响，并随之发生改变，此外，还能够按照体育教师的教学习惯来对其进行改变，在不同的班级中，对于不同的学习群体，也可以对不同的评价方式方法进行采用。我们之所以选择体育教学内容，应用评价方式方法，主要目的在于使体育课的开展促进学生运动兴趣的激发，使其自觉、自主参与体育锻炼的习惯与坚韧不拔、顽强勇敢意志品质的形成，保证学生身体方面、心理方面与社会适应能力方面等全面、健康、和谐发展，进而使学生的整体健康水平得到提高。

第四章 高校民族传统体育教学理论与方法指导研究

民族传统体育是我国优秀的传统文化，在其教育传承过程中，将民族传统体育纳入高校体育教学是一个非常重要的突破。高校民族传统体育教学的开展是民族传统体育的现代化科学传承的重要和有效途径，这对于进一步推广民族传统体育在我国的影响、发现和培养优秀民族传统体育文化传承人具有重要的促进作用。当前，民族传统体育是我国高校的常设体育选修课程，本章主要对高校民族传统体育教学科学理论体系构建、课程设置、教学原则与方法、教学组织与实施等相关内容进行系统、全面的研究。

第一节 高校民族传统体育的学科理论体系的构建

一、高校民族传统体育的学科理论体系构成

体育学科是一门独立的学科，体育教学的开展需要其他相关学科理论的支持，民族传统体育作为体育的重要组成部分，其教学的开展同样离不开学科理论基础做教学指导，这些学科涉及多个方面，如生理学、心理学、教育学、运动学、运动医学、人类学、社会学等。这里重点对以下学科相关理论作详细阐述。

（一）生理学理论

生理学是体育教学的重要学科基础，在体育教学过程中对体育教学的科学开展具有重要的理论指导作用。民族传统体育教学是民族传统体育文化的传承，也是具体的民族传统体育项目技术技法的身体教授，因此，必然离不开身体练习，而生理学研究指出，作为一个生物体，人体参与运动具有重要的特点和规律，这是机体在运动中必须遵守的，不能违背。

1. 运动的生理本质

（1）运动负荷

机体运动过程中，需要不断承受负荷、运动的过程，就是承受负荷的过程。所谓运动负荷，具体是指个体练习的次数、时间、密度、强度等指标的总和。

（2）民族传统体育教学中的科学负荷安排指导

在民族传统体育各项目的技术动作练习过程中，学生通过一定次数、时间、强度的身体负荷练习，来使身心达到健康的状态与水平，并在承受负荷的过程中，掌握相应的民族传统体育动作技法。

民族传统体育学习初期，学生对于各运动项目技法动作的练习刺激反应，可表现出生理和心理两个方面的变化，单从生理方面来说，身体必须经历和承受负荷（不能超过机体承受范围），只有身体承担相应的负荷，才能够促进机体的健康。

在民族传统体育教学过程中，教师对学生运动负荷的安排直接影响到教学效果的好坏，一般来说，运动负荷越大，机体受到的刺激强度越大，机体反应越大，但是，运动负荷应在学生机体可承受的范围之内，否则就有可能诱发运动损伤。民族传统体育内容丰富、项目种类繁多，不同的民族传统体育项目学习，如民族传统体育搏击与养生导引术，二者的运动负荷安排应突出项目特点，有所区别。

2. 应激理论

（1）应激原理

应激是人体生理和心理的对外界刺激的一种综合反映。

生理学研究表明，人体应激的整个过程可以分为三个阶段，即警戒、抵抗和衰竭，在给予身体一定负荷的情况下，人体应激产生"自我保护反应"，实现对负荷的逐渐抵抗和适应，良好的应激状态的实现需要超量负荷，超量负荷状态下，机体对原有负荷的平衡和适应状态被打破，通过应激，人体达到新的负荷水平，进而实现人体生理机能水平的提高。

体育运动实践中，运动者运动能力的有序提高依赖于应激原理的科学应用。

（2）民族传统体育教学中的合理应激

在体育运动练习实践中，应激原理要求练习者在体育运动练习期间，应不断加大运动负荷，利用自身有机体的应激反应，逐渐形成新的平衡，提高运动能力。需要注意的是，体育运动负荷不能无限制地增大，要注意极限值，如果超出极限值，则会使运动产生疲劳，甚至导致身体机能出现衰竭现象，因此要重视处理体育运动练习的运动负荷量、负荷强度与练习者机体的应激程度三者之间的关系。此外，很好地利用机体的应激，可以防御机体衰竭发生，避免过度训练。

3. 机体适应理论

(1) 机体适应过程

人体外界和体内的环境处于动态发展过程之中，不断发生变化，为了适应环境，人体活动也会发生一系列的适应性变化。

就体育运动过程来说，机体承受负荷，体外负荷环境发生变化，机体内部的血氧情况、激素分泌、新陈代谢等都会发生一系列的变化，运动过程中，运动负荷会对运动者的机体产生刺激，运动者的机体为了适应这种刺激会调节机体内环境，由不适应到逐渐适应。如果负荷刺激没有达到一定的程度，那么其所引起的机体不适应程度也会很小，最后产生的适应性变化也就非常有限，刺激得当，机体在适应刺激的过程中促进了身体机能的改变，表现为身体各方面身体素质获得发展。

机体的适应能力是一种生理本能，具体表现在，长期经常性地从事体育运动练习，为了适应活动需要，经常参加工作的肌肉体积会加大、力量增强，同时有机体还会产生心肌变厚、脉搏减少、肺活量增大、血压降低等生理现象。这些生理现象的产生和变化就是机体适应体育运动的表现。

(2) 民族传统体育不同练习阶段的适应表现

①刺激阶段：机体运动水平较低，身体素质一般，面对各种民族传统体育动作和技法的练习，会表现出各种生理和心理上的不适应。为了促进学生尽快进入运动状态，可以从小负荷运动入手，逐渐有序提高负荷量与强度。

②应答反应阶段：经过一段时间的练习，学生可以承受当前运动负荷，机体进入适应状态，在相同运动负荷的刺激下，机体各器官和运动系统会在短时间内产生兴奋并进入运动状态，学生的机体运动能力得到提高。

③暂时适应阶段：随着学习和训练的深入，学生的生理机能越来越快地进入良好的工作状态，同时，运动学练过程中，身体各项生理指标表现出稳定的状态。

④长久适应阶段：学生的运动素质和技术水平不断提高，机体和各项生理器官已经适应了这一运动训练负荷强度、训练方式等，机体产生了适应性变化，运动器官和身体机能得以完善与协调。

整个民族传统体育的学练过程，就是学生不断重复进行的"刺激—反应—适应"的过程，在这一过程中，身体结构与机能不断破坏与重建，身体素质和民族传统体育技能逐渐得到提高。

4.新陈代谢理论

新陈代谢是生命运动的基础，新陈代谢包括物质代谢与能量代谢两个过程，机体的运动离不开机体的物质代谢与能量代谢活动，在体育运动中，人体的物质代谢与能量代谢活动变得比安静状态时更加积极，在民族传统体育学练实践中，机体良好的物质代谢与能量代谢能为学生提供良好的物质保障。

（1）物质代谢

人体有六大营养物质，即糖、脂肪、蛋白质、维生素、矿物质和水，这些物质的代谢能保持机体各项生命活动有足够的能量供应、保持机体内环境的相对平稳，保证机体始终正常运转。

在人体六大营养物质中，糖类是人体十分重要的供能物质，体育运动需要消耗能量，这些能量主要由糖提供；脂肪是人体能量的重要储存物质，在系统体育运动期间，脂肪分解代谢可为运动提供能量；和前两者相比，蛋白质参与机体运动供能的比例非常小，但是蛋白质作为生命物质的基础，机体的物质构成、物质活动均离不开蛋白质的参与；维生素在人体内不能合成，尽管人体对维生素的需求量非常小，但是，维生素也是必需营养，是需要通过食物供给的。维生素的重要生理功能在于它可参与机体代谢，缺乏维生素，体内物质无法正常代谢，能量无法正常供应，机体的运动能力会下降。但过多地摄入维生素，并不会提高运动者的运动能力；无机盐，也称矿物质，以多种形式存在，人体中的无机盐主要存在形式是磷酸盐。人体内电解质的情况对体内环境的调节具有重要的影响；水是生命之源，人体的各种生物化学变化都是在体内水环境中进行的。运动过程中，水分的流失主要是大量出汗导致的。运动者在参与体育运动以及比赛时，应重视机体水分供给变化情况，注意保持机体的水分平衡。

（2）能量代谢

能量代谢是机体新陈代谢的一个重要过程，主要用于机体活动所需能量供应分解能源物质，为机体活动提供必要的能量，机体能量的代谢与供应直接影响机体的机体水平和运动能力。

人体的能量代谢主要是通过磷酸原供能系统（ATP-CP系统）、糖酵解供能系统、有氧氧化供能系统三大供能系统来实现的。在人体三大供能系统中，ATP-CP系统是人体运动供能最多、效率最高的供能系统，能迅速分解能量物质为机体的各项生理活动和体育运动供能；糖酵解（Glycolysis）系统能为机体的长时间运动提供能量，此过程中伴有少量ATP的生成；有氧氧化系统供能的主要能源物质是糖、脂肪和蛋白质，运动中，糖、脂肪和蛋白质在有氧的条件下彻底氧化成水和二氧化碳的反应过程称为有氧氧化，也称有氧代谢。有氧氧化系统主要是由糖、脂肪和蛋白质三种能源物质的有氧氧化组成的。

（二）心理学理论

1.认知理论

对事物的认知是人的一种本能，同时，人的认知能力受环境、年龄、心理等多种因素影响，体育运动可以对人的认知能力起到良好的促进作用。具体来说，在体育运动参与和学练过程中，运动可以改善学生的思维方式和方法，发展大脑神经系统、促进大脑血氧供应，为提高智力奠定良好的物质基础，进而提高学生的注意力、思维能力、记忆能力、反应能力等。此外，体育活动还有助于陶冶学生的情操，塑造学生的健康心理，并促进学生良好性格特征的形成。

民族传统体育教学过程中，各民族传统体育项目的学练不仅有助于通过改善学生机能素质水平为其认知能力的发展奠定良好的物质基础，还能通过民族传统体育特有的文化内涵和思想影响学生对事物的认知。

对于民族传统体育教学活动的开展，认知理论对教师施教的重要指导作用主要表现在，在民族传统体育教学实践中，学生对教学内容的感知、理解、体会、巩固、运用以及评价等认知活动有其固有的规律，教师的民族传统体育教学活动的开展必须遵循这些规律，使学生能在民族传统体育知识、文化、技能学练之间建立巩固的联系，并通过学习提高认知能力、深化思考，进一步完善学习效果。

2.学习心理过程

（1）感知过程

认识事物，首先是从感知事物开始的，感知是学习的第一步和第一个重要环节。

民族传统体育的学练，学生首先是通过各种感觉器官（视觉、听觉、触觉）去了解各民族传统体育项目的技术动作、动作的时空变化、功法效果等，然后再通过动觉（运动觉、本体感觉），对教师的各种示范动作进行模仿和学习，使机体对身体各部位的位置和运动有所知觉，并在大脑的支配下，完成各种技术动作。在民族传统体育教学实践中，学生对不同技术动作的学习和练习过程，需要运动者多个感觉器官的共同参与。

（2）记忆过程

记忆是学习的必要条件，如果人无法记忆，则无法完成学习。运动记忆是人的记忆的一种。它与人在日常生活中的每一个举动都密切有关，主要是对机体肌肉活动过程的记忆，它和形象记忆、情绪记忆等有明显的区别。大脑是一个十分复杂的生理器官，可以实现对个体所接收到的各类信息的加工和整理，在运动过程中，有机体对动作的记忆的过程并不是简单的动作表象在大脑中的复制，而是一个对动作表象进行信息加工并储存的过程。

民族传统体育动作、技法的学习需要不断重复，这是因为，对个体来讲，在短时间单纯依靠记忆是很难准确记住太多内容的，人对学习内容只是储入短时记忆，要想掌握技术动作就必须加深记忆，即多次重复学练。

（3）思维过程

思维是一种很复杂的头脑加工过程，是人通过事件的表象去看待事物本质的一个过程，具体表现为大脑对事物的本质属性和内部规律性的思考与认识。思维是抽象的，良好的思维可以使人正确认识问题，面临问题能够作出迅速反应，并结合实际情况作出正确判断和处理。

就民族传统体育技法动作的模仿和熟练掌握来看，学生的操作思维能够有效反映肌肉动作和操作对象的相互关系，在动作完成过程中伴随着大脑的思维过程、思维的存在引导学生正确认识动作并准确完成各种复杂的技术动作。

（4）意志过程

良好的意志品质能够激励人们克服各种困难，完成各种实践活动的重要条件，参与体育运动是个体良好意志品质培养的一个重要过程，运动学练过程中，学生只有不怕困难和障碍，不顾任何挫折和失败，始终保持顽强的毅力才能坚持下去。民族传统体育任何一个项目的学练要想达到一定的效果，都必须长期坚持，否则，学到的只能是"花拳绣腿"的虚架子。

3.动机理论

（1）动机的概念与作用

动机是个体的内在心理过程，它是推动个体展开行为的主要动力，动机对个体的重要影响在于它可以引起并维持个体的思维并将其指向一定的目标，满足个体的某种想法和愿望。个体动机实施的结果就是行动。

动机可引起和发动个体的活动，促使个体行动，可帮助个体参与或拒绝参与某一活动的积极性得到强化。此外，动机还可以引起和发动个体活动的具体方向。体育运动是一个长期的过程，在不同的运动训练阶段，需要不同的方式和方法来培养和强化运动者的运动训练动机，使其长期坚持下去。

（2）民族传统体育教学中学生学习动机的激发与诱导

民族传统体育的学习过程中，娱乐性和艰苦性兼而有之，如果整个教学过程非常枯燥，就会导致学生失去学习乐趣，导致其民族传统体育学练的动机下降。

在民族传统体育教学实践中，针对不同学生的动机形成，教师应结合动机形成的具体条件，在充分了解学生的基础上，通过引导的方式，"对症下药"，使每个学生都能在民族传统体育学练中找到运动的乐趣并坚持学练。

因此，在民族传统体育教学过程中，尤其是在民族传统体育教学初期，合理选择训练内容，科学安排训练时间和负荷，选择学生感兴趣的民族传统体育运动项目和内容，同时，重视积极创设动机条件产生的环境。使学生产生学习的兴趣，调动学生的学习主动性。当学生的形体变化和身体素质发展到一个瓶颈时期之后，在学习动机有所减弱时，则应通过强化手段帮助学生树立高校民族传统体育理论、发展与技能研究良好的心态，重建学生的学习动机和学练热情。

（三）教育学理论

1.现代教学论

教学理论是对教学实践的经验总结。它会根据社会发展和历史潮流的发展而不断发展和变化，当前，我国体育教学观以发展、开拓为主要特点，要求教师把知识的传授与学生的发展很好地结合起来；不仅要通过教学发展学生的智力，还要在教学过程中通过引导和参与丰富学生的情感、培养学生意志、完善学生个性。

现代化教学理论倡导素质教育，要求包括体育教学在内的一切教学活动的组织和实施过程中，都要做到以"学生为主体"，以"发展为中心"，避免死记硬背、呆板模仿、高分低能。

2.多元智能教学理论

多元智能理论由美国心理学教授霍华德·加德纳（Howard Gardner）博士于1983年提出。加德纳认为，每个人都具有多元智能。学生之间的认知能力差异是客观存在的，不同学生的认知思维方法、方式不同，对事物的解释和看法等也不同。

多元智能理论要求教师对学生的能力进行评价时，应从多个方面进行，应是全面、多维的评价。多元化的教学是今后体育教学改革的一个重要方向，具体来说，就是在对学生智能进行开发时，要遵循个体差异性原则，做到因材施教。教学过程中，应加强对学生的生理、心理以及社会适应能力的发展，使学生参与教学过程、学习教材内容，强身健体、愉悦身心，具有健全的人格，实现身心全面发展。

（四）哲学理论

哲学是一门深奥的学科知识，是教育的一般理论。哲学与教学存在着内在过程的一致性，这种一致性自古有之，早在古代教育家的思想中就已经体现。哲学的本质在于对各种问题明确地表述培养正确的理智的习惯和道德的习惯的问题。

1.民族传统体育的东方传统哲学基础

我国民族传统体育是在我国传统文化中产生、演变和发展而来的，其与我国传统哲学之间具有非常密切的关系。我国传统哲学中的诸多哲学观点和思想，如"太极思想""五行思想""八卦学说""天人合一""形神统一"等，都对民族传统体育的发展及其文化内涵的丰富产生了十分重要的影响。

因此，在民族传统体育教学过程中，必须从我国传统哲学思想出发，来探究民族传统体育中的丰富哲学文化内涵，只有让学生了解了这些文化内涵，才有助于学生更好地理解民族传统体育文化、更全面地进行民族传统体育的学习。

2.民族传统体育的"教"与"学"的哲学关系思考

哲学对于现代体育教学具有重要的指导意义，可以作为现代体育教学的理论依据，民族传统体育教学过程中，教师的教学思维和行为都受教师的教育哲学观念的影响和支配，具体表现如下。

（1）个体的认识是对固有观念的回忆（柏拉图），在教学中善用提问法，以激发学生内心深处的潜在意识。

（2）个体对事物的认识来自其对事物的感觉，依赖于对这种感性事物的抽象化（亚里士多德），在教学实践中，教师应重视、强调和遵守直观性原则，重视学生的感官刺激。

（3）通过教育，可以塑造受教育者的基本情感、思维和行为，教学应立足于现实实践（杜威）。在教学中教师应重视学生对教学活动的参与，重视良好教学环境的创设，重视学生社会适应性的培养。

教师在教学中，对民族传统体育教学，或者说对体育教学的哲学理论的认识，有助于提高教师的创新意识和创新思维，使教师从"教"和"学"两个方面完善教学过程，促进学生的全面发展。

二、高校民族传统体育的学科理论体系优化

（一）明确民族传统体育的学科本质

明确民族传统体育的学科本质，是民族传统体育发展成为一个独立的学科门类的重要基础。

从归属来看，民族传统体育术语"体育"学科，体育学科理论体系中的一切理论知识都可以作为民族传统体育学科教学的理论参考。民族传统体育是体育学二级学科，但是，也必须认识到，民族传统体育是一个交叉学科，其理论基础既包括社会科学，也包括自然科学。民族传统体育学科应体现出中国特色，同时注意本学科与相邻学科之间的交叉、渗透与融合。

首先，在社会科学方面，民族传统体育的学科研究与教学，必须将其放在特定的历史文化背景中去研究、了解和阐述，民族传统体育教学过程中，应充分贯彻与之相关的我国传统文化，如军事、宗教、民俗、文艺、美学等。因此，要建立完善的民族传统体育学科体系，就需要不同领域的学者进行合作研究，要求民族传统体育教学工作者坚持用严谨的科学态度和方法对民族传统体育进行甄别、选择和分析。

其次，在自然科学方面，民族传统体育的学科理论基础与现代自然学科，如运动学、运动医学、人体学等具有一定的关系，可以用这些学科内容来解释运动中的一些现象。用现代的理论对民族传统体育中一些古老的命题进行阐释，重新

认识民族传统体育的内容，能促进体现民族传统体育的民族性和世界性的融合。民族传统体育教学对现代科学技术的引进和吸收能为当前逐步建立起一个完善的民族传统体育研究的学科体系，为民族传统体育在新时期的发展奠定坚实的理论基础。

（二）重视民族传统体育的文化传承

和其他体育学科不同，民族传统体育学科体系的建立，不仅仅是体育运动技术、技法、技理的系统研究与展现，还应对培育民族传统体育的丰富的文化底蕴进行系统的研究与完善。

在民族传统体育学科体系的建设过程中，重视民族传统体育文化的传承，不仅是完善民族传统体育学科理论基础的重要基础和前提，还是保证民族传统体育其原生态的文化属性的必然要求。如果没有民族传统体育文化内涵的支撑，民族传统体育就失去了其固有的特色，也就不能称为民族传统体育了，民族传统体育学科体系的建立更加无从谈起。

第二节 高校民族传统体育课程设置

一、高校民族传统体育课程系统构成

（一）教师

教师在教学活动中处于主导性地位，是课程教学系统必不可少的一个要素。在民族传统体育课程教学系统中，如果离开"教师"这个要素，则课程无法组织与实施。

就单次课的民族传统体育课程设置来说，教师在课程设置中扮演着非常重要的角色，课程设计、程序安排、课程内容与方法选择、课程评价等都需要教师一手策划。可以说，教师是每次具体的民族传统体育课程设置的领导者。

就整个学校乃至全国高校民族传统体育课程教学系统来讲，"教师"是作为一个集体所存在的，这些一线教师结合自己的教学研究和教学经验，制定出具有宏观指导意义的课程设置标准，各校的教师再结合自身的教学情况和本校民族传统体育教学情况进行具体的民族传统体育课程的设置。

（二）学生

学生是教学的对象，是课程教学系统的重要构成要素之一，如果没有学生要素，教学就会变成没有意义的活动。

在高校民族传统体育课程教学系统中，对学生的认识也应从两个方面进行。

就学生个体来看，在民族传统体育课程教学过程中，学生个体之间具有个体差异的存在，教师应了解学生，运用科学的教学方法调动每一个学生的积极性，通过学生主观方面的学习努力来促成民族传统体育课程教学目标的实现。

就学生整体而言，学生作为民族传统体育课程教学的对象，学生群体既有普遍性的要素，又有特殊性的要素。民族传统体育课程设置要充分考虑学生群体的体能结构、智力结构、民族传统体育知识和锻炼方法结构、运动技能结构等要素，有针对性地设置课程和安排课程内容。

综合来看，教师的课程设置应围绕学生展开，在课程目标的指导下既要照顾到所有学生的统一需求并促进全体学生完成学习任务，同时，又要充分考虑不同学生个体的学习需求，使每一个学生都能得到进步。

（三）教学内容

体育教学中，教学内容是一定体系内的体育与健康科学知识、体育锻炼方法和运动技能体系，主要表现为教材。

教学内容在民族传统体育课程教学体系中非常重要，对整个课程教学的开展产生着非常大的影响。民族传统体育教学内容同时还将教师与学生连在一起，促进学生和教师之间的信息交流。离开"教学内容"这个要素，教师不知教什么，学生不知学什么，就构不成民族传统体育教学活动。

就民族传统体育教材本身来说，它不仅包含教授民族传统体育与健康知识、技能的要素，而且包含发展学生智力，培养学生民族传统体育运动情感，提高学生社会适应能力的要素。就民族传统体育教学内容与学生的关系来说，既包含学生已获得的知识与技能，又包含学生有待发展的知识与技能。

鉴于民族传统体育教学内容对课程教学活动顺利开展、对学生发展的重要性，必须科学选择民族传统体育教学内容，内容应为实现课程教学目标服务、同时应满足学生学习需求，并适应当前社会的新发展需求。

（四）教学方法

教学方法是指为达到教学目的，教师和学生所采取的方法、途径、手段、程序的总和。

教学内容的传授效果与师生关系的和谐度呈正比。教师要想形成良好的教学心理气氛，就需要不断改善教学集体的人际关系，而良好人际关系实际上是建立在平等互爱的基础之上的。良好的教学方法的选择与运用是在课程教学中建立和谐师生关系、创设良好课程教学情景的重要基础。

当前，高校民族传统体育课程教学体系中，许多用于一般体育教学的教学方法都可以被拿来使用，甚至还可以借鉴其他学科的一些教学方法。丰富的教学方法为民族传统体育课程的科学设置与顺利展开具有重要的促进作用。但是，对于课程设置的主体之一的教师来说，必须认识到，教学是以促进学习方式影响学习者的行为，因而教学方法必然要服务、指导学习方式。选择合适的教学方法对于课程目标的达成、良好课程效果的呈现具有重要的影响。

不同的教学方法具有不同的特点和适用环境，如以语言形式获得间接经验的语言教学方法；以直观形式获得直接经验的直观教学方法；以实际练习形式形成技能、技巧的动作分解与完整教学方法等，这些教学方法在不同的教学环境中、针对不同的学生会发挥不同的作用，教师应科学选择。同时，还必须认识到，在高校民族传统体育课程的教学方法中，任何一种教学方法都不是万能的，它需要教授者切实把握各种常用的民族体育教学方法的功能、特点、适用范围以及应注意的问题等，选出最佳教学方法或教学方法组合。

在民族传统体育课程教学系统中，教学内容与教学方法这两个要素之间具有非常密切的关系，一方面，教学内容对民族传统体育教学方法和教学手段通常起着制约的作用；另一方面，教学方法的科学选择对促进教学内容的全面传授与课程教学目标的达成具有重要的促进作用。

（五）教学媒体

教学媒体是教学活动的重要物质载体，在课程教学过程中，承载着师生交换信息时承载和传递信息的重要任务。离开了教学媒体，师生间信息交换就会中断，教学活动也就不会存在。

高校民族传统体育教学活动是师生间的一种互动，这种互动需要一定的教学物质条件的支持，教学媒体是教学物质条件中一个非常重要的要素，离开教学媒体，师生失去信息联系渠道，否则体育民族传统体育教学活动就无法正常开展。

当前，高校民族传统体育教学中所涉及的教学媒体包括诸多要素涉及与人体感官相关的各个方面，它不仅包含文字、语言、动作示范等视觉要素，还包括记录、储存、再现这些符号的实体要素，如图片、模型、录像、电影、三维模拟等。

在高校民族传统体育课程教学系统中，上述五个要素在课程教学目标支配下，有机组合在一起共同发挥作用，对于整个课程教学系统来说，各要素的不同组合会导致形成的整体功能有所差别，会产生不同的效果，这就需要教师在高校民族传统体育课程设置过程中，要统筹兼顾，实现各要素的优化配置。如此，才能促进高校民族传统体育课程良好教学的实现。

二、高校民族传统体育课程内容设置

（一）课程内容选择

1.采纳上级课程文本建议

上级课程文本是国家教育行政部门规定的统一课程教学内容，它充分体现了国家意志，是国家教育部门在某一学科的整体教学目标的重要体现。

上级课程文本是国家对课程内容的一个总体性的方向指导，起到规范的作用，并没有作出较细的具体教学内容的设置，这是充分考虑到各个地方的实际教学情况的不同，给地方、学校教学部门、一线教师的课程内容选择留有充分的余地。地方、学校、一线教师在设置本地、本校、本年级的民族传统体育课程内容时，应综合考虑上级课程文本的建议，同时结合实际情况科学选择民族传统体育课程教学内容，突出地方、本校特色，切忌盲目照搬。

2.修改上级课程文本的规定

正如前面所说，上级课程文本的制定是一种全国性的学科课程教育教学的整体规划，是政策性的指导，概括性很强，不可能对每个地区和学校的特殊情况都考虑到，因此，上级课程文本中一些内容可能与某些地方和学校的情况不符，对此，可以在领会上级课程文本精神的基础上，适当进行修改。

地方、学校在根据全国或全省的课程文本进行课程设置的过程中，需要对上级课程文本的一些纲领进行条文细化，在细化过程中结合本地、本校的实际情况进行必要的修改与补充，使课程设置能更加符合本地、本校实际。

需要特别指出的是，对上级课程文本相关内容的修改必须掌握在合理的范围之内，对于上级课程文本中一些重要的规定与要求不可违背，应充分领会到上级课程文本的精神内涵，在此基础上，只对不适应本地、本校的具体内容进行修改。

3.参考上级课程文本的建议

上级课程文本的指令性条文是统筹性的，充分考虑到了各地的不同情况，旨在给地方、学校、体育教师在课程教学内容选择中一些自由的空间、自由发挥的余地，因此，上级课程文本并没有限制得过死，同时，也给地方和学校提出了一些建设性的启发与建议。针对这些建议，各地方和学校可以进行充分参考。

（二）课程内容开发

民族传统体育课程内容资源开发的方法有很多，常用的主要有以下几种。

1.延续的基础上突出现代教学特点

民族传统体育教学内容在我国的学校体育课程中已经有了一定的课程教学经验，很多学校的相关课程设置配套的教学设施、师资等资源比较完善，因此，高校民族传统体育课程内容设置可以继续沿用以往的内容,在课程教学过程中,注重对课程内容教育性、科学性、文化性、社会性等的突出。

2.改造民族传统体育相关内容

改造具体是指根据民族传统体育课程具体实施的不同对象和条件等特点对原有民族传统体育课程内容资源的某个构成要素进行加工、变化、修改。

我国传统体育内容丰富、项目众多,在具体的课程教学过程中,有某些传统体育教学内容已不适合或者说在某些地方(如规则、技术难度)上不适合现代体育教学要求,针对这种情况,为了更好地发挥传统体育课程内容在现代体育教学大环境下的优势,更好地为现代体育教学服务,可以适当对其中不符的内容进行教学改造。

具体来说,对体育课程内容的改造,应从规则、技术难度、趣味性等方面入手。以简化规则、降低难度,使课程内容游戏化、生活化、实用化等。坚决不能改变传统民族体育课程内容的文化基础和本质属性。

3.拓展、引进新的民族传统体育内容

拓展、引进是指对原有的民族传统体育课程内容进行丰富、补充,使课程内容更加完善。

目前,我国学校民族传统体育教学主要是以选项课为主,形式较为单一。各地区学校应根据各自的实际情况,有针对性、目的性地拓展民族传统体育课程内容,实现课内、课外一体化,使民族传统体育课程结构更加完善。

在民族传统体育课程内容选择和设计方面,绝大多数学校都是以各民族传统体育项目的基本动作、基本套路为主要内容,但是,当前学生的民族传统体育学习兴趣不止于此,还要求更加深入地了解民族传统体育的其他相关内容。如在武术教学中,学生在学习固定套路动作的基础上,更希望学习武术的技击内容,很大一部分学生对武术搏击中的格斗、散打兴趣较高,这些项目充分体现了武术的技击本质属性,但是很多高校鉴于教学安全方面的考虑并不会设置。现阶段,为了满足学生的愿望,顺应民族传统体育课程教学的发展趋势,建议学校民族传统体育课程教学将格斗运动列入教学内容中。这不但丰富了学校民族传统体育课程的内容,而且还能够提高学生对民族传统体育的兴趣和学习积极性。

新的民族传统体育运动项目进入高校体育课堂,必将给民族传统体育课堂教学注入新的活力。但正如前面所提到的,一些特殊民族传统体育课程进入高校需要特殊的运动设施或场地条件及安全保护,各高校应根据现有的场地器材条件、教学环境等有选择性地引入新课程内容。

三、高校民族传统体育课程设置评价

（一）课程设置评价方案制定

1.收集评价内容资料

在民族传统体育课程设置评价方案初期，应先收集具体的评价内容和资料。

2.制定评价标准

制定民族传统体育课程评价标准时，必须充分考虑到民族传统体育课程教学系统的各个要素，针对不同要素制定相应评价标准。

（1）课程目标评价标准：恰当、具体，符合《体育与健康课程标准》的要求，符合学生实际。

（2）课程内容评价标准：选择恰当，安排合理。

（3）课程方法评价标准：能充分调动学生民族传统体育课程学习的主动性和积极性。

（4）课程教学活动评价标准：以学生发展为本。

（5）课程媒体评价标准：选择适当，使用有效。

3.选择评价方法

在民族传统体育课程教学设计方案的形成性评价中，常用的方法主要有以下三种。

测试：对学生学习后的成果进行测试，如认知情况、动作技能掌握情况等。

调查：通过问卷法或访谈法了解学生对教师民族传统体育课程设置情况、课程效果情况等。

观察：观察民族传统体育课程教学过程中的学生态度、教学效果、师生关系、教学情境创设等。

（二）课程设置评价总结

在民族传统体育课程教学实践中，只有在不断的分析、综合中对课程教学设计方案进行总结，才能促进民族传统体育课程设置评价的不断修正和完善，才能作出科学的课程评价。

四、高校民族传统体育课程设置优化

（一）加大国家政策支持力度

和其他体育课程相比，我国民族传统体育课程成立时间较短，民族传统体育课程设置理论研究及课程配套教学物质基础、师资等方面存在一定的不足。为了更好地促进这一新课程的开展，各级管理部门应该尽可能地在政策、科研、资金等方面给予支持，从而建立完善的高校民族传统体育课程理论体系、课程教学条件、专业教学师资。

（三）加强专业教材的建设

民族传统体育属于交叉类学科，民族传统体育教材不仅要涉及体育学，而且还要涉及与之相关的传统哲学、中医学、训练学、养生学、伦理学、美学、兵法学等。而当前，我国民族传统体育教材各地、各校不统一，在推进高校民族传统体育课程进一步发展方面存在不足，迫切需要编撰出版一套专业性较强的、内容丰富的、能满足各地各校教学需求的民族传统体育专业课教材。

（三）学科与术科均衡发展

新课程改革要求重视学生的全面发展，民族传统体育课程教学不应只集中于各项目动作、套路的教学，避免与体育学其他专业（如运动训练等）的课程雷同，更应加大理论课教学。增加人文社会理论知识，突出专业特色，兼顾学科和术科的均衡发展。

（四）增加选修课比例

民族传统体育专业课的课程设置应在必需基本课程以必修课的形式开设外，增设选修和任选课程，以适应不同学生多元化的民族传统体育学习需求，为学生的自主学习提供便利，同时也有助于促进个性发展。

第三节 高校民族传统体育教学的原则与方法

一、高校民族传统体育教学的原则

（一）兴趣主导

兴趣是最好的老师，是民族传统体育教学应遵循的首要原则。

在高校民族传统体育课程教学中，体育教师应最大限度地发挥学生参与民族传统体育运动的积极性，使学生更自觉地、主动地投入民族传统体育学习之中，完成学习任务、达成学习目标。

首先，教师应广泛了解学生的民族传统体育兴趣，选择学生感兴趣的民族传统体育运动项目开展教学。

其次，教师应重视对学生开展民族传统体育目的性教育，使学生关注我国传统文化、重视民族文化传承。

最后，教师应精心设计课程教学，采取丰富多样的教学方法，激发学生的兴趣,并因势利导,对学生兴趣进行强化。

(二) 突出主体

现代体育教学强调"以人为本",民族传统体育教学过程中应重视学生的主体地位,民族传统体育科学教学活动应围绕学生展开。

首先,教师应树立起在教学中尊重学生的意识,在高校民族传统体育课程教学实践中科学贯彻"以学生为主体"。

其次,教师应改变传统的教师的"教"与学生被动的"学"的教学理念。根据学生兴趣和需要设计、安排民族传统体育教学。

再次,充分发挥教师的主导作用,重视学生学习主动性与积极性的引导,促使学生少走弯路、提高学习效率。

最后,教师应尊重不同学生之间存在的客观差异,关心学生,重视学生个性的发展。

(三) 有效互动

教学活动需要师生共同参与,科学的民族传统体育教学应将教师的"善教"与学生的"乐学"充分体现出来,实现师生、生生之间的良好有效互动,建立平等的师生关系,维持良好的民族传统体育学、训环境。

首先,教师在民族传统体育教学实践中应充分利用多种互动形式与方法。通过教师和学生、学生和学生的和谐对话交流、师生间的领带与跟随,建立良好的课堂教学氛围。

其次,教师应善于与学生交流,同时要关注学生的反馈,双向交流都应得到重视,将"教"与"学"双方的积极性和能动性充分调动起来,避免学生被动、消极地学习。

(四) 因材施教

"教育要面向全体学生。"高校民族传统体育课程教学中,教师"教"的对象是全体学生,学生的客观差异性要求教师应根据每一个学生的具体情况,实施各不相同的、有针对性的教育,促进每一个学生的发展。

首先,因材施教应建立在统一要求的基础之上,教师对全体学生提出统一的教学要求。这是实现民族传统体育课程教学目标的基本要求,学生的发展是在完成基本学习任务基础之上的发展。

其次,教师应了解学生。通过观察学生、与学生交流了解每一个学生的不同(如身体素质与个体差异),掌握不同学生的详细情况,区别对待。兼顾不同层次学生的学习需求,为基础好的学生创造更好的条件;帮助基础弱的学生完成学习任务。

最后，教师应合理设计教学程序和活动，在制定课程教学目标时，综合考虑教材、学生特点、组织教法以及客观教学条件，更有针对性地提高学生方面、课程教学方面的薄弱环节。

（五）全面发展

新时期素质教育强调"教育应实现学生的全面发展"，高校民族传统体育运动教学也不例外，应通过民族传统体育教学促进学生的身体、心理、社会适应能力等的多元发展。

首先，教师应综合贯彻民族传统体育课程教学目标和教学要求。对民族传统体育课程教学大纲所提出的各项要求与目标，要认真观察，并促进学生达成各项目标。

其次，教师应在民族传统体育教学中，重视学科与术科、理论与实践、不同项目内容教学等的均衡搭配，使学生全面掌握民族传统体育的知识、技能，使学生理解民族传统体育文化、领会民族传统体育精神，养成良好的身体、心理、精神品质和性格特征。

最后，民族传统体育教学考核应考虑学生各方面的综合发展情况，而不仅仅关注学生运动技能的掌握。

（六）终身体育

民族传统体育对学生的全面发展是有益的，是一项可以终身从事的体育，同时，终身体育也是当前我国高校体育教学改革的一个重要教育教学思想和教学改革方针，是高校民族传统体育教学应遵循的重要原则之一。

首先，在民族传统体育教学中，教师应重视学生终身从事民族传统体育的意识和习惯的培养，教师要善于发现学生的专项爱好与特长，并正确引导，培养学生从事该民族传统体育项目的兴趣并长期坚持。

其次，在民族传统体育教学中，体育教师不仅要重视民族传统体育运动教材或某项运动技能的教学成果，还要考虑民族传统体育运动教学长期效益（促进学生自我发展与社会发展需求的结合）的实现，为学生终身从事民族传统体育运动奠定知识、体能、心理、智能和技能基础。

二、高校民族传统体育教学的方法

高校民族传统体育教学方法众多，这里重点分析以下几种常用的教学方法。

（一）语言教学法

所谓语言法，具体是指教师在教学中通过借助于语言来开展教学活动的方法的总和，具体包括以下几种。

1.讲解法

讲解法是教学活动中一种最常见的教学方法，主要表现为教师对具体的民族传统体育背景知识、动作要领、技能方法等的阐述和说明，以促进学生了解民族传统体育知识、技能。讲解过程中应注意以下几点。

（1）讲解明确，突出教学内容重点、难点、特点。

（2）讲解正确。注重讲解内容（历史文化、运动规律、动作术语、技能方法、项目特点等）的准确描述。

（3）讲解生动、简明、有重点。

（4）注重讲解的时机和效果，活跃课堂气氛、调动学生学习的积极性、使学生始终集中注意力听讲。

2.口头评价法

口头评价主要用于对学生的课堂表现、学练效果等作出必要的点评，目的在于更好地促进学生的民族传统体育学习。口头评价可分为两种，即积极的评价与消极的评价，前者重在鼓励学生，后者是对学生进行鞭策。

3.口令、指示法

在民族传统体育过程中，借助简短的字词给予学生必要的提示，如民族传统体育教学中的动作学练，教师根据学生的动作变化提示"沉肩""右脚点地""吸气""屈膝"等。这些口令、指示简短有力，能够很好地指导学生学练。

（二）直观教学法

所谓直观法，具体是指通过相应的直观的方式作用于人体的感觉器官，引起相应的感知，从而实现教学目的的方法，它在民族传统体育教学中使用广泛。具体应用如下。

1.动作示范

在民族传统体育教学中，教师通过对教学内容的动作示范，来使学生对所要学习的项目技术动作有一个生动形象的了解、熟悉动作结构和要领。

2.直观教具与模型演示

采用图表、照片和模型等直观教具辅助教学，使学生更加易于理解相应的技术结构和动作形象。

3.多媒体技术使用

多媒体技术主要包括电影、幻灯、录像等。采用重放、慢放、定格等操作方法，帮助学生了解民族传统体育项目发展、运动文化、技术动作构成等，注意播放内容要与教学目标相适应。

民族传统体育教学实践中，多媒体技术与讲解、示范通常是结合在一起使用的。

（三）完整教学法

所谓完整教学法，是指从动作开始到结束，完整地进行教学和练习的方法。多用于民族传统体育项目技术、技法教学。

完整法的优点在于能完整展示整个动作过程，使学生明确各个技术动作环节之间的关系、注重动作完成过程中突出动作的协调优美、方向路线变化。

一般来说，完整教学主要是针对技术动作的难度不高，或技术动作不可分解的民族传统体育项目技能实践教学。

（四）分解教学法

分解教学法是与完整教学法相对应的一种教学方法。同样用于民族传统体育项目技术、技法教学。分解教学法适用于复杂和高难民族传统体育项目的技术动作教学。

在民族传统体育教学实践中，对于分解教学法的合理运用，教师应特别注意以下两点。

（1）合理分解动作。按体育运动技术动作的时间顺序、空间部位进行合理分解，不能割裂技术环节之间的逻辑关系。

（2）分解应建立在学生完整理解技术动作概念、规律、特点的基础之上，以免影响学生对技术动作的整体把握。

（五）预防与纠错法

任何学科的学习过程中，学生都不可能做到一帆风顺，学习过程中难免会犯各种各样的错误，教师在教学中为了防止和纠正学生在练习过程中出现和可能出现的错误动作，可以采用预防与纠错法开展教学。

具体来说，在民族传统体育教学过程中，教师应正确对待学生由于对各种动作技术理解不清或对动作掌握不标准的错误，并注意进行有意识的引导和纠正。

预防和纠错是相互联系的。预防具有一定的超前性，要求对于可能的错误动作进行积极的引导，纠错的针对性更强，要求教师认真分析学生错误的原因，并有针对性地结合错误的源泉采取相应的纠正措施，并给出改正方向与方法。

（六）游戏教学法

所谓游戏教学法，具体是指教师组织学生通过做游戏的方式来完成相应的教学任务的方法。游戏教学法通常在民族传统体育教学的初期进行，有助于充分调动学生学习的积极性、使学生尽快进入民族传统体育的学习状态、创造轻松和谐的民族传统体育教学环境，在民族传统体育中应用较为广泛。

第四节 高校民族传统体育教学课的组织与实施

一、高校民族传统体育教学课的组织

针对学生的特点和特殊教学需要，高校民族传统体育教学的课堂组织形式主要有以下三种。

（一）个别教学

个别教学主要是指教师对一个或者几个学生进行单独辅导的教学组织形式。

在个别教学过程中，由于学生数量较少，教师可以对每一个学生都能进行深入、细致的教学指导，能最大限度地实现区别对待、因材施教，可以纠正学生的一些个性问题。此外，个别教学还有一个很大的特点和优势就是对于学生典型骨干的培养十分有利。

由于个别教学只针对单个或几个学生，不能对全体学生做出教学指导，具有一定的不足，教师在教学中应注意以下几点。

（1）教师必须安排好课堂的整体活动、形式和内容后，才能针对比较特殊的某个或几个学生进行个别辅导。

（2）教学的最终目的是促进全体学生发展，个别教学是正常教学的一种辅导教学组织形式，教师在进行个别教学时要认真辅导每个学生，同时兼顾全班的活动。

（3）对于个别辅导中的一些共性问题，教师要采取灵活的方法来及时提醒学生。要做到抓重点带一般。

（二）分组教学

分组教学，具体是指通过分析学生之间的相同点和不同点，对学生进行同质化的分组，将整个教学群体分解开来，以小组的形式开展教学。在高校民族传统体育教学过程中，分组教学是一种常见的教学组织形式，能有效地提高教学效率。

在民族传统体育教学实践中，分组教学的各小组人数应控制在4~8人，每个小组设小组长，负责组织本组成员学习、讨论、实践，这种教学组织形式能够将班级中的骨干作用有效发挥出来，激发学生民族传统体育学习的积极主动性，提高学生之间团结协作的能力，并有利于对学生的一些共性或个性问题的处理。

分组教学需要教师认真观察和对学生进行分类，需要教师投入较多的时间和精力，教学中应注意以下几点。

（1）注意分组人数的控制，一般在4~8人较为适宜。

（2）分组前，要详细、明确说明练习的地点、组织的形式和练习的方法，并且不要随意更变。

（3）分组时，要充分发挥班级骨干的带头作用，将他们分在各个小组中管理、指导、督促小组成员学习。

（4）分组后，要求明确各组需要完成的学习任务。

（5）体育教师要注意适时对各小组进行个别的指导，并时时注意观察全班、提醒个别人或个别组，特别是较差的典型学生要时时关注。

（6）根据各小组的具体学习情况，可中间叫"停"，讲解共性技术问题，提出新的要求，或重新进行分组。

（三）集体教学

集体教学是针对全体学生开展教学的教学组织形式，也是当前体育教学中最普遍的一种教学组织形式。

在高校民族传统体育教学过程中，集体教学能更好地指挥学生的学习和管理课堂纪律，有利于贯彻和执行教育教学意图，但同时这种形式也存在着一定的不足，即不利于对个别学生进行区别对待的教学、较难体现学生的专项技术风格。教师在采用集体教学组织形式时应注意以下几点。

（1）集体教学应注意学生人数的控制，一般不超过60人。

（2）注意加强课堂教学纪律教育。

（3）讲解、示范、领作、指挥的位置要恰当。

（4）口令要适合，一般不作个别纠正。

（5）教授新内容时，不宜改变原练习队形的方向。

（6）集体教学应与分组教学、个别教学结合起来。

二、高校民族传统体育教学课的实施

从制定课堂教学目标到教学课的完成，高校民族传统体育课教学的实施过程具体如下。

（一）备课

备课是任何一名教师都必须进行的一项课堂教学工作，是学校教学中的一个基础环节。在高校民族传统体育教学中，做好备课工作是教师上好课的前提条件。

在民族传统体育教学实践中，备课的形式多种多样，如个人备课、集体备课、导师批改式备课等。教师备课过程中应考虑以下内容。

1.钻研大纲和教材

备课前，教师应仔细分析民族传统体育大纲和教材内容，这是教师进行学校教学工作的基本前提。

教学大纲对民族传统体育教学的开展具有统领性指导作用。具体来说，教师要认真学习、了解和掌握本学科在大纲中的总体内容和要求，否则，教师的备课会因缺少指导依据工作而显得很盲目。

2.准备场地、器材

场地、器材是完成教学的重要物质保证，是教师在备课工作中要着重注意的重要教学要素。

准备场地、器材先要对场地规格、布局、器材的种类、数量等方面进行了解。在此基础上，结合本次课的具体教学内容·申报场地、器材的使用，并在上课前将场地、器材准备好。

3.了解和分析学生

学生是学习的主体、是教学的对象，全面了解学生，有助于教师有效提高教学质量和改善教学效果。

教师了解学生，应具体了解本次课的班级及班级中学生的人数、姓名、男女比例、年龄层次、技术基础、文化基础、兴趣爱好、学习期望、组织纪律等。

教师分析学生，应结合所了解到的学生信息，分析教学活动应该如何设置更加符合学生特点，满足学生需求。

4.选择教学方法、设计教学程序、确定教学组织形式

选择教学方法时，将大纲、教材、对象、设施等与课堂教学紧密结合起来，选择最佳教学方法或组合。

设计教学程序时，要以教材内容、教学任务、项目特点、学生实际、场地器材现状等情况为依据，合理安排本次课的教材先后顺序、时间分配、练习步骤等。

确定教学组织形式，应结合学生特点、教学内容、课时情况等进行综合确定。

（二）撰写教案

教案，又称课时计划，是教学活动的规范性文字材料。在民族传统体育教学实践中，教案是教师开展课堂教学活动的直接参考资料，是教师上好课的重要依据。

教师的教案能有效反映其基本的教学态度和业务素质。为了民族传统体育教学课的顺利开展，教师在编写教案时应注意以下几点。

（1）课堂教学任务要具体、全面，与教材内容相符且适宜，要求学生通过一定的努力能够完成。

（2）教案内容应全面，安排要科学，重点突出，主次分明；练习时间、数量、负荷要符合学生实际；前后内容要有内在的关联性。

（3）教案文字的使用应突出言简意明，措辞妥当的特点。技术动作要领描述要准确。

（4）教案的版面布局要合理，条理要清楚。

（三）试教

试教有助于教师熟悉教案内容，加深理性认识，纠正不切实际之处。试教主要有以下三种形式。

（1）模拟式试教：教师本人走过场，或者正式操作一遍。

（2）自由选择式试教：突出重点进行试教。

（3）说课：用语言简要表述教学实施过程、教学组织形式、教法、要求等。

在民族传统体育教学实践中，由于时间关系（时间不足），或者教师经验丰富，一般来说也可不试教，而直接进行正式的课堂教学。

（四）上课

上课是教师进行教学工作的主体活动，民族传统体育课程教学过程过程中应注意以下几点。

（1）做好准备：报考心理、业务、物质的准备。教案随堂自带，以备查看；提前到场，着装整洁；神态谦和，精神饱满；关心学生，诚信仁爱。

（2）认真执行教案，并在民族传统体育教学过程中，针对实现预料或者预料不到的各种突发问题进行妥善处理，使课堂教学始终保持在可控的计划范围内展开。

（3）充分发挥教师的主导作用，将学生学习的自觉性和积极性有效调动起来。

（4）讲解清楚，示范准确到位，语言生动形象。

（5）仪表端庄，态度热情，耐心细致，师生感情融洽。

（6）重视教学安全。

（五）评价反思

教学评价反思，具体是指教师根据教学情况和教学效果，判断教学目标的达成情况，需要改进或补救的地方等，目的是优化教学过程、提高教学效果和质量。在高校民族传统体育课程教学中，教学评价反思是一个相对独立的教学环节，同时，它又贯穿于民族传统体育课程的整个教学过程中。

在民族传统体育课程教学实践中，教师和学生都需要对教学活动进行反思，检查自己在教学过程中的操作、表现及产生的效果，认真总结经验和教训，分析有没有更好的方法或策略。

第五章 高校体育课堂教学理论

第一节 体育实践的意义

一、实现体育院校教育目标的需要

体育院校是培养有理想、有道德、有文化、有纪律的社会主义体育事业建设新人的基地。无论是为祖国体育事业发展、为人民健康幸福而奋斗的理想信念，还是体育科学知识与体育工作技能，都只有通过实践的感悟与运用，才能够真正被学生吸收内化。脱离实践的单纯的理论灌输，难以让体育专业学生接受，更不可能得到巩固，是不利于体育院校培养目标的实现的。体育实践使体育大学生接近体育实际，获得大量直观的感性认识和许多课堂中没有讲授的知识，并且提高学生将课堂中学习的知识在实际运用中转化为认知和解决实际问题的能力。为了有效地促进人的全面发展，体育院校必须把实践教育视为整个教育体系的重要组成部分，积极引导体育专业大学生在实践活动中健康全面成长。

二、提高体育院校教学质量和培养学生实践能力的需要

实践活动是课堂教学的必然延伸和有益补充。教师不仅要使学生"知其然"，而且要使学生"知其所以然"，激发学生的能动性与创造性。实践是体育教育的重要途径，可以促使学生找到具体的体育感应对象，深化理性认识。与单纯的课堂体育理论教学相比，体育实践活动的课堂教学比较系统完整，但也相对抽象化、理想化，唯有结合实际才能更好地为学生所接受。只有通过体育实践的有机配合，才能使学生在实际锻炼中加深理解，获得对知识的巩固与提高，并及时将体育理论知识转化为体育实际工作能力。

三、促进体育院校大学生全面健康成长的需要

实践是实现人的全面健康发展的基本途径。体育院校的大学生精力旺盛、接受新事物快，但思想单纯，辨别和选择能力较弱，这必然会对他们的健康成长造成妨碍。而"生产劳动同智育和体育相结合，它不仅是提高社会生产力的一种方法，而且是造就全面发展的人的唯一方法"。当代和平稳定的社会环境和都市化生活，更需要体育教育与体育实践的结合。在体育实践中，既有活动伙伴，又有社会群众或指导老师，这种情况有助于体育大学生学会如何与同学分工合作，恰当地处理人际关系，同时实践活动也是考验体育大学生修养品行的好环境。体育实践有助于体育大学生逐渐养成坚韧、顽强的优良品行，养成务实的学习态度和生活作风，不断提高自己，完善自己，坚定理想信念，激发历史使命感、社会责任感，促使他们自觉提高学习的积极性，更严格地要求自己，从而促进自身的全面健康发展。

四、整合体育院校社会教育资源的需要

体育院校是体育大学生学习运动科学知识与体育技能的主要场所，然而在现实中仅仅掌握在学校中教师传授的运动知识与体育技能是远远不够的。体育院校的大学生要实现全面发展，不仅在接受教育种类上要多样化，在接受教育的途径上也要多样化。体育院校可以给体育专业大学生提供系统化的体育教育，但其体育教育资源是有限的。实践尤其是社会实践可以借助各种社会教育力量，如大型运动会提供的志愿者活动、基层学校提供的教育实习或顶岗实践等，对体育院校的大学生进行全方位、全方面教育，实现社会教育资源与学校教育资源的有机整合。

第二节 体育实践的内涵、形式、特征与功能

理解基础上的行动才是最有效的。体育院校大学生要做到积极主动地参与体育实践活动，首先必须对体育实践的内涵、形式、特征与功能等有明确的理解和认识，才能提高实践活动的主动性与针对性。

一、体育实践的内涵

广义上来讲，实践是人类自觉自我的一切行为，是指人类认识和改造社会与自然的有意识的一切活动。狭义而言，实践是指有目的地实际地去做某种事情。实践由主体、客体和手段构成。实践的主体是从事实践活动的人，客体则是实践

活动所指向的对象，而在主体和客体之间还有一个将二者现实地连接起来的中介，这就是工具、手段。体育实践就是体育院校在人才培养过程中有目的、有计划、有措施地组织体育专业大学生参与课程、校内、校外等各类实践活动，从而对学生实施思想情操、综合素质、专业技能等全面发展的教育过程。

理解体育院校大学生体育实践的概念，我们应把握如下几个基本层次。

（一）体育实践是一种学习性实践

学习性实践是一种以学习知识、应用知识、创造知识为主的实践活动。首先，人类知识大体可分为说明"是什么"的陈述性知识和关于"怎样做"的程序性知识两种。这两种主要通过课堂、书本等专门学习活动习得，而包含专门学习活动在内的多种体育实践活动则是引导学生从现实中学、从实验中学、从研究中学，并帮助学生了解知识的源泉与运用，它为学生提供更多的程序性知识和对陈述性知识的进一步理解，弥补课程学习和专业学习中知识的不足，真正做到有所实践，有所认识。其次，体育是一门应用性很强的学科，作为体育院校的大学生，对体育知识与技能的掌握不能只着眼于领会和会做，更重要的是学会在实践中灵活应用，完成相应的实际任务，在体育实践活动中学会发现、学会践行，达成知识应用的目标。最后，体育实践活动的开展既是体育院校大学生知识应用的过程，也是知识创新的过程。通过体育实践活动，能帮助体育院校大学生完成知识的聚合与整合，涌现新思想、新观点、新思路，从而实现从无到有的知识创新。

（二）体育实践是一种成长性实践

成长、成熟、成才是大学生实践活动的基本特征。体育实践活动有助于体育院校大学生学业的深化、精神的完善、专业的成才。首先，体育实践是体育院校大学生学习的专业化、精深化的学业深化活动，它能推动体育院校大学生完成知识与能力在更高层面的统一，夯实学业基础，充实专业知识，提升专业能力。其次，体育实践是体育院校大学生一种世界观、价值观和人生观形成和完善的活动。体育实践有助于体育院校大学生形成坚定的信仰、信心与信念，树立志存高远的追求，铸造不畏艰难的坚强品质，培养健康的人格与包容之心，学会待人接物，善于协调个人利益与集体利益的矛盾，在精神不断完善、升华的过程中实现自身全面发展和成长成才。最后，体育实践有助于体育院校大学生在学会学习的基础上注重提升综合素质，拓展各种能力，尽快成长为社会所需的优秀人才。体育大学生勇于投入成长性实践活动，就会使自身尽早成长为优秀人才。

（三）体育实践是一种社会化实践

大学阶段是大学生即将走出校门踏入社会的准备期。体育实践有助于体育院校大学生投入真实的社会环境，尽快完成社会化过程。首先，体育实践是体育院校大学生职业定位与职业选择的准备活动。在体育实践活动中，可以通过接触真实社会环境，具体了解与获取社会职业需求信息，完成职业认知，明确职业定位与选择，从而主动结合自身所学专业与专长，制定自己的职业生涯规划。其次，体育实践是一种体育院校大学生在即将踏入社会过程中学习扮演体育工作者角色的活动。通过实践活动，逐渐了解、熟悉和掌握体育工作活动的各个环节与流程，充实相关知识，提高体育技能，为即将成为体育工作者做好充分的准备，同时也能增加社会阅历，提升自身的社会认同力。最后，体育实践能增强体育院校大学生与社会的互动接受社会教化，有助于掌握现实社会生活与生产的基本知识和技能，习得并遵守社会通行的价值体系与规范，培养符合劳动者角色要求和其他社会角色标准，适应社会需要的存在方式。

（四）体育实践是培养创新精神的重要途径

创新精神不仅来源于对问题的深入钻研，也得益于深厚的体育基础知识、较强的运动感受和宽广的视野。有了丰富的体育知识才能产生联想和综合，才会有新的思想产生。体育教育实践表明，依靠单纯的课堂体育教学和专业知识学习无法完成素质教育的全部任务。创新思维和创新能力必须要有广博的知识做基础，这种基础只靠体育专业教育难以形成，必须加强体育社会实践，把体育教学活动拓展到社会层面，打破系、专业、班级对大学生的禁锢，变被动的封闭教学过程为主动的开放的教学过程，从而激发学生的学习兴趣。通过体育实践可以使体育大学生在实践中学习如何组织体育活动，如何解决大众在锻炼和训练中出现的新问题，在实践中培养科学文化素质，增强实践能力，从而开阔视野，激发创新意识，培养创新精神。

（五）体育实践是提高实践能力的重要手段

大学生的活动范围主要是家庭和学校，接触社会有限，其实践能力和活动能力相对较低。因此，有必要利用恰当的实践机会去体验生活、了解社会，通过社会实践培养多种实践能力。体育实践正是提高体育院校大学生实践能力的重要途径。学生在体育实践中发现问题、了解情况、获取信息，从而提高自己的观察能力，培养比较灵敏的社会嗅觉；通过对实践调查的材料进行选择、加工和处理，找出解决问题的方案和实施办法，培养学生运用知识和分析解决问题的能力；在体育实践中，通过和他人的交往，同他人发生联系，逐步学会与人沟通、待人接物，增强社会适应性，学会正确处理好各种社会关系、人际关系；在具体实施并全盘把握体育实践的进展过程中，需要独立思考、随机应变，这不仅可以锻炼学生的独立思考能力、系统思维能力、独立活动和随机应变的能力，还有助于减少体育大学生的依赖性，并发展其独立性、培养开拓的勇气，使之自立于社会。

二、体育实践的基本形式

体育实践的形式多样，概括起来有如下几种基本形式：

（一）课程学习实践活动

课程学习中的实践活动是体育院校大学生体育实践的基础形式，是指以教师为主导、以学生为主体、以课程资源为依托、以基础知识和基本技能的教与学为主要载体展开的体育实践活动。它突出了教师和学生的双主体性，强调了对丰富课程资源的开发和利用，并要求将体育实践落实到体育基础知识和基本技能的教与学的"双基"教学当中，以"双基"的教与学为载体体现体育实践的理念、呈现体育实践的方式、实现体育实践的效果，这种体育实践活动主要包括以讨论和辩论、案例教学、教学录像、现场教学、模拟教学为主的课堂实践活动；以实验与专题调查、课程设计、专业实习等为主的专业实践活动；以包括毕业实习、毕业论文（设计）和课题研究（大学生研究计划）为主的综合实践活动。

（二）校园生活实践活动

校园生活实践活动是体育院校大学生实践体系的重要组成部分，是在学校教师的指导和规范下，由学生自主设计、发起、策划、组织和开展的，以校园为舞台，以课外时间为活动时间，以学生的需求为基础，以学生的趣缘关系为纽带，在长期互动中形成的旨在促进学生社会化和全面化发展的一系列活动和过程的总和。这种实践活动具有校园化、生活化、趣缘化、有限化的主要特征。其内容主要包括大学生的道德养成教育、学术科技和创新创业、文体艺术和身心发展、社会工作和社团活动、勤工助学和志愿服务等活动。

（三）校外社会实践活动

体育院校大学生校外社会实践活动，是体育院校大学生课程学习中的体育实践活动和校园生活实践活动的有效延伸，是通过校外社会实践活动的方式与途径，达到让大学生投身现实社会中，了解社会、了解国情，与社会实际进行紧密接触，在实践中培养、锻炼才干的目的，从而提高思想觉悟，增强专业意识，树立正确的世界观、人生观、价值观的活动。这种校外社会实践活动主要包括校外参加专业对口的学校体育教学与运动实践、群众体育组织与指导实践、社区体育文化活动服务和体育科研实践、勤工助学、青年志愿者活动、"三下乡"活动等。

三、体育实践活动的基本特征

体育实践活动以体育院校大学生为实践主体，具有鲜明的阶段性、专业性、综合性、创造性和预演性特征。

（一）阶段性特征

处于人生身心成长成熟阶段的体育院校大学生体育实践活动不仅具有鲜明的年龄阶段特征，也具有自身发展的不同阶段性特征。体育院校大学生进入大学后的学习活动实际包括从中学到大学的转换阶段（大学一年级）、大学学习生活相对稳定阶段（大学二、三年级）和即将毕业走向社会的转换阶段（大学四年级）。在这三个不同阶段分别承担着基础课学习、专业基础课学习、专业课与专业技能学习的不同学习任务，因而其体育实践活动也表现出不同的阶段性特征。

（二）专业性特征

体育院校大学生的实践活动主体是在校大学生，其参与体育实践活动的主要优势在体育专业服务方面。通常体育院校大学生的实践活动主要围绕体育专业技能服务和调研来开展，并在实践中发展专业技能，增强社会适应性。以体育专业为中心的实践活动，能够促进体育实践的目的性、教育性、服务性和效益性的统一。在新形势下，体育院校大学生体育实践能否以专业化为中心展开，是衡量其发展水平与深度的一个重要标准。

（三）综合性特征

体育院校大学生体育实践活动具备实践内容的全面性、实践形式的多样性和实践理念的包容性，这就赋予了体育院校大学生体育实践活动所具有的综合性特征。这种综合性不仅表现在实践活动为学生提供了综合学习、掌握、应用多种知识的理论与实践相结合，以及学生自我教育、学校教育和生活教育相结合的机会，同时也表现在实践形式的多样性和实践活动中学生素质全面锻炼提高的综合化发展方面。

（四）创造性特征

培养具有创新精神与实践能力的高素质人才，是高等教育肩负的历史使命。体育实践活动为体育院校大学生创新能力培养提供了平台和拓展空间。体育专业大学生的体育实践活动具有鲜明的发现问题、分析问题和解决问题的活学活用知识的应用性特点。这种应用性的体育实践活动，有助于体育院校大学生尽快完成所学与所用、知识与能力、理论与实践的连接，为创造性实践奠定基础。在体育实践活动中，许多具体问题需要学生在实践活动中追求新知、探求未知、探索创造，能挖掘创新潜力，激发创新活力，从而增强创新能力。

（五）预演性特征

大学阶段的教育和相应的体育实践活动必须为体育专业大学生从学校生涯步入社会生涯的转换奠定良好的基础。在体育实践活动中的所有行为，无论是在课堂内外或者校园内外，无论是求知还是践行，学生的实践活动都只能算作未来工作、学习和生活方式的提前演练。通过演练，能锻炼学生设计实践活动方案的思维能力与应对各种复杂情况的预案能力，达到模拟真实环境和情况下的思维预演效果，熟能生巧，为未来积累经验。这种演练，对于今后走上社会实践活动的学生都是有益的借鉴，有利于学生尽快融入社会，加快社会化进程，早日成才。

四、体育实践的基本功能

实践活动可以将书本知识与实践知识很好地结合起来，对实现体育院校人才培养目标具有十分重要的作用。

（一）掌握、应用和创新知识的功能

1. 掌握知识的功能

学生通过课程学习获得的主要是陈述性知识，而实践活动不仅有利于学生对陈述性知识的理解和程序性知识的掌握，还强调了从现实中学、从实验中学、从研究中学的路径，突出了学生对知识的概括、提炼和领会，重视学生的知识应用。因此，体育实践是体育院校大学生获取新知的导航器、知识巩固和知识领会的助推器、知识掌握状况的检测器。

2. 应用知识的功能

体育实践是以满足需要和解决问题为核心，注重使学生在活动中学会发现、学会践行，是学以致用的平台。通过体育实践活动，学生不仅可以了解和洞悉现实社会，还可以在活动中体验感悟、创设情境、主动探究，从而使自身的知识与能力得到完美的结合和释放。

3. 创新知识的功能

知识的创新源于实践。学生在体育实践中遇到新问题，只有充分调动个人潜力，才可能获得新发现，产生新思路，涌现新观点，从而在实践中发现问题、解决问题，获取新知。体育实践是体育院校培养学生的创新精神和能力、推动学生创新知识发展的重要途径。

（二）促进全面成长成才的功能

1. 提升体育院校大学生的综合素质

体育院校大学生综合素质的全面提升单纯依靠课堂教育是根本无法实现的，必须借助更为广泛的途径。体育实践活动打破了传统课堂狭小的学习空间而延伸拓展到校园、校外的超大时空，由原来单向地获取知识内容转变为学生综合素质全方位的发展。

2. 锻炼体育院校大学生的实践能力

体育实践可以强化体育院校大学生体育知识与运动技能的针对性应用和训练，帮助学生了解、熟悉社会各种体育职业和体育领域以及其所需的各种专项技能，并将这些要求作为锻炼与提高自己实践能力的目标。同时，体育实践还能有效锻炼体育院校大学生的分析、判断、决策、执行等能力，全面提升学生综合实践能力。

3.完善体育院校大学生的人格

体育实践能极强地促进体育院校大学生准确定位自身价值，培育学生远大的奋斗目标和强烈的道德责任感，推动学生提高自我意识和形成良好的情绪调控能力，构建良好的社会适应能力与和谐的人际关系，讲究合作、自律，具备乐观向上的生活态度和崇高的审美情趣，塑造健康的人格。

（三）推动体育院校大学生社会服务的功能

1.推动体育院校大学生与生产劳动的结合

体育实践连接着高等体育院校的专业教育与社会体育活动。通过体育实践，一方面，可以增强学生体育工作经验和社会阅历，了解用人单位的人才需求信息和趋势，认识到来自社会职业竞争的压力，调整自身的立业目标以适应社会。另一方面，积极参与体育实践，可以发现自身的不足，调整课程选择，完善知识结构，强化专业技能训练，实现知识向能力的转化、学业意识向职业意识的转化，拓宽职业选择的渠道，增强服务社会的本领。

2.推动体育院校大学生与人民群众的结合

在体育实践中，体育院校大学生能较好地融入社会，通过为社会大众传授体育知识、开展体育健身与体育活动专业服务，达到对自身政治觉悟、精神境界的检验，也实现着对政治觉悟和精神境界的演练，使自身的知识体系和能力体系得到充实、检验和演练，能做到书本知识与实践知识相结合、能力发展与社会需求相统一。因此，体育实践能够推动体育院校大学生与人民大众的结合。

五、体育实践的保障

充实体育实践的内容，丰富实践的形式，实现实践教育的目标，必须以体育实践保障为前提。

（一）创造良好的舆论氛围和体育实践环境

在市场经济条件下，体育院校大学生的体育实践还需要社会各界的理解、支持和配合，创造良好的舆论氛围和环境，特别是与体育专业对口的中小学、运动学校、社区体育管理组织和部门，要从经济发展和人才培养的战略高度，大力支持大学生实践活动，提供适当的实践场所、技术指导和条件。高等体育院校要加强与社会各方面的联系,拓宽学生的实践渠道,为其提供必要的条件。

(二)加强体育实践制度化、规范化、科学化、基地化建设

高等体育院校要积极将体育实践制度化、规范化、科学化,将体育实践纳入学校教育管理体系中,明确实践环节的时间比例和计划安排,建立明确的科学定量指标,并以规范化的形式固定下来,以防止和纠正实践活动的随意性和不平衡性。要建立学生参与实践活动的考核、总结、激励、管理制度,在开展实践活动中要注意与社会相结合,适应社会发展的需要,注重基地化建设。学校在积极争取社会的支持和建立稳定的实践基地的过程中,要主动出击,坚持互惠互利的原则,建立相对稳定的体育实践活动基地,增强双方的责任感和义务感。

(三)有组织、有计划地开展体育实践

体育院校要积极探索体育实践的新内容、新方法,有计划、有目的地开展学生实践活动。首先,要把高等体育教育和体育实践相结合引向深层次、全方位,不仅要引导学生积极参加实践活动,包括组织学生参加专业对口的学校体育教学与训练实践、群众体育组织与指导实践、社区体育服务和体育科研实践,还要引导学生积极走向社会,参加各种形式的社会实践,如结合专业特长到运动队开展体育科研活动、向社区体育活动提供技术服务、推广体育科技成果、参与体育科技开发和开展群众体育锻炼培训等。其次,学校还应积极引导学生走上街头,走进学校、运动队和社区,参加一些社会公益劳动,开展志愿服务、社区服务等多种社会服务性项目,增强对大众的感情和对社会的了解。

第三节 体育实践的研究对象、内容方法及学习意义

一、研究对象

所谓研究,简单地说就是一个认真地提出问题,并以系统的方法寻找问题答案的过程。体育实践研究的基本含义是指高等体育院校师生以经验的方式,对体育实践活动中学生的行为、态度、关系,以及由此所形成的各种体育实践活动现象所进行的科学的探索活动。

体育实践研究的目的是形成和产生有关体育实践活动的系统的知识,增加体育院校师生对体育实践的理解。从另一个方面来看,体育实践研究作为一种科学的探索活动,同时也是形成和产生各种有关体育实践知识的一种过程。这种过程比起常识、传统、权威、个人经验以及其他一些知识来源而言,无疑具有更高的系统性、结构性、组织性和科学性。尽管它所产生的知识不可能达到完美无缺的

境地，但其存在缺陷的可能性却相对要小一些，因而这种知识也更为可靠一些。

从体育实践研究特点来看，其具有以下三个方面的基本特征。

（一）研究的主题是社会的，而非自然的

研究主题是指研究所涉及的体育实践领域或范畴。体育实践研究的对象包括体育实践主体的人及其行为以及由这些行为所构成的各种体育实践现象。它主要涉及实践主体如何行动，如何与人交往；涉及实践主体如何思考，有何感受；它也要关注由实践主体所组成的各种群体、各种组织；关注个人与个人、个人与群体、个人与社会、群体与群体之间的各种社会关系，关注实践主体如何与不断变化的社会相互适应等。

（二）研究方式是经验的，而非思辨的

所谓经验性是指体育实践研究必须依靠可感知的资料。即体育实践研究只针对那些可以看到、听到、接触到的东西。体育实践研究者所收集的大量类似的经验资料，反映了更大规模的体育实践现象的某些部分，将所有这些部分的资料合起来，我们就可以"经验地"认识体育实践现象的整体。

（三）研究的问题是科学的，而非判断的

就像科学不可能回答一切问题一样，体育实践研究也不可能回答一切有关体育实践中遇到的所有问题。问题能否科学地进行探讨，首先依赖于这一问题是不是一个可以依据科学来回答的问题。体育实践研究和探讨的问题必须是可以依据科学来回答的，研究者是探讨"状况究竟如何"，或者"为什么如此"的问题。鉴于此，本书以科学地确立高等体育教育中实践教育的基本内涵为基础，研究对象主要涉及两个方面：一是教学计划内的校内实践教学；二是教学计划外的社会实践活动。

二、研究内容

体育实践是我国体育院校实施素质教育的重要形式之一，也是体育院校大学生掌握体育专业知识技能和发展综合能力的重要途径。体育实践兴盛于20世纪80年代，经过近30年的探索与实践，从小到大，由浅入深，现已蔚然成风，充分体现出其强大的生命力和不可替代的功能，并因其独特的教学方法和教育效果受到大学生们的普遍欢迎。目前我国体育院校大学生体育实践教材的研究内容包括：教学计划内的实践环节内容，主要体现在专业设置、课程安排、教学内容、教学方法等全教学过程中，包括毕业设计（教学实习、毕业论文）、课程设计（教学实习和训练实习）、课程实验（实验课程、裁判实习）、公益劳动（参与社区体育活动）和军训等。教学计划外的社会实践活动，包括校外实践教学、社会调查与信

息、社会服务、勤工助学活动、社团活动、校园文化活动、科技活动、学科竞赛，以及假期社会实践活动等。

三、研究方法

有关体育实践的研究方法是指高等体育院校师生从事体育实践研究的方法，而非理论研究方法。具体研究方法和技术是指在研究体育实践活动过程中所使用的各种资料收集方法、资料分析方法，以及各种特定的实践活动操作程序和技术。

四、学习意义

本书系统归纳了体育院校大学生体育实践的基础理论知识，科学解释与介绍了体育实践的意义、内容、各种实践活动的形式及实施要点等。因此学习与研究本书帮助体育院校大学生正确理解与认识体育实践在自身学习成长过程中的作用，全面、系统地掌握体育实践的基础知识，提高参与体育实践的技能，解决体育实践"是什么"和"怎么做"的问题，促进学生自觉地融入体育实践活动中，指导自身的体育实践活动，发挥体育实践对体育院校大学生全面健康成长、成熟、成才的积极效应。

开展体育实践知识学习与研究，能在体育院校大学生中普及体育实践知识，促进学生体育实践的参与，指导体育院校大学生的体育实践活动。在传统社会里，人们适应社会的方式很简单，在不知不觉中就已经适应了，人们在生活中积累起来的生活经验足以帮助人们适应社会。当代社会与传统社会不同，其结构复杂，规范繁多，变化迅速，因此，适应今天的社会单纯靠个人的直接经验已经不行了，必须依靠系统的社会知识学习。只有具备了关于体育实践的系统知识，才能自觉地参与体育实践活动，自觉地适应不断变化了的社会环境，成为现代社会中一个合格的公民。本书研究的是系统性的体育实践理论科学知识，对决策、规划和实施体育实践活动具有极高的参考价值和指导作用。正因为如此，开设体育实践概论的有关课程、普及体育实践行为的知识，无疑会对促进体育院校大学生的体育实践活动参与起到非常积极的作用。

第四节 国内外大学生实践能力培养概况

了解国内外大学生实践能力培养概况，有利于加深对体育实践的认识与理解。

一、国外大学生实践教育概览

国外大学生实践教育相关理论与实践较为丰富。在理论方面，美国、英国、日本、韩国等国在高等教育哲学理念、能力培养模式、体验式就业体系等方面做了大量探索与实践，取得了突出成绩。在实践方面，这些国家在大学生实践教学、生产劳动、社会服务、社会调查、科技发明、勤工助学等方面开辟了许多重要的途径。

（一）美国大学生的实践教育

当代美国的高等教育改革尤其重视学生技术创新能力与实践能力的培养。美国的教育改革者认为，人类文化是以掌握制造工具的技术为起源的，人类文明是随技术的发展而发展的，未来世界竞争的核心和焦点就是"技术创新能力"。

对此他们进一步提出："技术"就是应用知识、工具和技能，以解决实际问题，拓展人的能力。"技术"是通过科学发现而发展的，科学的作用在于理解，"技术"的作用在于做、制造和实施。美国的高等教育改革者也对各类高校课程中技术教育占极少比例的弊端提出了批评，提出"普通高等教育应以神圣的方式，使技术教育成为我们讲授历史、现状和未来的一个组成部分"，技术教育应"适合学生的年龄和经历，从描绘性材料开始，然后是原理、概念，并在不同水平上与直接经验相结合，更为重要的是，通过技术教育保留下来的一种对于不断变化的技术环境进行终身学习的兴趣。

在这一背景下，美国的高等体育教育十分重视大学生实践能力的培养。综览美国高校改革以及体育专业教育改革成果，基本上可以将其改革内容概括为以下几个方面：摒弃学校授课内容越来越多的偏向，把教学的着眼点集中在基本的科学基础知识、基本技能和训练上。在处理有关体育教育课程教学内容时采取了两项措施：①强调学科之间和运动项目之间的相互衔接，软化每门学科之间和运动项目之间的界限。②要求学生了解细节较少，把过去学生在专业术语和记忆方法上耗费的精力转移到学习概念和思维技能上，把课堂上学生专门进行运动技能的练习精力转移到指导学生学习运动技能练习方法上。

为此，美国的高等院校的体育教育改革在教学计划和教学方法上也进行了四项改革：①改变课程、减少时数，软化或排除课程中僵死的界限，着重培养体育科学的思维方法；软化或排除运动技能中复杂的高难动作，着重培养科学的运动技能学习方法。②改革体育教学方法，体育教学要根据学科的系统研究并认真验证和亲身体验的原则进行。强调体育科学知识的传授要与体育科学探索精神和体育科学的价值观融为一体。体育教学要从如何观察、提问开始，而不是灌输现成的答案，使学生积极地运用假设、收集和应用证据，鼓励学生的好奇心和创造性，鼓励学生自主学习、自主练习。③改革必须全面，注重所有孩子的需要，包括所有年级的全部科目和教学环节。④改革必须要求体育界和全社会的协作。

(二) 英国大学生的实践教育

1979年英国皇家文学、制造和商业促进会（RSA）颁布《能力教育宣言》指出，受传统培养学术精英型人才教育思想的影响，英国高等教育长期致力于传授知识和培养智力，学校教育既没有培养也没有训练学生掌握从事实际工作的技能，学生对专业知识"知晓"有余而在校外现实社会环境中有效运用和发挥专长的"能做"能力不足。这种缺陷不仅对学生个人，而且对整个社会、经济、工业等都是有害的。《能力教育宣言》认为学生综合能力的培养依赖"能力教育文化"的培育，这种文化应有助于学生将学习与实践有机结合，鼓励学生开展自主式、创造性的学习，达到寓教于乐、寓学于做的目的。因此，"能力教育"必须立足客观实践，鼓励学生通过自主发现问题、解决问题、服务社会的实践活动培养和锻炼实际工作能力。

20世纪90年代以来，英国高等学校已普遍认同"高等教育能力教育"的思想，并开展了积极的改革探索，推行了高等教育能力培养模式改革。英国高等体育教育在推进学生"能力教育"方面采取的主要措施如下：①课堂教学采取项目教学法对学生进行综合能力训练。如英国莱斯特大学体育系将体育学科领域按专业分成若干项目供学生选择，学生以小组形式自主确定一个项目。第1周分析项目特点和要求并进行任务分工，旨在培养学生自我组织和分析策划的能力。第2周集体学习和进行进度、方案设计，教师指导学生找参考书籍、资料、图片及音像资料。第3周至第6周系统学习和研究（训练），遇到问题找教师指导。第7周完成学习和研究报告，然后在全系公开展示，课程验收报告要进行汇报答辩，答辩会由学生轮流主持，全体学生和有关教师参加，每一个小组的成绩由全体学生按照规则和标准进行评议，最后成绩交教师评议组审议和修订，作为正式成绩。②重视实践环节。例如，英国爱丁堡大学的体育本科专业人才培养过程中，强调实践能力，并且与中、小学和其他教育机构保持伙伴关系，重视知识的转化与专业发展机会对学生成长的重要作用。以实践为基础的学习是学生教育项目的一个有机组成部分，实践在整个人才培养过程中占据着重要地位。其课堂学习形式中也十分突出讲座、小组讨论、案例研究、现场考查等实践内容，评价学生的方式除了考试还包括学生完成工作任务、演示的实践能力等方面。学生第三年的学习方案的一个重要组成部分是为学生组织为期10周以实践为基础的实习。学生被安置在学校、社区、公司等部门中，在实践中要求学生要学习掌握一系列相关的工作技能，以提升就业能力。

(三) 日本大学生的实践教育

长期以来，日本强调大学的使命是知识传承，因此，实践被排除在大学教育活动以外。但20世纪90年代中期以来，大学生就业难，迫使大学必须重视与职业世界的衔接，大学纷纷把体验式就业活动作为人才培养的重要环节，通过学生实践活动提高学习效果，培育学生的职业意识。1997年日本内阁发布的《关于经济结构改革与创新行动计划》提出：为培养适应产业结构调整所需要的人才，必须实行体验式就业的战略措施。文部省的《教育改革计划》也明确了体验式就业教育，建立以教育行政部门为主体，贯串从大学到小学的职业体验制度。

伴随高等教育体验式就业改革，日本的体育专业教育改革显现出了以下特征：①尊重学生差异和自主发展。②鼓励学生追求"轻松愉快"的高等体育教育历程。③精选内容、精简课程，教学方法和教学手段更加先进、高效。④提倡特色教育，增加体育选修课。⑤体育理论教学重在培养体育科学素养，重视观察、实验探索活动等解决问题式学习和体验式学习，让大学生在实践活动中体验、发现和创造的乐趣。⑥面对国际化发展趋势，培养大学生对本国体育文化和传统体育的理解和热爱，培养大学生对外国体育文化的尊重和应用外语交流的能力。⑦更加重视应用互联网和光缆通信网进行体育教学。⑧重视终身体育教育和社区体育教育环境设施建设。

（四）韩国大学生的实践教育

韩国高等教育入学率居世界前列，但随着生源减少、成本过高、就业困难、国际竞争力不足等诸多隐忧的出现，目前韩国高等教育已开始从量向质转变的努力，其中一项重要措施就是提高大学生的实践能力。韩国《高等教育法》第21条规定："学校授课可分为全日授课、夜间授课、季度授课、广播与通信授课，以及现场实习授课等"，"为提高学生的社会实践能力，必要时，学校可根据校规实施实习学期制。"第44条规定："教育大学、师范大学、综合教师培养大学及教育系的教育，应使在校生达到如下目标：①应具备受教育者应有的价值观和健康的教育伦理。②应领会教育理念与具体实践方法。③为具备作为一个教育者应有的资质，应打好基础，能用毕生精力努力从业。"目前，韩国的汉阳大学、同德女子大学等已将社会服务列为必修课，每学期安排约48个学时，大学生必须在孤儿院、养老院等场所从事服务工作，工作单位就献身性、诚实性、自觉性与工作态度等指标加以考评并给学分。

韩国体育大学生的实践教育主要体现在高等体育院校教育改革内容之中：①把以体育知识和单一运动技能为主的体育教育向以培养创新能力和掌握多项运动技能为重点的体育教育转变。②精简课程，以学生为中心、以运动实践指导为中心改革教学，发展大学生的创新与实践能力。③减少必修课，增加选修课，鼓励大学生积极参加社会实践活动。④加强英语、汉语和世界文化史等教育，适应国际化发展。

二、国内大学生实践教育概览

教育与生产劳动和社会实践相结合是党的教育方针的重要内容，理论教育和实践教育相结合是大学生思想与能力教育的根本原则。为了促进高等教育中理论与实践的结合，1950年政务院《关于实施高等学校课程改革的决定》指出，"有计划地组织学生实习和参观，并将其作为教学的主要内容"，后又对文理工科学生的实习作了原则规定。1950年教育部成立了直属高等学校学生生产实习指导委员会，颁布了《学生实习指导委员会暂行组织规程》。1954年高教部颁布了《高等学校与中等技术学校学生实习暂行规程》，对实习的方针、任务、要求、原则和具体办法作了详细规定。随后实习成为高等学校培养大学生必不可少的环节。

1957年，刘少奇为《中国青年报》撰写了《提倡勤工俭学，开展课余劳动》的社论。1958年，教育部召开第四次全国教育行政会议，进一步肯定了勤工俭学的意义与作用，同年，《中共中央、国务院关于教育工作的指示》中又规定"高等学校必须把生产劳动列入教学计划"，"在一切学校中，必须把劳动列为正式课程"，组织学生参加生产劳动。从此，勤工俭学在高等学校中广泛开展起来。关于军训，我国《兵役法》规定"高等学校的学生应当在学校内接受军事训练"。1955年，北京体育学院、北京钢铁学院等进行了军训试点。1956年，国务院批准了国防部、教育部关于扩大到14所高校进行军训试点的报告。1961年，高校陆续建立了武装部，配备了专职武装干部负责组织高等学校学生的军训。1978年邓小平在全国教育工作会议上指出，"各级各类学校对学生参加什么样的劳动，怎样下厂下乡、花多少时间，怎样同教学密切结合都要有恰当的安排"。此后教育部规定大学生在4年中都必须参加两周的生产劳动。1980年国务院在批转吉林省《关于开展勤工俭学情况的报告》中肯定了勤工俭学是全面贯彻党的教育方针的重要举措，此后各学校开展了多种形式的勤工俭学活动。1983年团中央、全国学联发出《纪念"一·二九"运动48周年开展"社会实践活动周"的通知》，决定开展以引导大学生利用假期搞社会调查、勤工助学、挂职锻炼，用知识和智力为社会服务的大学生社会实践活动周，对新时期如何组织好大学生社会实践活动提出了具体的指导意见。1984年5月，时任团中央书记处书记的胡锦涛提出大学生在实践中"受教育、长才干、做贡献"的口号，这一原则被确立为大学生社会实践活动的指导方针。

1999年《中共中央、国务院关于深化教育改革，全面推进素质教育的决定》和教育部下发的深入开展素质教育的有关文件，再次成为大学生社会实践活动进入深化发展新阶段的重要推动力。随后，团中央、教育部等单位在全国高校组织开展了两年一届的"挑战杯"大学生课外学术科技作品竞赛、创业计划大赛，大学生支教、"三下乡"服务、青年志愿者服务等生活实践活动也开展得如火如荼。至今，大学生实践活动已被纳入高校教学计划，每年均有数十万大学生参加社会实践活动，大学生社会实践活动也逐步走向制度化、规范化阶段。

  伴随着高等学校大学生社会实践活动的广泛开展，高等体育院校大学生实践教育也同样得到了长足发展。30多年来，高等院校在培养体育专业学生创新与实践能力等方面发生了很大变化，其主要特征体现在以下几个方面：①更加重视实践在体育专业人才培养模式中的作用。体育院校在人才培养理念上更加突出以知识为基础，以能力为重点，突出学生实践能力的培养。②实践教育的内容更加宽泛。课程学习实践中突出了做中学、体验中学，积极开展探究式、研讨式学习；校园实践中各种俱乐部、文体活动、科技创新等如火如荼；校园外体育科技开发、社区体育指导、赛事志愿者服务等形式多样。③实践教育的制度与保障更加完善。各所高等体育院校的人才培养方案中都有明确的实践教学内容，不仅军训、毕业论文、教育实习等固定学时与学分，许多院校还纷纷将学生获取各种证书、竞赛获奖、社会实践、参与志愿者活动等作为拓展学分纳入学分管理。④更加强调实践活动中学生的主体性。尊重学生的主体地位和主动精神在实践中的作用，学生自己策划、组织、实施实践活动，注重开发学生的创新意识和实践能力，促进学生的个性发展。

第六章 高校体育课堂实践教学

第一节 课堂实践教学的概念分类及作用

学习课堂实践教学,有必要了解课堂实践教学的概念及其历史由来,了解其主要分为哪几类,并熟悉课堂实践教学的作用及意义。

一、课堂实践教学的概念、分类

课程内实践教学改革是教学改革的重要组成部分,对人才综合素质的培养有着特殊的功能和不可替代的作用。改革需要根据课程培养目标,按照知识、能力、素质协调发展的要求,注重教学内容的整合与更新,合理构建课堂实践教学体系,突出和加强学生创新精神和实践能力的培养。

(一)课堂实践教学的概念

在我国的教育理论和实践中,"实践教学"是一个出现比较迟的概念,1998年出版的《教育大辞典》第一次出现"实践性教学"的概念。实践教学也称实践性环节教学、综合实践环节教学或实践课,是相对于传统的理论教学而言的。理论教学重视教师讲解理论知识,强调教师的主导作用,而实践教学则重视理论联系实际,强调学生的主体性和积极性,激励学生主动参与、主动思考、主动研究,着重培养学生分析问题和解决问题的能力,加强专业训练和锻炼学生实践能力而设置的,是整个教学的重要组成部分。根据不同阶段体育教学大纲和教学计划以及培养目标和要求,体育实践教学的最终目的是对学生实践技能、创新性和创造能力进行系统培养。

在实践教学体系中,课堂实践教学成为其他实践教学的基础,没有课堂实践教学做基础，其他实践教学就无从谈起。另外，课堂实践教学是连接理论教学与其他实践教学的重要桥梁，因此在实践教学改革中，必须重视这个基础部分。目前，在我国高等教育教学改革中，有一种倾向，即过于重视实验室建设、实验课建设和教学基地建设，却忽视了最基本的课堂实践教学部分。这是教育改革中的严重误区。

课堂实践教学具有一定的优越性。首先它不需要花费巨额的投资，购买昂贵的仪器，购置固定的办公空间，只需要教师具有正确的教书育人理念，负责任的心态，时常关注社会现实问题，随时结合讲授的内容，进行学术探讨。其目的，一方面，培养学生对社会重大问题的关注度；另一方面，培养他们对新的焦点、难点问题进行多元思考和独立判断能力。让他们不出教室，一样了解社会；没有走上工作岗位，对工作以后发生的事情也不陌生；并具有一定的处理问题的能力。

（二）课堂实践教学的分类

当前体育教学中的实践教学主要包括集中实践、课堂实践和课外实践三个部分。

集中实践是指社会实践（入学教育、军训、劳动教育、社会调查、毕业教育、就业指导）、教育实践、科研实践（毕业论文、学术活动）等进行实战学习，培养实际工作能力，了解学生专业知识掌握的程度，运用专业技能解决实际问题的集中实践性教学。

课堂实践一是指马克思主义哲学原理、毛泽东思想概论、邓小平理论、大学生思想修养、法律基础、体育游戏、体育教学论、运动解剖学、运动生理学、学校体育学、体育测量学等基础理论中的作业、实验、实习（设计）、专题讨论、辩论会和调研等；二是指体育专业课的教学设计、训练计划设计、教学与训练的组织等，着重培养学生对专业知识和其他学科知识的综合应用、创造与创新能力。课堂实践教学主要是在课堂内进行的实践教学环节，具有较大的可操作性。

课外实践是指课外体育竞赛、业余运动训练等主要用于帮助学生提高教学技能和教学方法、培养学生运动竞赛的组织、裁判、训练、业余辅导以及提高学生观察问题和解决问题能力的课外专业技能性实践教学。课外实践教学则是在课堂之外进行的实践教学活动，是课堂实践教学的延伸和拓展。

二、课堂实践教学的重要作用

（一）课堂实践教学对人才培养质量的影响

1.实践教学安排得不合理导致学生不能安心毕业实习

实践性教学大致可分为两个阶段，第一阶段是课程类实践性教学，包括课程教学实习、课程设计等环节；第二阶段是毕业实习。就一般专业而言，这两个阶段都非常重要，尤其是体育类的专业这两个阶段更是必不可少。而现阶段贯穿于教学过程中的教学实习、课程设计大多安排的是附属理论课教学的单纯性验证，这非但不利于培养学生包括科研能力在内的多种实践能力，而且会使这一阶段的实践性教学失去原有的意义。虽然毕业实习在一定程度上可以弥补教学实习存在的"功能性"缺陷，但由于沿袭多年的毕业实习时间安排，已经不能适应高等教育改革与发展的要求，以致影响到毕业实习的实际效果。

2.实践教学保障不到位导致实习质量得不到有效保证

实习基地、实习经费、指导教师、实习管理等都是完成实践性教学必要的条件保障，但是随着招生规模的不断扩大，本来就相对不足的实习基地、实习经费更加"捉襟见肘"，难以满足实践教学的实际需要。虽然不同专业因课程实习的具体内容和要求不同，对实践教学条件的要求不等，但实习保障条件得不到保证却是共同的问题。

3.实践教学指导不得力导致毕业论文的质量出现滑坡

由于对实践性教学管理缺乏有效的监控措施，导致学生毕业论文（设计）的质量出现滑坡。一是对学生选题缺少科学指导，有的选题过大，超出了一个本科生的能力和所学专业知识的范围，有的则选题过窄，使学生难以发挥或施展能力；有的是题目几年一贯制，缺乏创新，有的题目则过于超前与现实脱节。二是部分指导教师由于没有科研课题或者出于以备后用的目的而利用学生查阅资料，完成文献综述类的论文；还有的教师让学生整理资料，分析数据，写出数据分析报告式论文，这或许对提高学生某一方面的能力有所帮助，但显然有悖于毕业论文（设计）的初衷，尤其是无法培养学生综合运用所学知识及独立分析问题、解决问题的能力。三是管理过松，缺少指导。或是少数指导教师业务水平低，实践能力差，没有能力指导，或是一部分教师精力、时间投入不足，指导不力。学生则因就业等因素的影响，没有投入足够的时间和精力，对毕业论文（设计）只是应付了事，东拼西凑者有之，网上下载者有之，花钱雇"枪手"者有之。尽管明文规定论文答辩不合格者不能授予学士学位，但顾及学生就业问题，教师大都会手下留情、笔下超生，无形之中助长了学生的侥幸心理。一般来说，只要在答辩前完成论文，通过导师审阅并做适当修改即可，评价也只是检查论文是否归档，而在毕业论文质量保障方面的机制则不够完善。

（二）重新认识实践教学环节在提高人才培养质量上的地位

1.实践教学是学生将理论应用于实践的试验场

通过实践教学这一环节使学生将课堂所学的理论运用到实践中去，在掌握实验方法、操作规范和技能的基础上，反复进行各种练习和操作，以培养学生发现问题、分析问题和解决问题的实践能力，进一步激发学生学习专业知识的兴趣与学习的动力。学生经过一段时间的理论学习，在掌握课堂所学基础理论与专业理论的基础上，再到科研与生产实践中去运用和验证，可以增加感性认识、提高动手能力、锻炼培养学生的科研能力以及独立工作和实际操作的本领，并且有助于他们掌握社会服务和科学研究以及管理方面的知识，从而达到拓展丰富知识、增长提升能力和启迪创新思维的目的。

2.实践教学是培养学生综合素质与能力的课堂

随着科学技术的迅猛发展，在实践教学环节中，目前学生所遇见的诸多实际问题，有些问题不是单靠本专业所学知识就能够解决的，而是需要运用多学科的知识进行交叉和综合才能有望解决。这就迫使学生要通过查阅书刊资料、进行网上查询以及人际沟通、信息交流等多种途径，借助于多学科的知识来寻求解决问题的方法，这其中还包括自然科学与人文社会科学知识之间的交叉、渗透，从而使学生的综合素质得到培养，解决复杂问题的能力得到锻炼和提高。毕业实习与设计则是专业课学习的最后一个环节，是学生将之前学习的各种理论综合运用于实践阶段，也是全面发展学生能力的重要环节，所以说毕业实习与设计不仅仅是专业教育的延续，更重要的意义在于通过这一环节的学习，有利于学生综合素质与能力的提高。

3.实践教学是嫁接在学生与社会之间联系的桥梁

学生在课堂上学到的理论知识，需要通过实践教学环节到实际工作中去接受检验和进行验证，而社会上又存在着大量的身体肥胖、健身塑体、休闲娱乐等方面的问题急需解决，其中有一部分是属于理论探讨、健身咨询、新技术推广、老技术改造、方法革新和市场营销等方面的问题，这些问题学生在教师的帮助指导下完全可以去解决。所以，高校通过实践教学尤其是毕业实习与设计可以架起学生与社会之间联系的桥梁，以面向社会需求、提供健身指导为宗旨，结合实践教学让学生参与体育教学和指导，不但可以使学生在实践中得到磨炼，而且可以解决实习经费不足的问题，并能为社会经济的发展做出一定的贡献。毕业实习与设计作为学生走向社会的过渡期，在人才培养上更具有重要地位，从这个意义上说，毕业实习与设计是大学生社会实践的又一个重要环节和途径。

（三）课堂实践教学是"以能力为中心"人才培养模式的关键

本科学生实践与动手能力弱，主要原因在于高校人才培养与市场发展需求不匹配。导致目前教学普遍存在理论知识结构单一，教学内容陈旧，实践、综合素质教育不足等较为严重的缺陷。校外的实践教学需要大量的时间、大量的经费做保障，高校扩招以后，很多学校由于课时冲突、经费不够、管理复杂和安全保障机制不健全及大学生的自我约束能力和认知能力相对较低等实际困难而很难广泛实施实践教学。而课堂实践教学的实践场所是教室，没有时空条件的局限；参与对象是所授课的全体学生，不受学生大量外出、组织管理复杂的影响；操作便捷，占有教学资源相对较少，不受财力、人力和安全因素的制约。以上这些优势也让这种实践方式能够贯穿教学活动的始终，具有深入持久的效果。全体学生实践教学的广泛持久参与，使其实践能力都得到全面培养，无论是语言表达能力、理论运用能力还是社会了解能力和社会适应能力都能够得到很好的锻炼，这必将为其更好地走入社会打下坚实基础。课堂实践教学有利于充分发挥教学中教师的主导作用和学生在实践教学中的主体作用，激发学生的主动性和探索创新精神，变封闭、被动的实践模式为启发、自主的开放型新模式，以提高实践教学的总体效果。

第二节 课堂实践教学的方法与模式

在理解了课堂实践教学的基础上，要掌握实践教学的以下五种方法：框架式教学方法、设问式教学方法、案例讨论式教学方法、情景模拟式教学方法和学生主导式教学方法。还需要了解课堂实践教学的三种教学模式。

一、课堂实践教学的方法

（一）框架式教学方法

框架教学法应用广泛，它注重结构，把握整体，是最常用的课堂教学方法。它注重知识结构和历史阶段的特征、特点与知识的内在联系，便于学生形成知识体系和知识网络。这一方法适用于学期教学的起始阶段、章节教学的开端与结束、复习课程，也适用于具体的单节课题和专题教学。框架结构的建立必须根据具体的教学内容来建立，必须以简洁明了、科学规范为原则，反之就可能把本来简单的知识复杂化。

（二）设问式教学方法

设问教学是问题教学的重要方式，它巧妙设问，引人入胜，是许多教师习惯采用的课堂教学方法。设问教学的关键是问题的设置与处理，这取决于教师对教材把握的程度，对学生水平、层次的了解。我们观摩过许多教师的公开课，问题不断，如同审判囚犯一样。其实过多的问题等于没有问题，过多的问题说明教师没有把握住教材的中心，不清楚重点与难点，说明教师不信任学生，不了解学生的层次与水平。首先，设问在于引起学生的注意，激发学生的兴趣，并不要求学生立即回答，何况更多的设问往往在教师的叙述中由教师自己解决了。其次，设问并要求学生回答的问题：一要简洁明了，二要科学准确，三要紧扣重点和难点。最后，回答问题要提前做好训练，做好要求，针对没有回答问题习惯的学生提问。当然，学生回答问题的习惯一般来说是早已养成了的。我们的要求很简单即"请用自己的语言和教材专业术语回答问题"。

（三）案例讨论式教学方法

案例讨论教学法主要目的是让学生掌握管理的基本原理，同时锻炼学生运用已掌握的知识处理实际问题的能力。此方法的好处是成本小，学生不需要亲身体验更可总结经验，但课堂案例的运用效果不好，究其原因，一是案例的针对性不强，结合内容紧密的案例一般很难寻找，需要大量时间和精力去挖掘；二是受限于学生所具备的知识，案例讨论必须有一定知识储备，学生的知识掌握程度不一；三是案例的组织准备，一般而言，可提前让学生看案例，准备自己需要的其他资料，这可使课堂讨论效果更好。还包括分组讨论，设置某种竞争因素，让各组之间进行碰撞，产生好的想法，激发大家共同思考。

案例讨论教学法定要有一个明确的主题，不能过于松散。所以，通过案例讨论，学生的收获如下：锻炼了自己公开陈述观点的能力；在讨论中锻炼了思辨能力；通过案例锻炼了归纳能力，获取二手经验；案例讨论实际上是一种实践的补充，虽然学生没有经历真实的场景，但根据案例的描述，锻炼了解决真实问题的能力。

（四）情景模拟式教学方法

课堂模拟是课外实践的一种有效补充，它有投入时间、精力少等优点，还具有很强的可控性，同时，也补充学生课外实践中无法接触到的内容。此种方法不仅把书本知识点融入模拟中，还调动了学生的兴趣。模拟过程结束后，可组织讨论，让学生自己总结模拟的知识点，加深印象。这种方式不仅可让学生体会实践中的艺术，还可通过讨论环节提升分析问题的能力，也可共享经验。课堂模拟关键要注意学生间的分工，还得让学生做好充分准备，尽量贴近真实场景。

（五）学生主导式教学方法

学生课堂是在以学生为主导，以教师为辅导的学生主体学习的教学观念和"把课堂还给学生"的课堂理念的指导下逐步形成的课堂教学形式。学生课堂以学生自主学习为主，重在培养学生自主学习的能力，即在教师的辅导与帮助之下，学生自主地学习相关的知识，其目的一方面是学习和掌握一定的书本知识；另一方面是学会学习，即学会独立自主的学习、学会思考和解决问题。当然这是一种初步的方法，甚至于仅仅是一种学习的意识和思想。此课堂的操作包括两大类型。

第一，学生讲课。教师提供相关的教学资料和参考资料，指导学生学习，找寻重点知识和难点内容，并协助学生写出相应的教案来，最后再让学生模仿教师登台讲授。这样就将学生置于教师的地位，转换了教学的角色，学生一方面在教师指导下组织备课的过程中明确地知道了本课知识的重点和难点，熟悉了本节知识的基本体系，另一方面又动手整理出了自己的教案，最后还登台进行了知识的传授，这就进一步地熟悉了知识，加深了对相关内容的了解与把握。当我们在一堂课后没有能够让学生明确地知道这一课的重点知识和难点内容，我们的课就是不成功的。一句话，教师知道了不等于学生知道，教师的知识垄断和教学权威意识恰好是教学相长的巨大障碍，也是目前教学改革的核心内容。第二，学生自主学习，教师重点点拨。这是学生课堂的最主要方式。课堂的处理因人因事而异，但我们所喜欢的操作过程是教师在课前对章节内容进行整理，提出自学目标。首先揭示本课之重点难点和知识体系（结构），然后提出与教材相关的一些问题（主要针对重点与难点）。教师整理的内容要印发给学生，或投影到屏幕上，或板书在黑板上。在课堂教学中，第一步，学生根据教师提示阅读教材，熟悉知识，回答问题；第二步，学生提出疑难问题，教师整理加工；第三步，教师在学生提问的基础上重点点拨，对个别问题则采用个别解决的办法。这种课堂教学重在学生有目标的自主学习，我们一定要把握"有目标"这个环节，反之，学生的自主学习会陷于盲目，久而久之，学生就失去了自主学习的兴趣。

二、课堂实践教学模式

（一）问题与案例驱动的课堂实践教学模式

问题与案例驱动的课堂实践教学模式具体包括两个层次。

根据能力目标将课堂实践内容分为基本实验与综合设计性实验两大类，即从基本实验到综合设计性实验的第一层次分级。其中，基本实验由相应的问题与案例驱动，主要用于培养学生掌握某个或某些工程技能，并初步培养学生分析问题与解决问题能力、设计与实施能力、主动学习能力与团队协作能力。综合设计性实验是以课程所涉及的多个或全部技能点的综合应用为目标，进一步培养与提高学生设计与实施等工程能力和素质。

根据实践教学要求与形式，通过对每个基本实验进行难度分解，在每个基本实验内部形成"基本技能—进阶技能—创新活动"的第二层分级。其中，基本技能用于培养学生的基本技能，为进阶技能提供所需的相关技能，教学内容与方法上以传统的验证或操作式的为主，需要为学生提供较详细的实验规划参数以及实验步骤。进阶技能用于初步培养学生的主动学习、设计与实施及团队协作等能力。

进阶技能通过给出具有一定难度或复杂度的实验任务，要求学生结合所掌握的基本技能以及所给出任务的要点与难点提示，自行设计完成。创新活动用于初步培养学生的综合技能。要求学生自主完成，创新活动中通常还包含一些不能应用现有知识或技能所解决的技术难题，以培养学生的分析与解决问题能力，并借此引申出下一个基本实验，起到承上启下的作用。

完成了相应的模式设计之后，为了提高课内分级教学模式的效率，有效地培养学生的工程能力与相关素质。在实施中还必须注意以下三点。

一是基于项目组的实践教学形式在实施分级教学模式时，根据教学需要及学生意愿将其分为若干个实验项目小组，每个项目小组由一名项目组长和若干项目成员组成。项目成员人数根据实验环境确定。在进行每次实践教学时，项目小组的组长与项目组成员会共同协调确定每个人在本次实践中的项目角色或职责，以共同完成实践教学内容。客观上培养了学生相互之间的沟通能力、团队合作能力以及提升学生项目实施能力等专业素质。

二是辅以高效的实践教学过程管理分级教学模式必须采用高效的教学过程管理才能在有限的教学时间里完成每次实验的教学内容。

三是考核评价方式的改革实施分级教学模式，还需要有与之对应的考核评价形式。为此我们设计了能体现理论与实践相结合、知识与能力并重、过程与结果兼顾的课程考核体系。

该考核体系分为过程考核与能力（结果）考核两部分。其中，过程考核主要考核学生在实践过程中的综合表现，涉及个人学习态度与能力、学习完成情况、对团队的参与和贡献度，具体由课内表现、考勤与预习、实验报告、工程日志等组成；能力（结果）考核以综合设计性实验为载体，给出工程中的典型问题或需求，要求学生从需求分析、方案设计与方案实施三方面出发，考核学生综合应用知识与技能进行规划、设计、实施与测试的综合技术实践和技术应用能力。在综合设计性实践考核中，还通过口试、书面设计报告等形式考核学生在专业问题上的口头与文字表达能力。

（二）微格教学的课堂实践教学模式

微格教学是20世纪60年代由美国斯坦福大学首先提出并加以运用的。它类似于体育中分解动作的训练和戏曲中一招一式的演习，把一堂课分解成几个部分，若干个小步骤，如导入新课、讲授新课中某一概念、课堂小结等，抽取其中一环节来进行局部研究，然后通过各个局部再统贯全局。因此，体育院校运用它来加强学生的课堂实践教学，能对学生的基本教学技巧和技能，进行更为精细的雕镂。

"教师的劳动是一种科学的又是艺术的创造。"教师在课堂教学中，除了要充分挖掘教学内容，还必须合理运用语言、板书、教态、情感等多种艺术手段来提高教学效果。譬如，语言要简明准确，具有逻辑性和感染力；讲课速度需快慢适当，具有节奏感；板书设计应简洁美观；教态要自如大方等。但所有这些，只有经过针对性强化培训，才可能会有较明显的提高，最后达到运用自如的境地。

但我们过去对这些教师必备的教学基本功训练不够重视。学生在进行不多的课堂实践教学时，往往要求他们完成整节课的教学任务，这种培训方法，由于指导教师听课时间长、注意力不易集中，教学评估只能凭经验和直觉来进行判断，很难对试教者的教学技巧和技能进行具体分析，并加以指导改正。

而微格教学则不同，它像培训医生、技工那样对体育教学与指导的各种技巧和技能，都要进行专门强化训练。它在培训学生时，先抽取一堂课中的某一环节来进行试教，教学要求单一，用时也只有三五分钟或七八分钟，并且对受训者进行录像。这种培训方法，初学者易于领会和掌握，指导教师除了能现场指导，还可通过逼真的录像，针对他们局部试教情况进行深入细致的分析，对一些不能正确运用课堂教学的方式、方法，做到逐一指导，及时纠正。

不仅如此，由于微格教学对受训者进行了录像，使学生能够通过录像，互相分析，找出差距。他们能在重放的录像中，得到自己试教时那清晰的声像具备的全过程，在这些栩栩如生的录像面前，可以细细品味思考，自己的一招一式、一词一句是否恰当；教学目标是否较理想地完成，还有哪些方面需要完善改正等。这样的反馈比起光凭几个老师和同学课后寥寥的评语，显然要更加全面。

微格教学重视教学环节的量化评估，能够更好地实现教学方法、教学过程的最优化。微格教学要求听课者在评课时，应按照预先制定的比较科学的"成绩定量测定表"，对试教者的教学情况做出较为科学的量化评估。依据教学论基本原理，课堂教学有它各个特有的环节，因而，课堂教学的量化测定指标所包含的内容也十分丰富，它包括教学目的、教学内容、教学方法和教师基本素质等。因此，我们应根据微格教学实施时，侧重于哪一环节的培训这一实际情况，制定"成绩定量测定表"。当然，我们还可根据具体需要，制定出更为精细的量化指标来。

运用微格教学，对学生课堂实践教学情况实行量化分析，不仅仅是给他们一个成绩的评定，其主要目的还在于通过这些量化指标，使他们了解自己在课堂教学中的长处和不足，鞭策他们取长补短，努力完善教学技巧和技能，为最终实现教学过程的最优化创造必要的条件。

巴班斯基认为："当代学校教育教学过程的最优化，就是指所选择的教学教育过程的方法，可以使师生耗费最少的必要时间和精力而收到最佳效果。"由此看来，单从教学方面来说，教师在设计教学过程中，要在教学目的、教学内容、教学方法、组织形式等方面，从许多可供选择的方案中，选出一种方案付诸实施，使教与学取得最佳效果。因此，要实现教学过程的最优化，教师首先必须熟练掌握各种可供选择的教学方法，实现教学方法的最优化。微格教学在这方面具有独特的优势。它通过各种量化标准，对教学方法和教学过程进行有效的控制，不断调整教与学的关系，实现各个教学环节的教学最优化。同时，学生通过微格教学的培训，对自己的教学技能有了充分的了解，有利于他们在今后的教学中，按照自己的特点，扬长避短，选择采用最佳的教学方法。

（三）互动式课堂实践教学模式

教师在教学过程中不仅要传授给学生新的知识和新的理论，同时更重要的是要传授给学生更深层次的东西——学习方法和认识方法，锻炼和培养学生的认知能力、思维能力和主观能动性，提高学生的综合素质。作为教师应该明确教育再也不能只限于传授知识，更重要的是培养学生良好的学习习惯、思维方式、获取知识的能力和分辨知识真伪的水平。著名的物理学家劳厄说过，教育重要的不是获取知识，而是发展思维能力。素质就是把所学的知识忘光后剩下的东西。日本一位数学家这样说过，学生毕业后很多知识会被遗忘，唯有深深地铭刻于头脑中的学习精神、思想、方法在随时发生作用，使他们受益终身。孟子的名句"讼其诗，读其书。不知其人可乎？是以论其世也"也说明了这个道理。教与学本身就是一种思维活动，学习过程绝不只是简单地接受知识的过程，而是一种思维过程。通过教学，应该使学生的思维习惯得到培养，思维能力得到相应的提高。许多教育家都认为科学探究不是仅仅属于科学家的方法和技能，也是学生学习科学的有效方式之一。更是学生们用以获取知识、领悟科学的思想观念，领悟科学家研究自然界所用的方法而进行的各种活动。学习科学应该是一种积极主动的过程，教师的职能不仅在于满足"学会"了什么，"掌握"了什么，而在于激发、激活学生的创新思维以及开发学生善于学习和勤于思考的内在潜力，使学生的知识、能力、素质三者协调发展。我们认为这是教育所存在的一个根本性问题，这就是我们要具有的课堂教学之理念和要达到的课堂教学之目的。

通过"互动式"教学，有意识、有目的地训练和提高学生的思维能力、认知能力，培养学生发现问题、分析问题和解决问题的能力是更为重要的。

通过认识过程实施教学理念和目的。懂得认识事物既可以通过分析事物的内部因素去推断事物所能表现出的现象，也可以通过事物的表观现象去了解事物的内在因素。对提高他们的认识水平和认知能力有一定的帮助，使学生在接受知识的过程，学会一种认识方法和学习方法。

通过逻辑推理的过程实施教学理念和目的。我们有意识地逐个提出有关问题，将这一概念由浅到深，有层次地延伸和展开，在探讨的过程中充分调动学生的想象空间，其目的就是培养和提高学生的思维能力和主观能动性，使学生懂得应该怎样去分析问题，怎样透过事物的表象看到事物的本质，从而达到解决问题的目的。

通过实事求是的过程实施教学理念和目的。通过简单事例使学生明白，任何一个从事自然科学的人都要树立唯物主义的世界观和认识观，即使是专家权威的主观论断与事实结果不一致时，也要坚持真理，尊重客观事实。理论是主观的、是人为的，而事实是客观的、是唯一的。这就是实事求是。实践是检验真理的唯一标准。

实施"互动式"教学的过程中，同样的教学内容，如果注入正确的教学理念和教学目的，则教学效果大不一样。教师在传授知识的过程中，不再拘泥于教学内容的范畴，而是上升到哲学的层次，培养和训练学生用哲学的高度、哲学的眼光去看待所学的内容、所学的专业、所从事的自然科学。使学生的注意力不是仅仅局限在所学内容上，而是放在帮助和引导他们扩展想象空间和提高思维能力，培养分析问题和解决问题的能力上，这必将有助于学生综合素质的提高。这就是我们一贯倡导"哲学第一，科学第二"的教学理念。正如孔子所倡导的"君子不器"的教学思想（君子，有学问的人；不器，不要做器皿），也就是说，不要一成不变，只有一种用处，而没有第二种用处；只能做一件事情，而不能做其他的事情。教学不仅仅要让学生掌握理论知识，还要用所学的知识做载体，有意识、有目的地去训练和培养学生的认知能力和思维能力。

第三节　课堂实践教学的实施方案和具体措施

课堂实践教学以实践为主，所谓实践，就是指需要一系列具体的实施方案来支撑实施。

一、课堂实践教学的实施方案

（一）确立明确的实践教学目标，完善教学计划和教学大纲

首先，要在深入市场调查的基础上，制订能够体现实践教学特色的行之有效的教学计划。传统的理论和实务课程必须在计划中明确规定实践教学的课时数或课时比重，并根据实际实施的情况适当调整；同时，尝试采用"应用性项目教学法"，个别开设新的实践课，即以实际应用为目的，围绕某一实际项目实施教学，项目一般对应着就业岗位的某一类或一系列实际问题。此类课程比较灵活，课时弹性较大，根据实际情况有一定伸缩，而且内容往往需要跨课程甚至跨学科，需

要综合运用各方面的知识和能力解决实际问题。课程内容选择上对教师来说也是个挑战，需要利用对企业考察和学生实习反馈等各种机会，了解收集外贸企业在实战中可能遇到的一系列难题。

其次，根据教学计划编写内容翔实的高水平教学大纲，尤其要避免以往实践教学课时内容安排含糊的情况。对专业的主干课程，在教改中要以长期进行该课程教学的教师为主体组成编写大纲小组，整合集体力量编写专业主干课教学大纲和实践环节教学大纲，并定期讨论，以对大纲进行更新和完善。大纲的制定，要恰当地定位该门课程的目的、任务与要求，较好地处理它与相关课程的关系，做到原则性与灵活性相结合，详略得当。这里重点指出的是，各门专业主干课都在正常课时中规定了实践课时量，在教学大纲中必须对实践课时的授课内容和授课方式做出详细规定，并在实际授课时贯彻执行，否则，正常教学进度中很容易忽略实践课时。这一点要在新一轮大纲编写中切实执行。

（二）形成灵活多样的课堂实践教学模式

1. 结合实际，查阅资料

分组讨论，或者撰写报告。这种形式比较适合理论性较强的课程。经过这样的训练，理论已经转化为生动的实践教学，学生不仅印象深刻，而且学习了如何用理论分析解决实际问题。

2. 模拟操作

部分课程可设计一些连贯的模拟实践操作，培养学生的操作能力、团队精神和创新精神。这种模式以学生为主体，极大地锻炼了学生分析、解决问题的能力；较好地培养了学生的总结写作能力、面对公众的口头表达能力以及团队合作的精神；又能有效培养学生的团队意识和创新精神。

3. 技能实训

在体育技能的学习上，不能只关注学生技能水平的提高，更重要的是让学生掌握提高技能的方法。这就需要在平时的技能教学中提高学生的教学指导能力和纠正错误动作的能力。课后应该鼓励并指导学生努力考取指导员、教练员、裁判员等相应的职业资格证书，既巩固了知识和技能，又为日后找工作增加了筹码。

4. 案例教学

查阅资料和实地考察收集大量的教学案例，是保证部分课程收到良好教学效果的必要条件。生动的案例能将生涩的理论形象化，便于学生理解，达到举一反三的效果。并为学生的讨论提供了很好的背景资料。尤其是一些耳熟能详的案例，会使学生有亲切感，得到很大启发，还会对将来的工作有直接帮助。

5. 把课堂扩展到校外

若能进工作现场,增加感性认识,加深与社会的接触,不仅可以对学生进行专业教育,更可以让学生学到书本上没有的宝贵知识。此外,还要充分利用签有协议的校外实训基地,经常组织学生去参观学习,把课堂上的难题带到企业解决,把在企业发现的问题拿回课堂讨论。通过让学生走向社会,使教学更具有现实意义。

6. 把专业人士请进课堂

采用各种方式请学生就业岗位集中的行业领导、业内专家及管理人员来校作报告或讲课,向学生介绍国内及世界发展的状况,以及中青年优秀员工的成长过程等,使学生在步入社会之前,更好地了解社会,懂得竞争之激烈,创业之艰辛,从而进一步提高学习的自觉性,培养学生的创业精神和创新能力。对于一些实践性较强的课程,直接聘请行业有经验的专业人士进行授课。这样,使学生在学习中与社会同步发展,对行业了解非常及时。

为了把上述实践教学模式切实地应用到各门课程,编写各门专业主干课程的课堂实践教学指导,其中详细规定了各门课程在课堂教学中进行实践的教学内容、适用方式以及需要课时量,使主干课程的课堂实践教学任务安排更加明确、具体、系统、规范,这也是切实保证课堂实践学时不被虚设的有效方法。

(三) 建立完备的实践教学辅助资料库

教学辅助资料的收集对于开展课程教学,尤其是完成实践教学环节不可或缺的。而在以前基本是老师各自分散收集,造成重复劳动和部分好的资料不能共享。因此,应组织教师根据课程的特点,收集、整理有关课程涉及的单、证、表、案例、工具书、参考书等实物资料和数据资料以及教学软件、教学光盘、录像带、录音带等,积累一定的教学资料以便共享,争取建立一个完备的实践教学辅助资料库,为课程教学提供基础保障。

(四) 编写特色教材

根据实践教学模式的要求编写一些有鲜明实践性特色的教材。在编写时,要打破传统的教材都是以理论的发展为序进行详细论述的常规写法,在内容编排、习题设置上,一定要强调学生技能水平的训练及解决实际问题的创新能力的培养,并尽量增加实用性案例的编排。

二、加强课堂实践教学的措施

(一) 科学安排实践性教学时间,加大全过程管理的力度

就课程类实践教学而言,时间的安排应当根据理论教学的进度来确定,而且各门不同的课程对实践教学的安排也有着各自内在的关联,因此,不能只满足对

理论教学的单纯性验证，而应当根据将理论知识运用于实践进一步深化理解的要求，科学合理地安排实践性教学，从而有利于提高学生综合应用知识解决实际问题的能力。毕业实习的安排则应当充分考虑到学生的就业问题，要适当压缩理论课的教学学时，将毕业实习与毕业生论文（设计）安排适当提前，可以考虑从第三学年起就进行，利用学生的课余时间和假期，有计划、有步骤地实施，将教学与科研真正结合起来，在较长的教学活动中逐步地、系统地培养学生的科研意识，训练他们独立工作的能力，让学生带着指定的课题，检索文献、查阅资料、实地观测、分析综合。如果前期工作做得比较充分，在最后一个学期内，只需对论文撰写再做一些必要的补充、修改、润色，最后参加毕业论文（设计）答辩，从而比较好地解决毕业生谋职与论文（设计）撰写的冲突，保证毕业实习及论文的完成。此外，毕业实习是整个教学活动中非常重要的一部分，目前毕业实习与毕业论文质量难以保证，其主要原因之一就是毕业实习的过程管理没有跟上。因此，必须规范对实践性教学的管理，对指导教师和学生提出明确的教学与实践要求，加大管理力度，实行全过程管理，把整个实践性教学过程纳入论文答辩，并在论文成绩中占有一定的比例，一方面促使学生重视实践性教学，在毕业实习及论文写作中投入足够的时间和精力；另一方面促进教师的责任心和指导能力的提高，从而不断提升本科生的毕业实习及论文质量。

（二）修订实践教学大纲，构建科学合理的时间教学体系

科学的教学管理，是提高教学质量、确保人才培养规格的必要条件，而科学合理的实践教学大纲与实践教学体系对提高实践教学质量则具有特别重要的意义，所以高校要围绕经济建设和社会发展对人才培养的要求，及时修订实践教学大纲，构建包括基础实践、专业实践和综合实践等在内的科学合理的实践能力培养体系，制定全面而具有可操作性的实践教学质量标准，对实践教学的各环节实施质量控制。修订实践教学大纲要充分体现现代教育思想和教育理念，体现改革意识和素质教育的基本要求，强调采用现代管理技术，突出对实践教学过程的管理和监控，以提高学生的创新能力、实践能力。在修订实践教学大纲时主要贯彻以下几个方面的要求：一是将课程体系中的所有实践内容纳入教学计划，明确规定固定学时和隐性学时；二是坚持英语、计算机和现代教育技术的学习与应用不间断；三是强化实践教学改革，始终将学生创新能力和实践能力培养放在第一位。在具体修订过程中，对课程类实践教学要突出综合性、设计性实验要求和实验教学改革、实验室开放措施；对毕业实习要强调包括实习目的、任务、内容、安排、指导教师职责、实习要求、成绩评定标准等方面的内容。使实践性教学三个部分既相对独立，又密切相关，互为补充，相互促进，贯穿于大学生在校学习的全过程，实现让学生的知识、能力、素质等方面协调发展的培养目标。在此基础上，制订合理的实践教学方案，拓宽实践教学的范畴，积极整合实践教学资源，充分保证实践教学的实施时间，并根据不同学科专业的特点和条件，建立起有效的实践教学质量监控机制，从而构建和完善科学合理的实践教学体系。

（三）加大实践基地建设力度，做好实践教学的服务保障

根据实践性教学大纲的要求，尽可能建立保证完成各类实习和社会实践任务的、相对稳定的校内外实践基地。一方面，要下大力气巩固现有的校内外各类实习基地；另一方面，要不断扩大和发展新的实习基地。积极倡导产学研相结合，拓展校企之间、校际之间、高校与科研单位之间的合作，建立稳定的实践性教学合作关系。各级教育行政部门也应创造条件，为高校建设大学生教学实习和社会实践基地提供有力支持。高校要加大校内实习基地、实验室建设，充分发挥校内资源优势，为学生实习提供保障。实习经费不足的问题往往在理、工、农类专业最为突出，而这些专业领域的教师大都主持或参加一些科研课题，可以从中遴选一些责任心强、教学经验丰富、研究水平高、项目经费较充足者，指导毕业生实习与论文写作。对于没有科研项目也无其他途径解决毕业生实习经费的教师可以让他少带或不带实习生，这样一方面可以确保毕业实习，另一方面也可以提高教师特别是青年教师争取科研课题、参加科学研究的积极性和主动性。如此，既可以充分利用学校的人力、经费资源，解决毕业实习经费不足的问题，又可以让毕业生在实际科研工作中运用、升华所学知识，充分激发他们潜在的创造力。

三、课堂实践教学的基本形式

（一）案例教学

案例教学是在学生掌握了相关基本知识和分析技术的基础上，在教师的精心策划和指导下，根据教学目的和教学内容的要求，运用典型案例，将学生带入特定场景进行分析，通过学生的独立思考或集体协作，进一步提高其识别、分析和解决某一具体问题的能力，同时培养正确的工作理念、工作作风、沟通能力和协作精神的教学方式。具体做法如下。

1.阅读案例，个人分析

由教师根据教学内容选好案例，提出思考题，推荐参考文献或指定相关知识材料，让学生在课后认真阅读案例，独立思考，进行分析，提出决策。

2.分组讨论

在这个过程中，互相启发，相互补充，同学之间对于复杂的观点能够充分展开，逐渐找出问题的症结所在，谋求最佳的解决对策。这一阶段工作主要是由学

生自主完成，教师只需适当维持课堂秩序，控制讨论节奏即可。

3.全班交流

这一阶段是案例教学的核心阶段，教师主要是创造良好的、自由讨论的气氛及环境，启发学生积极参与，同时还要进行必要的引导，使案例讨论紧紧围绕中心问题展开，但是教师不发表所谓权威性意见和正确答案。

4.总结归纳，消化提升

在讨论结束后，教师对学生的讨论情况进行总结，既充分肯定学生讨论中的科学分析和独到见解，也要指出在发言的热烈程度、论题的集中程度以及问题分析透彻程度等方面存在的问题。在此基础上，要求学生写出案例分析书面报告。案例教学是师生互动的教学活动，它不仅能激活课堂气氛，而且有利于理论知识转化为实践，是培养学生了解专业知识、实践人力资源管理实务的有效途径。

（二）讨论与辩论式教学

讨论式教学强调在教师的精心准备和指导下，为实现一定的教学目标，通过预先的设计与组织，启发学生就特定问题发表自己的见解，以培养学生独立思考能力和创新精神。其环节包括：设计问题、提供资料、启发思路、得出结论。通过讨论式教学，可以为学生梳理出解答问题的不同路径，引导他们自主思考，帮助其得出正确结论。

辩论的本质源于博学、智慧、涵养、推理与口才，人群聚集之地总少不了"辩"。"辩"是为了认识和掌握真理；"论"是为了诠释和捍卫观点。辩论式教学通过针对问题的正反面的强烈交锋，促进学生更加熟悉课程内容，有利于拓宽知识，培养思维能力，提高行为辨别能力，培养时代意识。辩题的设计与选取是辩论式教学的重中之重，它直接关系到一堂课的成败。辩题的选取应遵循以下原则。

一是选择教学的重点和难点。

二是选择学生感兴趣的思想实际、社会热点问题。

三是选题难度不宜过高。难度过大的辩题，学生辩不起来。

四是总结陈词在课堂辩论中起着全局性的导向作用，占有举足轻重的地位，一堂辩论课"收"得怎样，很大程度上取决于总结陈词的效果。所以最后的总结陈词一定要由教师担当。

（三）团队作业

团队作业是指由多个学生组成一个项目小组，共同完成一项工作的作业方式。相互协助的团队作业，最大的优点是尊重人、信任人，鼓励更多的人参与到工作中来，出谋划策，自主管理。团队作业不仅可以充分发挥每一个参与者的特长及能力，而且可以培养团队合作的习惯，增强团队合作意识。

（四）职业证书培训内容的嵌入

职业证书培训内容的嵌入主要是指教学内容的实践性。学生在学习过程中希望能通过专业课程学习获得考证所需的知识和能力。我们在实践教学中把职业证书培训内容嵌入课程教学中，聘请兼职教师参与授课，以保证教学的针对性和有效性。

（五）影像观摩与教学软件的应用

影像观摩与教学软件的应用主要指教学手段的实践性。影像观摩是利用多媒体进行教学的方法。多媒体教学的优点是图文并茂、形象生动。针对教学内容，选择播放具有代表性的、经过剪辑的、短小精悍的视频，学生感觉既形象又生动，深受启发。此方式最受学生欢迎，教学效果最好。教师则摆脱传统的教学方法，把枯燥的知识同实践相结合，还可以通过学生的操作对学生的知识运用能力进行考评。

第四节 课堂实践教学的管理与注意事项

课堂实践教学是教学内容的一部分，课堂实践教学的管理是授课得以实施的前提条件。

一、课堂实践教学的管理

课堂教学管理是教学工作的重要环节，是课堂最基本、最重要的保障，是传及知识、习得技能、发展智力、形成品质的主渠道，是教学目标、任务、内容和方法具体实现的关键环节，其中渗透着多维相关知识和管理艺术。教学改革，如火如荼，课堂教学管理应结合现代教育理念不断进行创新和实践。出发点来思考教学的组织艺术，都应当把学生的发展需要作为教学的目标贯穿始终。

（一）以学生实际需要为着力点，营造和谐的课堂教学氛围

有效的教学组织，主要是协调影响教学的各种因素，使之形成一个和谐的教学整体，以保证"教"与"学"活动的顺利进行。

1.和谐的教学氛围首先应有和谐的师生关系

和谐的师生关系应体现尊重、民主和发展精神。教师要通过这种和谐的师生关系的建立，使教学过程变成师生双方相互交流、相互沟通、相互补充的过程，从而实现教学相长、师生合作协同发展。

2.和谐氛围的营造还要讲究课堂教学的组织艺术

一堂富有艺术性的课，能充分激发学生的求知欲，引发学生浓厚的学习兴趣，

把知识信息轻松、愉快而有效地输入学生的头脑中，从而实现课堂教学的目标。

一要讲究开课的艺术。在正式上课前，教师要提前进入教室，或组织静息，或检查学生课前预习情况，引导学生及时进入学习状态，为保证正式上课准备良好的开端。接下来就是导课。精彩的导课可以先声夺人，激发起学生的认识兴趣和情感，启发和引导他们展开积极的思维活动，从而在最短的时间内进入课堂教学最佳状态中去，为整堂课的顺利进行奠定成功的基础。导课的方式很多，如温故导入、设疑导入、情景导入、实验导入、激趣导入等，教师可以根据课的内容选取适当方式导课。

二要讲究调控的艺术。学生的注意力直接关系到教学的最终效果，让每个学生积极参与到教学活动中来，这是集中学生注意力的有效方法。调控学生注意力的方式比较多，通常采用的方法：声音调控（教师通过变化讲话的语调、音量、节奏、速度来引起和控制学生的注意）、提问调控（教师通过提问引起学生注意，特别是针对已分心的学生）、表情变化调控（教师通过变化表情，给学生以暗示或激励或批评）、改变活动方式调控等。

三要讲究语言的艺术。教师课堂语言，应做到严谨性与艺术性的结合，即教学语言必须精练准确、条理清楚、通俗易懂、生动活泼；讲课语速、语调必须适度，当慢则慢、当快则快，讲课声调当高则高、当低则低，做到"声""情""形"的有机结合，巧妙运用，而且恰到好处。简洁、富有艺术感染力的语言既能吸引学生的注意力，激发学生的思维活动，又能丰富学生的想象，使学生受到熏陶，得到美的享受。另外，教师的语言艺术还应体现在具有明确的指令性，让学生听后明确该做什么。比如，请大家注意听老师提的问题，思考后举手发言，还有什么疑问请提出来等。

四要讲究节奏的艺术。教学任务的完成是有时间限制的，所以教学节奏的把握既要关注学生的实际又要考虑教学的重、难点，使学生学有所得。教学节奏的安排可以根据学生注意力的变化规律来进行。一堂课开始的头几分钟，学生注意力不容易集中；前段注意力比较集中；中段开始出现疲劳，注意力较分散；后段注意力又可集中；最后几分钟，疲劳，又等着下课，注意力分散。根据以上变化规律，在开头的几分钟内，教学的节奏可以松弛一些，把学生的注意力集中起来；前段就要充分利用加强紧张度，让学生学习新的知识；中段是疲劳区，可放慢节奏，减轻学生的负担；后段是一节课里的黄金时刻，学生的注意力有可能高度集中，教学节奏应该加强、加快；最后5分钟，节奏自然放慢，让教学任务在张弛有度的节奏中完成。总之，教学节奏的安排要根据学生学习的实际情况来定。

（二）以实现师生的共同发展为落脚点，培养教学机智

在教学中随时会有预料之外的事情发生，这就要求教师必须具备一定的教学机智。教学机智指的是教师成功处理教学中意外事件的特殊能力。"它是理论与实际、原则性与灵活性、深思与果断相结合在教学中的表现，是教师热爱学生、深入了解学生的个性和心理、不断研究教学方法和积累教学经验的结果。"教学机智不仅是教师的综合素质的体现，而且还能体现出教师的情感、态度和价值观。

教师的教学机智集中表现在以下几方面。

一是处理教学疑难的机智。在教学中我们会碰到学生的认知超越教师备课的情况，这时教师要机敏地修改原定的教学设计，使教学产生更好的效果。

二是处理偶发事件的机智。这里所说的偶发事件，主要指课堂教学过程中突然出现的学生不良的问题行为。当有学生在课堂上表现出小的问题行为时，教师可以用暗示法提醒学生终止问题行为；当课堂出现气氛沉闷、学生注意力分散的问题时，教师可以用轻松幽默的语言来调节气氛，吸引学生注意力；对较为严重的问题行为，教师可通过重申纪律或直接点名批评的方式来维持正常的教学秩序，这期间要注意态度的严肃与温和，因势利导教育学生朝正确的方向发展。对于学生的问题行为，教师不能不闻不问，也不能急躁武断，而是要及时对问题行为发生的原因及影响作出较准确的判断，选择恰当的方法进行处理。

三是处理自身失误的机智。教师即使准备再充分，偶尔也可能出现失误，如遇到意想不到的备课"空白点"，要沉着、机智地应对，特别是遇到学生提出的指正，教师更要以诚恳的态度对待，及时给予纠正。苏联著名的教育家乌申斯基说过："一位教育者如果没有教育机制，就不可能成为良好的教育实践者。"然而一个优秀的教师，必须养成教学反思的习惯，在成功中总结良好的教学状态，在遗憾中反思失误和疏漏的环节，教学机智就能在不断的反思中提升，教学艺术也就能日趋成熟。

良好教学效果的获得，必须以良好的课堂教学秩序为前提。教学实习中，我们除了在课前进行精心的准备，还必须重现课堂教学的组织与管理，使教师的"教"与学生的"学"始终保持一种动态的平衡，课程的目标才可能得以实现。

二、课堂实践教学注意事项

（一）课堂实践教学的制约因素

1.教学理论和教学实践之间的矛盾

教学理论和教学实践这对矛盾影响着课堂实践教学过程的变化与发展。教学理论是课堂教学及其改革实践的向导，没有正确的教学理论就没有成功的教学实

践。同时，正确的教学理论也不一定产生成功的教学实践。理论与实践之间存在着冲突和矛盾。其冲突的主要原因在于：教育教学理论各有不同的价值取向。新的教育教学理论的产生往往以批判传统教育教学理论和批判现实为出发点。新的教育教学理论往往对传统教育教学理论和教学现实持否定、批判态度，对未来的新课堂教学的构想充满着理想主义与乐观主义。这种新教学改革的理论往往独树一帜、追求理论创新，而实际往往是偏激的。而课堂改革实践的理想是追求改革的成功和完善。课堂改革实践需要尊重传统、重视改革背景，平衡社会要求，遵循自身发展规律等。另外，不少教育教学理论关注课堂教学改革实践，但研究者却远离了课堂实践教学，因而其理论对实践缺乏可行性、实用性和指导性，进而产生教学理论与教学实践的冲突；也有不少教育教学改革理论是西方的舶来品，研究者和实践者缺乏对这些理论进行本土适应性的改造，在指导课堂教学改革实践中缺少参照本土的实际情况，因而会引发课堂教学改革实践中产生新的弊端和问题。

2. 受到社会、文化、经济、管理等因素的影响和制约

与课堂教学改革相关的学科理论也都在以本学科的价值取向影响着课堂教学改革实践。这些学科理论与教育学的理论从价值取向上存在差异和认识的不一致，因而在指导改革实践的过程中相互之间就会产生冲突。比如，经济学的价值取向会引导课堂实践教学追求经济学意义上的效率，而教育学的价值取向则引导课堂教学改革实践追求公平。效率与公平的争斗也就成了课堂教学改革实践中一对冲突激烈的矛盾。

3. 课堂教学改革实践中还经常出现左右为难的"两难问题"

"两难问题"的出现是课堂教学改革实践的内在必然。在课堂教学改革的过程中，几乎每一种新的教育范式的出台，新范式在克服原有范式不足的同时又带来了新的不足。由此引发了"陈规"与"新习"之间的新旧范式之争。范式的利弊之争使课堂教学改革改来改去又回到了问题的原点。

改革的很多具体的"两难问题"深深地困扰着课堂教学改革实践者。教育的两难问题是教育社会不同主体利益与观念矛盾的反映。教育教学两难问题实质上是两种教育价值观的对立与冲突。比如，就教学目标来说，课堂教学的目标是为了大众教育还是为了精英教育；从教育内容来看，教育内容是强调人文教育还是科学教育；是强调教育内容的实用性、时代性，还是强调教育内容的素质性、传统性；从教育的形式来看，课堂教学是按能力编班，还是按常态编班；从评价手段上来看，课堂教学是采取定性评价，还是采取定量评价等。这些教育"两难问题"也就使课堂教学改革实践左右为难。"两难问题"中的每一个范式都有其合理性，但也有所不足。世界上没有绝对完善的教育范式。因此，课堂教学改革中并

不是以绝对好的范式代替另一种绝对不好的范式。在很多情况下，改革是以牺牲原有范式中一些好的东西，来换取新范式中另一些好的东西。课堂教学的改革实践应走和谐发展的道路。

4.教育者的个人认识

每一个教育者都是在一定的教育理论指导下开展教学活动的。教学改革实践的新理论需要通过教师的观念转换才能变成课堂教学改革实践的实际行为。教师在学习新理论的过程中，也就产生了新的观念与原有观念的碰撞。实践者的观念的冲突是课堂教学改革实践最基本的冲突。在观念冲突的基础上如何处理这种冲突，其基本态度大致有四种。

（1）全盘接受新理论，彻底否定过去的认识和观念。

（2）全盘否定新理论、新观念，坚持传统教学方式。

（3）对新理论缺乏正确认识和理解，在课堂教学改革实践中有表面化、形式化、绝对化的倾向。

（4）吸取新理论的合理成分，更新自我教育观念，改造传统教学。

最后一种方式是处理和把握课堂教学改革实践中的矛盾冲突的正确方式，而前三种方式则都是片面理解和把握这种矛盾的冲突性，偏执地采取某一种极端的做法，容易造成教学改革中的认识误区和行为偏差，在课堂实践教学中形成了很多教学弊端。

教师观念更新以后，不少教师还有三种不良的态度。

（1）不敢改革。害怕承担失败的风险。

（2）不会改革。教师缺乏实施、推进改革的方法和措施，不知如何改革。

（3）不愿改革。教师存在着改革的惰性。

这些不良的态度阻碍了教学改革的顺利进行。教师要成功实施课堂教学改革，就必须战胜自己陈旧的经验、不良的态度和行为习惯。

（二）处理好几个关系

1.实践教学与理论教学的关系

实践教学并不排斥理论教学实践教学和理论教学是相辅相成的，要把实践活动和理论教学结合起来。实践教学和理论教学为共同的教学目标服务。两者的区别在于，理论教学更强调教师的作用，主要由教师讲授、讲解理论知识；而实践教学更强调学生的主体作用，强调学生运用理论分析和解决现实问题的能力。因此可以说，实践教学是理论教学的延伸、运用和验证。实践教学和理论教学相辅相成、相互促进，共同构成了完整的课程教育体系。

2.课堂实践教学与课外实践教学的关系

有人对实践教学的认识存在误区,把实践教学仅仅定位在课外或校外的社会实践上,这就大大限制了实践教学的内涵和外延。课外实践教学是让学生走出校门,主要有参观访问和社会调查等方式,在时空上具有灵活性,确实是学生们接触社会、了解社会的直接而有效的方式。但是由于课外实践教学需要大量经费和较集中的时间等限制性因素,不可能让全体学生都参加。而课堂实践教学在课堂内进行,学生可以广泛参与,故具有可操作性和普遍性。其实,实践教学的本质是"以学生为主体、以实践为中心",因此,课堂实践教学和课外实践教学是实践教学的两种形式,各具优势,互补相成。

3.课堂实践教学与内部各内容之间的关系

课堂实践教学内部各个内容和主题既相互区别,又相互联系。每个课堂实践教学内容是相互区别的,都有各自明确的教学目的和独立的教学过程。同时,由于每门思想政治理论课程本身就是一个相互联系的完整体系,因此,作为课程组成部分的课堂实践教学内容,必然也是相互衔接的体系。在设计和安排课堂实践教学时都要统筹整个课程和教材,注意前后的衔接和联系,而不是仅仅着眼于某个章节。

(三)健全的保障机制

1.政策保障机制

要探索实践育人的长效机制,提供制度、条件和环境保障。

2.经费保障机制

课堂实践教学虽然在学校里进行,但仍然需要经费的投入和支持。课堂实践教学的场地建设、课堂实践教学资料库的建立、实践教学课题的开展等都需要经费的保障和支持。经费的最主要来源是学校的拨款。学校要高度重视课堂实践教学并尽力给予经费和政策上的支持和保证。

3.人员保障机制

教师是实践教学方案的策划者,又是实践教学的组织者和参与者,实践教学的成功与否在很大程度上取决于教师。因此,对教师进行培训是势在必行的。培训的重点有以下几个内容:一是实践教学的重要性和必要性,端正对实践教学的态度;二是实践教学"教师为主导,学生为主体"的特点;三是课堂实践教学的具体操作方法和技巧。通过培训,务必让教师熟练掌握根据教学目标和教学内容提出实践教学方案和专题,组织安排学生,主持活动和总结分析等。同时,可以通过集体备课的方式,集思广益,互相学习和启发,每门课先确定几个主题和方案,以供参考。

第七章 高校体育教学与现代教育思想的融合

第一节 人文教育思想的融入

人文教育思想是高校体育教学未来发展的方向：

培养优秀、合格的人才是现代人文教育的主要目的，也是现代教育的重要使命之一。人文素养让人更加注重对精神层次的追求，使人的心胸变得更加宽广，行动更加自觉，道德更加高尚，谈吐更加不俗。人文素养是作为人本身最基本的修养，它主要体现在一个人对自己、社会和他人的认知行为当中。人文精神是人文素养的最高形态，主要体现在世界观、人生观、价值观、人格特征、审美情趣当中。只有把人文理论教育和人文实践活动有机地结合起来，才能达到人文教育的目的。在人文实践活动中融入人文理论教育，在人文理论教育中融入人文实践活动，不能把两者割裂开来。让学生亲近自然、善待自然是人文教育实现的有效途径。就我国人文教育现状而言，社会、学校、家庭应该为人文教育的开展创造更好的外部环境和氛围，尤其是学校，应该深层次挖掘各部门学科的人文底蕴，为学生的人文教育提供平台，促进人文教育的顺利实施。

一、人文教育思想是和谐社会发展的必然趋势

人文教育主张以人的和谐发展为目标，最终目的是通过教育促使人的尊严、人的本性、人的潜能得到最大程度的发展。它常常反对人为地、预设地、外在地去干涉教育本身，它批判现今主流教育的思想意识，建议发展人的天性、解放人的个性、激发人的潜能，最终促进学生全面综合发展。

在新课改的全面推进下，学生的人文素养受到前所未有的关注。新课改重视对学生人文素养的教育，它主张学生自身的和谐发展。这也成为我国新课改的神

圣使命与核心理念。新课改明确指出，要使"学生具有强健的体魄和良好的心理素质，养成健康的审美情趣和生活方式"。这是响应"健康第一"思想号召的体现，也是对学生人文关怀的体现。新课改一改以往只关注学生身体健康的做法，主张让学生富有兴趣地成长。这是新课改最为重要的宗旨，它寄予着国家对未来主人的关怀与关心，在某种程度上彰显了社会的进步和教育的现代化，当然，最重要的是它体现了当今社会特有的人文精神。

二、人文思想在体育中的体现

综观我国承办的2008年第29届奥运会，其主题是"绿色奥运、人文奥运、科技奥运"。"人文奥运"是北京向世界提出的一个新概念，它具有独特性、创新性，是三大口号中的灵魂与核心。"人文奥运"也是奥林匹克精神的彰显，早期的奥林匹克运动的思想来自文艺复兴至启蒙运动时期的人本主义思想，人本主义思想倡导民主、和平、进步、友谊、团结，它的奋斗目标是更高、更快、更强。现代奥林匹克运动的创始人顾拜旦创立奥林匹克运动的初衷就是使奥林匹克理想得到传播，以一种全新的视角去引导年轻人，使他们的身心得到和谐发展。

受奥林匹克运动的影响，学校体育也应该在健康的基础目标之上，把人的全面发展作为基本着眼点，对学生进行适时的人文关怀，倡导更和谐的校园生活。体育有利于学生增强体质、提高身体素质、更好地理解和感悟生活。从这点来看，体育与人文的内涵是一致的。从这种人文理念出发，要求学校体育教学的目的设定为培养德、智、体、美全面发展的新型人才。

三、人文教育思想在传统体育教学工作中的缺失

我国早期的学校体育教育的主要目的是"增强体质"和"传授技能"。而当今素质教育更侧重于发展学生的心理素质和社会适应能力，教学生学会如何做人。学校体育兼有身体属性和社会属性，在道德教育、修身养性等方面，有着特殊的意义和价值。当今社会，人文思想日益显现，学校体育必须改革自己的方针，响应人文教育的号召，摆脱传统技能教育的束缚，释放学生的天性和人文性。正如吕部长所说："体育不仅能强壮体魄，培养孩子不怕困难、不怕挫折和失败的精神，还能培养孩子敢于比赛、敢于竞争、敢于拼搏的精神，另外对培养孩子与他人合作、团结协作的精神也有一定的帮助作用。"

四、人文教育思想成为"体育与健康"课程改革的核心理念

我国"体育与健康"课程改革的根本指导思想是"健康第一"，学生在学校的体育学习中能够通过各种学习方式、锻炼方式达到身体健康，为了体现"人"在

体育教学中的重要性，"体育与健康"课程改革进行了价值本位的转移，即由学科为本位转向以人的发展为本位，学科教学以人的发展为本，服从、服务于人的全面健康发展，关注人成为本次"体育与健康"课程改革的核心理念。

如今，我国正处在由应试教育向素质教育、由传统教学理念向新课改理念变革的时期，在这一变革的过程中，理念需要不断地与时俱进，人文精神需要融入其中。在体育教学过程中实施素质教育，最终提高学生的整体素质和全民素质。这向体育教师提出了新的要求，它要求教师对学生的实践能力和创新精神进行塑造，要求教师重视发展学生的个性，并注重对学生人文素养的培养。以往的体育教学只关注学生的身体训练，注重发展学生的体质，因而对学生的自我发展和人文修养有所忽略。在新课改的要求下，"体育与健康"课程注重培养学生的人文主义精神。把培养学生的人文素质纳入体育课程的教学目标范围，不仅是从学生个体长远发展的目标出发，也符合当今社会人文理念的号召，更是体育学科与时俱进的一种表现。只有人文精神渗透于体育教育之中，才能实现教育观念的推陈出新、与时俱进，使教师更好地认知和理解新课改，并把新课改深入具体的体育教学实践中。

人文思想在高校体育教学中的细微渗透。

一、树立富有"人文精神"的教学观念，设置新的教学目标

"终身体育""全民体育"的口号在我国相继提出。因此，在未来的体育教学之中，教师要注重对学生良好体育习惯的培养。体育与健康教育，主张"健康第一"；素质教育，主张发展学生的创造力，培养学生的体育能力。二者有一个共同的核心思想，那就是在注重发展学生的身体健康的基础之上，体育能对学生起到发展个性、发展道德素养的作用。因此，体育教师必须既抓眼前，又要兼顾长远，在增强学生体质之余，也要大力发展学生的体育素养、体育习惯和体育能力。

二、设置符合大学生兴趣，可使其终身参与的教学内容

在人文体育理念的影响下，高校体育教学内容必须与时俱进、推陈出新。在教学内容的选取上，应听取学生的意见和建议，选取学生非常喜爱的体育运动项目，并兼顾有人文教育价值的内容。经历九年义务教育和高中体育教育之后，大学生在技能与体能方面，水平往往较高，个性特征也比较鲜明。因此，高校体育课必然以选修课形式为主。体育教学应该为学生提供更广阔的选择空间，帮助其拓宽视野，激发身上的体育因子，调动其参与体育运动的积极性，为其"终身教育"思想的确立奠定基础。

三、采用适宜的教学方法

适宜的教学方法,将会大大提高教学的效率。体育教师可以采用一些适宜的教学方法,让教学达到事半功倍的效果,教学方法可以采用情景教学、启发教学、互助教学、探索教学、小团体教学等,在一次次教学方法的尝试中,找到最适宜的那种方法,进而提高大学生体育锻炼的兴趣,培养大学生体育锻炼的情感,积累体育锻炼过程中的经验,使其体育价值观日趋成熟。在具体实施教学的过程中,高校体育教师还应讲究方式方法,在激发学生体育热情和活跃氛围方面有所贡献。

长期以来,受苏联体育教学模式的影响,我国体育教学一成不变、枯燥乏味、模式单一。这种情况阻碍了学生身心的健康发展。为了改变、为了发展,体育教学应该提倡丰富多彩的教学模式。体育教师应广泛采用那些可以发挥学生主观能动性、发展学生身心、施展学生个性的教学模式,使得体育教学不仅仅是传道、授业、解惑,还能够"寓教于乐",教人学会学习,受用终生。同时,通过体育教学中学生个性的发展、互相合作意识的培养,学生人际交往能力也会得到进一步的提高。因此,体育教学在促进学生社会化发展的进程中功不可没。因而,"以人为本"的精神也体现在体育教师对体育教学模式的灵活掌控上。

就高校体育教育而言,它还是一种养成教育,通过对学生体育爱好的强化,逐步养成一种相对稳定的运动习惯,并通过长期的坚持,最终使之成为大学生健康的生活方式之一。

四、体育教学单一评价体系向复合型评价体系转移

体育教学评价若要体现人文精神,就必须做到:第一,不能为"评价"而评价。评价应该发挥其在教学中应有的作用,鼓励学生学习,不能走形式主义。第二,评价的形式应该更客观。过程性评价与总结性评价相结合,相对评价与绝对评价相结合,这既能确保体育教学评价的公正与公平,也能在评价中彰显人文精神。第三,评价的内容应全面,既包括学生的自我评价和相互之间的评价,又包括对学生自身技能的考核,还应包括对教师的评价。

"以人为本"是现代教育的发展趋势,也是体育教学发展的必然结果,我们应该及时更新体育教育观念,进一步认识体育教育工作的内涵,并在体育教育目标的设定、教学内容的选取、教学方法的运用、新型教学模式的创新以及教学评价体系的更新等方面积极探索,将人文主义精神真正渗透到具体的体育教学实践之中。

人文教育思想在高校篮球教学中的示例:

一、篮球基本技术教学中人文教育的体现

篮球基本技术是对篮球比赛中各种进攻与防守的专门动作、方法的总称。篮球基本技术决定着篮球运动员技术动作的到位和应变能力的创新。因此，在篮球基本技术教学中，教师首先要保证学生能够灵活掌握基本技术，其次是启发学生对各项基本技术重新进行排列组合，并应用到实际的比赛中。不仅有利于学生技能水平的提高，也有利于学生创新思维的培养。

（一）篮球基本技术教学中人文教育的主要内容

1."从基础做起，从小事做起"的做事态度

篮球运动专项中的走、跑、跳、投等系列基本技术动作的训练比较枯燥乏味，常常得不到学生应有的重视，教师要充分利用这一过程培养学生"从基础做起，从小事做起"的做事态度。

2.创新意识和能力

无论是在个人战术还是在全队战术中，篮球基本技术的应用都不是单一的、独立的，对个人而言，它是几种基本技术的基础配合，对全队而言，它是多名队员之间协调行动的简单攻守。

（二）篮球基本技术教学中人文教育的要求

1.练习方法和手段的多样化

教师要利用有球和无球、有防守和无防守、个体和集体等形式上的变化来变换练习的方式，激发学生从事基本技术练习的兴趣，营造和谐的课堂氛围。

2.评价要因人而异

基本技术的练习从内容上看是比较单一和枯燥的，特别是针对一些基础比较好的学生，这就要求教师在课堂上对学生的评价要有区别。对于基础比较好的学生要给予适当的负面评价，而对于基础弱一些的学生要进行积极性评价。

（三）篮球基本技术教学中人文教育的案例

案例一：移动技术

目的：强化学生注重基础、避免浮躁的学习态度。

方法：通过讲解、观看赛事录像等形式的教学，使学生清楚各种移动技术作为一项基本技术在快攻、空切等战术配合中的广泛应用性和重要性，强化学生重视基本技术的意识，避免浮躁的学习态度。

启发学生进行与移动技术相组合的各种组合技术的创编和练习，特别是兼顾移动技术与持球技术动作的组合练习，这样不仅可以提高学生的学习兴趣，加强学生对侧身跑技术的练习，同时，还可以增强学生的创新意识和创新能力。

案例二：个人防守技术

目的：培养学生攻防均衡的意识和全局意识。

方法：通过讲解，使学生建立攻防均衡的意识，并明确进攻和防守在篮球比赛中同等重要，每一次成功的防守都会为全队创造一次进攻的机会。

在练习方法上，要多进行攻防结合的实战练习，这不仅可以激发学生的学习兴趣，提高练习的质量和强度，同时还可以使学生认识到个人防守技术是全队防守战术的需要，是为全局服务的技术保障。

二、"中锋"技术教学中人文教育的体现

"中锋"主要活动区域是在离篮板5米以内的位置，而且往往站位在场上5名队员的中心。其位置重要性决定了中锋是组织全队战术配合的枢纽和桥梁，是决定全队攻守转换速度的关键人物，是影响和决定全队战术意志的核心，是场上身体能量和心理能量消耗最多的队员。其娴熟的技术、全局的意识、硬朗的作风、顽强的意志是赢得比赛胜利的关键。下面将就中锋技术教学和训练中人文教育的问题进行阐述。

（一）"中锋"技术教学中人文教育的主要内容

"中锋"的位置特点和"中锋"所特有的技术决定了它所处的是进攻和防守方竞争最激烈的区域，"中锋"将面临一个甚至四五个防守队员的协防，所要承受的压力是很大的。这对"中锋"队员不仅在技术上，也在自信心和作风上提出了更高的要求。因此，在"中锋"技术教学中要着重培养学生硬朗的作风和高度的责任感。

（二）"中锋"技术教学中人文教育的要求

（1）在"中锋"技术练习中，教师要穿插一定量的身体练习，这不仅可以提高"中锋"队员的身体对抗能力，同时，还可以提高"中锋"队员在对抗当中的自信心和敢于拼搏的勇气。

（2）在"中锋"进攻技术练习中，教师要加大防守强度，模拟实战强度，提高"中锋"队员的心理抗压能力。

（3）在"中锋"防守技术练习中，教师要让"中锋"队员明确"中锋"位置防守的职责，使其树立高度的责任感和使命感。

（三）"中锋"技术教学中人文教育的案例

案例一：篮下强攻投篮技术

目的：培养学生敢于拼搏的勇气和作风。

方法："一对二"的强攻练习。3人一组，"中锋"进攻篮下，两人防守，要求

"中锋"要大胆进攻，主动发力，合理运用强攻技术，抓住时机，控制节奏，敢于拼抢。

"二对二"的强攻练习。4人一组，两人进攻，两人防守，进攻方"中锋"强攻篮下，另一名队员在外线缓解"中锋"的压力，"中锋"队员可以通过传球、策应和掩护等技战术来组织进攻，主要培养"中锋"队员的战术意识和智谋。

案例二：协防、补防

目的：培养学生的协作意识和高度的责任感。

方法：利用"双中锋"来练习协防、补防技术，5人一组，3人进攻，两个"中锋"进行防守，进攻方可通过跳投、运球、传切、掩护、策应等技战术摆脱防守，防守"中锋"利用移动技术来协防、补防。此练习方法不仅可以练习"中锋"队员的防守移动技术、协防和补防意识，同时，更有利于培养两名队员间的协作精神。

三、篮球基础配合教学中人文教育的体现

篮球基础配合指的是篮球赛场上两三名运动员之间组织的小规模的简单攻守配合方法，它为全队战术配合奠定基础。因为对于任何一种整体战术配合而言，它都离不开基础配合。

（一）篮球基础配合教学中人文教育的主要内容

1. 团结协作的精神

比赛战场上的基础配合需要队员与队员之间的默契和大力协作，因此，在教学和训练中，培养队员的团队协作精神尤为重要。团队协作不仅有助于提高整个队伍的战斗力，还有助于个人人文素养的塑造和形成。

2. 全局观念

基础配合是全队战术的基础。在比赛中，每一个基础配合都要符合全队战术的需要，因此，队员要具备全局观念，任何一个局部的配合都要为全队战术服务，确保全队战术的实现。

3. 创新意识

全队战术是由多个基础配合组合而成，队员熟悉掌握基础配合的目的，就是要将各种基础配合合理组合成全队的复杂战术，这就需要队员具备较强的创新意识和能力，才能在比赛中将基础配合运用自如。

（二）篮球基础配合教学中人文教育的要求

1. 培养学生的集体意识

通过思想教育，使学生认识到个人利益与集体利益的关系，个人行为要符合

战术配合的需求,强化个人服从集体,局部服从整体的意识。

2.演练与实战应结合

教师应坚持配合的演练和实战的结合,同时,注重节奏的变化。应先教无球队员之间的配合,其次教两人配合,再教三人配合。

(三) 篮球基础配合中人文教育的案例

案例一:掩护配合

目的:培养学生协作精神和创新意识。

方法:讲授。教师通过讲解使学生明确掩护和被掩护队员之间只有互相协作才能为彼此创造更多、更好的得分机会。在练习中,教师要教导学生依据战术时机,多给掩护队员创造机会。教师要发挥评价的积极导向作用,对积极、主动掩护队友的同学应及时给予积极评价。教师应鼓励学生以分组讨论形式,将掩护配合和其他技战术组合运用到练习和比赛中,充分调动学生的主观能动性,并培育其创新意识。

案例二:关于配合

目的:培养学生的合作意识和责任感。

方法:关门配合作用于区域联防中,教师要重点讲解各区域的职责,使学生明确责任,并体会在关门配合中只有两个人默契协作才能抑制对方进攻队员的突破。

四、快攻战术教学中人文教育的体现

快攻是果断地进行攻击,利用最短时间创造人数、时间和空间优势的一种进攻战术。快攻也最能体现篮球运动的迅速、灵活、全面、准确的特点,它对培养篮球运动员积极主动、勇猛顽强的作风,提高身体素质水平,形成迅速、全面、灵活、准确的技术等都起着重要的促进作用。

(一) 快攻战术教学中人文教育的主要内容

快攻战术的特点决定了其在比赛和训练中对培养运动员的意志品质、协作意识、顽强拼搏的精神等方面具有独特的作用。

(二) 快攻战术教学中人文教育的要求

1.快攻的理论讲授有利于增强学生的协作意识和奉献精神

快攻的成功往往都是全队上下共同努力的结果,每一个人都要为全队的目标共同努力,牢固树立"只有我为人人,人人才能为我"的奉献精神。

2.快攻的战术教学

快攻的战术教学要按照发动与接应、推进、结束三个阶段来分解教学,使学生明确不同位置所应承担的使命和任务。使学生体验到无论得分与否，自己或者他人在这个战术中是不可或缺的。

（三）快攻战术教学中人文教育的方法和手段

案例一：二攻一配合方法

目的：增强学生的协作配合意识。

方法：当比赛结束阶段形成二攻一的局面时，两个队员之间应保持适当距离，依据防守队员的位置和防守情况进行配合。

要求：进攻队员处理球要果断。进攻的两名队员必须通过一次掩护、传球等配合手段来完成本次进攻。对于通过合理配合完成进攻的要给予即时性的积极评价，特别是给予掩护队友和传球的队员以积极评价。

案例二：五打五练习

目的：培养学生的整体意识和使命感。

方法：由教师在篮下抛篮板球，10名场上队员分两队，抢到篮板球的一队发动快攻，另一队转为防守。

要求：抢到篮板球后，进攻方队员要分工明确，跑动路线清晰，做到有接应、有快攻。教师的评价要以集体为单位进行即时性评价，重点强化整体意识和责任意识。

五、全队战术中人文教育的体现

篮球比赛中的全队战术是指在正常比赛的篮球战术活动中，全体队员共同遵守的战术行为准则，它能体现出全队的实力和风格。全队战术活动必须有统一的指挥思想，使得队员之间明确自身和了解对手，与此同时，全队战术还要求队员之间在比赛过程中要团结协作、互相配合，及时灵活地根据赛场的变化而变换对策，充分展示出团队战术配合的针对性、组织性和实效性。

（一）全队战术教学中人文教育的主要内容

与个人战术和区域战术不同的是，全队战术要求全场队员都要参与其中，这要求全队上下不仅要有心力（知情意等）、物力（身体和个人技术），还要具有外力（集体力量），这种外力在比赛中则表现为统一的战术策略。对全队战术教学中学生人文教育的培养就有利于这种外力的生成，如人文素养中的个人服从集体、甘于奉献、局部服从全局等精神都是最好的印证。

（二）全队战术中人文教育的要求

1.优化全局意识的思想教育

青少年的表现欲比较强烈，特别是在比赛中，喜欢单打独斗，缺乏配合意识。

全局意识，就是要让学生明确篮球作为集体项目，协同防守、协同进攻的集体对抗性是其重要特征。只有通过全队的共同进退才能获得比赛的胜利。

2.发挥积极评价的导向作用

在全队战术配合的演练以及比赛过程中，教师对合理的，甚至是不合理的全队配合都要给予积极的评价，而对个人进攻不做积极评价，甚至要给予适当的批评，不断强化全队协调配合的协作意识和战术意识。

（三）全队战术中人文教育的案例

案例一：半场人盯人防守战术

目的：培养学生相互鼓励、相互协作的精神和与集体共荣辱的意识。

方法一：教师在场地上现场演示半场人盯人防守的阵式，阐明其配合方法，让学生了解各个防守队员的位置、任务和要求，建立完整防守的概念。使学生清晰认识到，全队5个人的守卫就像"抗洪大堤"的5条防护带，一处决口将会全线崩溃。

方法二：在练习过程中可以将防守队员减少一名，通过这一过程使学生亲身体验到人盯人防守缺一不可，只有通过全队的共同协作才能达到防守的目的。

练习中教师要以团队为单位进行评价，充分发挥评价的导向作用，使学生理解个体行为影响的是集体的荣辱。

案例二：区域联防

目的：培养学生团队配合的意识和能力。

方法一：教师在场地上现场演示区域联防的阵式，将5个区域进行清晰划分，并分别讲授各个防守区域的任务和要求。使学生清晰认识到，在区域联防中每两个区域的交界都是防守的薄弱点，都需要其他队友的补防和协防，才能更有效地抑制对方的进攻。

方法二：教师在学生进行区域联防的练习过程中要及时对参与补防和协防的队员给予积极的评价，强化学生补防和协防意识，即队员之间相互协作的意识。

六、身体训练教学中人文教育的体现

身体训练，又称体能训练，是指在训练过程中教师运用各种练习有效地影响运动员身体形态、提高有机体技能和运动素质的特殊训练，是对运动员的走、跑、跳、投等基本能力的极限的一次次超越，是对学生的身体和心理的潜力的挖掘。因此，其训练较为枯燥和艰苦。这就决定了体能训练的功能不仅仅是提高学生的体力和综合运动能力，同时也能够加强对学生的顽强拼搏、吃苦耐劳、勇于挑战的人文精神的培养。下面将重点论述在身体训练过程中对学生的人文精神的培养。

（一）身体训练中人文教育的主要内容

身体训练不仅有提高运动员的走、跑、跳、投的基本能力的作用，还能够改变其身体形态。通过身体训练对学生进行人文教育的主要内容是对学生的意志品质、协作精神和竞争意识的培养。

（二）身体训练中人文教育的要求

1. 强化训练育人的意识

人文教育最重要的教育形式应当是隐性的、潜移默化的。因此，不要把体能训练的功能弱化，要在体能训练过程中将人文教育贯穿其中，充分发挥体能训练的教育功能。

2. 强化环境育人的意识

营造舒适安全的自然环境和和谐的人文环境是训练质量和有效进行人文教育的重要保障。舒适安全的自然环境是指身体训练场馆的周边环境要优雅、舒适和安全，这样能使学生在身体训练中保持轻松的心理状态。和谐的人文环境是指在训练过程中师生之间、生生之间要相互保护，相互鼓励，以使学生在训练中保持积极、乐观的心理状态，增强师生之间、生生之间的人文关怀。

3. 坚持一般体能训练与专项体能训练相结合

在合理安排一般体能训练的同时要合理安排专项训练，任何专项体能训练对身体都有特殊的要求，一般体能训练并不能代替专项体能训练。要合理确定一般体能训练与专项体能训练的比例，要做到因时、因项和因人而异，满足学生的个体训练需求，从而激发学生的积极性。

4. 强化思想政治教育

体能训练的一些方法往往比较枯燥，因此，在训练中加强学生的思想政治教育，可提高他们对身体训练的重要性的认识，培养他们吃苦耐劳的意志品质。

（三）身体训练中人文教育的方法和手段

在身体训练过程中要尽量将人文教育融入身体素质训练中，使学生的情感在隐性的教学形式中得到潜移默化的熏陶和影响，从而达到培育其人文精神的目的。

案例一：力量训练中的上肢卧推练习

目的：培养学生的人文关怀精神和相互协作的团队精神。

方法：可以3人一组，1人训练，两人保护，保护人不仅要起到保护作用，同时要给予练习者以精神上的支持和鼓舞。在练习结束后，相互间要进行按摩、放松，让练习者充分体验同学间的关怀。

要求：（1）教师分组要考虑同组人员的上肢力量情况，以较为接近为宜。

（2）练习中教师要以团队为单位进行评价。

案例二：下肢力量练习——"蜈蚣赛跑"

目的：培养学生的团队协作能力和下肢力量。

方法：教师将学生分成人数相等的若干组，每组前面队员的左（右）脚由后面队员用其左（右）手抬起，其右（左）手放在前面队员的肩膀上，并纵队排开，全队站在起跑线以内，当听到起跑命令后，所有队员均采用单腿跳的形式前进，全部队员最先冲过终点线的一组为获胜方。

要求：中途有非起跳腿着地者视为失误，则本组返回起跑线重新开始。

案例三：速度素质训练中的折线跑

目的：增强学生的竞争意识。

方法：教师将学生分成人数相等的若干组。练习以组间竞赛接力的形式进行，每个组员往返一次半场折线跑后，击掌接力，最先完成的一组为获胜方，失败的一组全体组员每人做5次俯卧撑。

要求：教师分组要考虑男女生人数均等，身体条件均衡，保证竞赛的激烈程度。队友之间可以呐喊助威，营造竞赛的氛围，有利于产生集体归属感。

案例四：专项弹跳训练——抛篮板球接力

目的：培养学生的竞争意识、集体主义精神和空中动作协调能力。

方法：将全体学生分成人数相等的两组，每组持一只篮球，全体队员面向篮板，第一名队员向篮板抛球后，由下一名队员跳起在空中将篮球再次抛向篮板，后面队员依次反复，直到本组抛接篮板球达50次，最先完成的一组为获胜方。中间有人失误则重新计算。

要求：所有人必须同时喊出本组的完成次数。抛球人必须在空中将球抛出。

第二节　科学教育思想的体现

科学发展观指导下的高校体育教学的新发展：

以科学发展观为指导，顺应时代发展的潮流是高校体育教学发展的必然趋势，体育教学只有顺应这个趋势，才能实现可持续发展。

一、学校体育教学应重视培养学生的自觉能动性

（一）激发学生的体育兴趣

在学校体育教学中，如果体育教师能够充分尊重学生的体育兴趣、满足学生的体育需要，那将极大地激发学生学习体育的热情，为学生终身的体育学习打下坚实的基础。由此可见兴趣之于学生的重要性。因此，体育教学应激发学生学习

体育的热情和兴趣，加强学生学习体育的信心，提高其积极性，使学生在掌握体育与健康的基本知识和运动技能的同时，学习体育的基本方法，选择自己喜爱的体育项目，体验锻炼身体的乐趣，形成终身锻炼的意识和习惯。

（二）培养学生的自觉能动性

西方著名学者杰弗里斯曾说过："知识的奇特就在于：谁真正渴求它，谁就能够得到它。"因此，在体育教学过程中，必须培养学生积极、主动、自觉地探究知识的意识。只有学生才是学习和发展的主体，只有把学生培养成为教学活动的主人，使其积极主动地学习，才能提高学习效率。

（三）教师的体育活动设计科学化

教师对学生参与活动的先行设计，在一定程度上决定了学生积极、主动地参与体育教学过程。与很多文化学科教学相比，体育学科教学给学生施加的压力要小得多。基于此种情况，体育教师应抓住这一契机，让学生在繁重的文化课后卸下包袱，释放自己，轻装上阵。体育课的教学设计应该为学生多创设一些轻松愉悦的氛围，为学生提供释放自己、展示自我的平台，通过以上这些措施，学生就会切实地感受到运动的乐趣和价值，从而更加主动地参与体育运动锻炼，并把体育运动锻炼发展为自己的终身爱好。

二、有效实施"阳光体育"

教育部和国家体育总局于2006年12月20日下发了《关于开展全国亿万学生阳光体育运动的通知》，正式提出"阳光体育"的总体目标。根据该目标的指导，"校园阳光体育"的内容选取，应体现"时代性、持续性和针对性"原则，使学生从喜欢到习惯，再到自觉参与。在内容决定形式的前提条件下，"校园阳光体育"的活动形式选择，应根据不同的活动内容和目标任务，紧密结合诸如早操、下午体育活动、运动会、高校联赛等有效手段，巩固活动的内容，进而实现最终的终身体育目标。

终身体育是学生步入社会后所面临的一个贯穿一生的自发、自主的教育过程。它是人们为了满足个体身心健康和闲暇娱乐的需要，根据自己处于不同阶段的身心特点与健康状况，根据自己的工作性质与职业特点，选择或重新学习体育锻炼的内容。值得一提的是，终身体育锻炼的内容、形式、时间和地点等方面都具有自发、自主的特点。这就使得终身体育教育思想对学校体育教学提出了高层次的新要求，体育教学中应注重学生兴趣和自觉锻炼的意识培养，最终达到人的全面发展的终极目标。

高校网球运动教学方法的科学化示例：

一、高校网球运动教学工作的科学概念

网球教学的原则是网球教学过程中客观规律的反映，是网球教学实践中成功经验的总结和概括，它对网球的教学工作具有普遍的指导意义。

网球运动的教学工作是教师根据一定的目的、计划和学生身心的特点，指导学生掌握网球的理论知识和技术技能，增强体质，发展认识能力，培养良好道德和意志品质的教育过程。网球教学工作包括以下三个方面的任务。

第一，帮助学生初步掌握网球运动的基本理论知识、基本技术战术和基本技能。使学生对网球运动有系统的、全方位的了解，为日后网球的深入教学和技战术水平的提高打下坚实基础。

第二，提高学生身体素质、增强学生体质。网球运动是一项速度特别快、变化特别多的运动项目，经常参加网球运动可以改善人的中枢神经系统机能，发展速度、灵敏、耐力和力量等素质。同时，健康的体魄和良好的身体素质又是学习与掌握网球技术不可缺少的条件。

第三，培养良好的思想道德和意志品质。网球运动体现了一个融知识、技能、素质、道德、意志品质与情感为一体的过程，这一过程贯穿整个教学。如果教育得当，能使学生的意志品质得到有效的培养。同其他球类项目一样，网球运动也具有激烈紧张、对抗性及竞争性强的特点，学生在参与时，总是伴随着强烈的情绪体验和明显的意志努力。因此，教师应通过教学，培养学生勇敢顽强、吃苦耐劳、坚持不懈、克服困难的思想作风；培养学生团结友爱、集体主义和爱国主义精神；培养学生机智灵活、沉着果断、谦虚谨慎等意志品质，使学生保持积极健康向上的个性心理品质。

在实际教学工作中，学生必然会遇到这样或那样的困难，在克服这些困难的过程中，学生将逐步形成自觉锻炼、坚强果断的意志品质。教师应借助有针对性的一般发展和专门身体训练，发展学生机体的机能能力，促进基本心理过程的发展；以集体游戏的手段和方法，发展学生的个性心理品质。

总之，为了使学生能成为真正符合培养目标的人才，保证网球教学工作的顺利进行，思想教育工作是不容忽视的。

以上三个任务密切相连。思想教育是完成前两项任务的保证，网球教学必须与其相结合。提高学生身体素质、增强学生体质需要有一定的方法，而掌握网球的技术、技能离不开必要的身体素质。但它们又有区别，技术教学是教学因素多，而身体素质训练是锻炼因素多。因此，在强调它们之间的联系时，应防止互相代替；在强调它们的区别时，又要防止绝对化。

二、高校网球教学工作需要坚守的科学原则

（一）培养和提高学生的自觉积极性

在网球教学中要启发学生明确学习目的，调动学习主动性，培养独立思考能力和创造精神，引导学生融会贯通地理解和掌握教学内容，并在实践中加以运用。

发展学生自觉积极性的依据主要是由教和学双边活动的特点决定的。学生完成学习目标固然是在教师的教导下达到的，但是，教好只是学好的条件，不可能代替学生学好。学好要靠学生主动钻研、勤于实践的刻苦努力。学生的这种努力来自对学习意义的认识和由此产生的学习兴趣、学习愿望以及正确的学习目的。教师的教是学生学好的必要条件，对学生的学习起着主导作用，因此，启发、提高和充分发挥学生学习的自觉积极性是教师教好的重要工作之一，应把它体现在教学工作的各个方面。

发展学生的自觉积极性应注意以下几点：

第一，提高学生对学习目的性的认识，端正学习态度。一个人做任何事情，行为是否认真、努力，取决于他对行为意义的认识和理解。学生的学习行为也是这样。因此，在网球教学中，教师应联系实际，对学生反复进行学习意义和目的性的教育。教育中要注意揭示网球的社会意义及与学生自身的发展、完善之间的关系，使其明白学习网球并从事网球锻炼既是自身的需要也是社会发展的需要，将这二者有机地联系起来。在进行网球学习目的性的教育时，教师要不断深化学生的认识，端正学生的学习态度，培养学生进取、拼搏的精神。这方面的教育可结合每学期开学时动员学习的教育、对具体教学内容的学习意义的教育，以及纪律教育、品德作风的培养等进行。

第二，确定学生应达到的教学要求。网球教学中的教学要求是多方面的，除掌握教学内容，还有对学、练态度的要求，完成练习量的要求，组织纪律和意志作风的要求，安全卫生要求，团结互助以及爱护公物的要求，等等。一般来说，网球教学中提出这些要求都是必要的，但过高、过低或过多的教学要求，会影响学生学、练的积极性，因此，所提出的要求应是完成教学任务必不可少的，是学生经过努力可以达到的。

第三，激发学生学、练的愿望和兴趣。愿望和兴趣常常是积极行动的先导。学生的心理特点决定了他们兴趣的广泛性和不稳定性，也决定了他们对网球运动的特有兴趣。为了激发和保持学生的这种愿望和兴趣，教师应使教学活动具有启发性、知识性、变异性、游戏竞争性和鼓动性。

第四，合理组织教学活动。教学活动的合理组织可促使学生精神饱满、体力

充沛地完成教学任务。教学组织松散，会导致纪律涣散，注意力不集中。而过严的教学组织，则会使学生在学、练中机械、呆板，降低学、练活动中应有的生动活泼情趣。雷同的教学活动也易使学生生厌。因此，在安排各项教学活动时，教师应根据教学内容、学生特点、季节气候和场地设备条件等实际情况，使教学活动常有变换，防止千篇一律。同时，还应使教学过程张弛有道、各有侧重，既严肃紧张又生动活泼。

（二）教学活动的直观性

直观性是指在网球教学中利用学生的感觉器官和已有经验，获得生动的表象，并结合积极思维和反复练习，以掌握网球的知识、技术、技能，培养学生的观察能力和发展他们的思维能力。

在网球教学工作中，尽量利用学生的各种器官感知动作形象，使其形成清晰的表象，以达到初步掌握网球理论、技术和战术的目的。

直观性以人们对事物的认识规律为依据。任何知识的来源都在于人的感官对客观外界的感觉。网球教学中学生掌握网球知识、技术和技能，都无一例外地必须从感知开始。因此，网球教学中首先应引导学生通过感觉器官生动地感知教材，建立正确的动作形象和概念，这对学生掌握教学内容，教师完成教学任务有重要的意义。

运用教学活动的直观性应注意以下几点：

第一，明确直观目的，正确运用直观教学方式。运用直观教学方式要有明确的目的，防止为直观而直观。应根据完成教学任务的需要、教材的性质和动作技能形成的不同阶段，以及学生的接受能力和可能条件等，有区别、有针对性地加以运用，并根据需要选用各种有效的直观教学方式，综合地作用于学生的有关感觉器官，以取得最佳的直观效果，同时要选择好运用直观教学方式的位置，把握好使用的适宜时机，这就要求教师在课前做好充分的准备。

第二，广泛运用各种直观教学方式。在教学中应注意直观教学方式运用的多样性，如动作示范、观摩优秀运动员的练习与比赛、教具演示、观看电影与录像、徒手动作示范、手把手地练习以及跟着教师做模仿练习等。在网球的技术教学中，开始时视觉往往是主要的，听觉是次要的；而概念一经形成，进入通过反复练习达到掌握动作的阶段，肌肉本体感觉就显得非常重要了。

第三，联系学生经验，运用语言直观。与其他直观教学方式比较，语言的作用既能描述事物的形象，又能揭示事物的内在联系，做到清晰入微。当教师语言的运用与学生已有的经验联系在一起时，语言就具有作为直观教学方式的显著作用。随着学生经验的丰富和抽象思维的发展，语言的直观教学方式作用也随之扩大。因此，运用语言直观时，需联系学生已有的经验并加以生动形象的描述。

第四，运用直观教学方式要与学生的积极思考相结合。掌握网球运动的本质与全貌，必须从感知到思维再到理解，只有理解了的东西，才能更深刻地感知它。因此，在教学活动中教师运用直观教学方式时，应引导学生有目的、有重点、有层次地进行观察。不仅要让学生了解动作形象，还应引导学生积极思考，从生动的直观到抽象的思维，透过现象了解动作技术的特点和有关联系，弄清动作的技术结构、技术关键和完成的方法与要领，以及掌握该动作的意义和作用，然后进行反复练习，并在基本掌握动作的基础上加以运用。这样，学生不仅感知、理解了所学的动作并能较顺利、较正确地掌握动作，同时也培养了学生观察和分析问题以及运用的能力。

例如，在提高正手抽球技术的练习中，教师应启发和帮助学生找到自己正手抽球技术存在的问题，分析产生问题的原因，选择适合自己特点的练习手段等。练习结束后，还要启发学生想一想，练得如何，有什么体会，还存在什么问题，下次怎么练等，这对于学生理解并掌握动作，发展智力，提高分析问题和解决问题的能力，加强学习效果具有十分重要的作用。

（三）网球教学中应注意从科学实际出发

教学的任务、内容、组织教学和运动负荷的确定与安排，都要符合学生年龄、性别、身心发展的特点和网球知识、技术、体能水平，以及教学条件、地区气候等实际情况，以便学生接受，便于教学工作的进行。

从实际出发是根据做好教学工作的需要和学生身心发展规律的要求提出来的。不论做什么事情，只有使主观认识、主观愿望与客观实际相一致时，才能取得良好效果。网球教学的对象是学生，通过教学不仅要使学生掌握网球的基础知识、基本技术和技能，还须促进学生身心协调、健康地发展。这主要是通过在一定条件下，学生对动作经常性、反复性的练习来达到的。在这个过程中，存在着一个学生对教学任务及要求经过努力是否能达到，对教学条件、教学方法以及运动负荷等是否能适应的问题。这些都要求网球教学的设计要适合学生身心发展的特点和规律，为学生所能接受，这样才能较好地促进学生身心的协调发展，较好地完成网球教学任务。由此可见，在网球教学中正确、切实地贯彻从实际出发的原则，具有重要的意义。

教学中从实际出发应注意以下几点：

第一，全面了解有关网球教学的情况。了解情况是做好工作的首要条件，也是教学中贯彻和运用从实际出发原则的前提。教学中须了解的有关情况很多，归纳起来主要是学生身体健康状况，体能发展水平，网球运动基础，接受能力，对网球的认识、兴趣、爱好、思想、品德、意志、纪律、作风，以及学习、生活情况，教学的场地、器材、环境和季节气候等，这些情况可通过对有关人员的调查访问和教学过程中的观察、测验等方式了解。了解情况时，既要了解一般的情况，也要了解个别的和特殊的情况，要实事求是、一丝不苟，忌带主观片面性。对所了解的情况要做出必要的分析，从中区别出现象与本质、主流与支流、主观与客观，以及有利因素与不利因素等，这样，才能较好地贯彻从实际出发的原则。

第二，一般要求与区别对待相结合。同一班级的学生其年龄大体相同，生长发育也具有共同的特点。但是，也应看到学生的个体差异是客观存在的，特别是在身体机能、基础、个性特点等方面更是如此。只有认真考虑学生的差别而采取有效的措施，才能使每个学生的能力都得到充分发展。为此，必须在一般要求的基础上进行区别对待。一般要求是指网球教学大纲中规定的要求，是经过努力，多数学生可以达到的要求。区别对待是指对有显著差异情况的学生提出不同要求。

一般要求与区别对待应体现在课程的任务、内容、运动负荷和组织教法等各个方面。例如，对多数学生提出基本学会某一动作的要求，而对少数程度较高的学生则提出改进、提高某一动作的要求，对较差的学生则提出初步掌握某一动作的要求。又如，对多数学生安排中等水平的运动负荷，对少数体能较强或较差的学生则分别安排较大或较小的运动负荷，或者在练习的重复次数、强度和间歇时间上加以区别对待。在组织教法上也须区别对待，如讲解示范的详简，辅助练习的多少，保护、助力以及表扬、鼓励和批评教育的方式方法等，均应视学生的不同情况加以区别对待。

（四）教学中应注意科学总结

在网球教学训练工作中，学生对理论知识和技术技能的掌握以及品德作风的培养，都要及时得到巩固，并在此基础上不断提高。

对网球技术、技能的掌握，必须不断强化才能得到巩固与提高，否则就会消退。学生能否牢固地掌握并提高已学到的理论知识、技术、技能并在实践中运用，是衡量教学效果的重要标志之一。

巩固和提高的原则是以条件反射的建立与消退的生理规律、人体机能适应性规律为依据的。从条件反射的建立和消退规律看，动作技术是在不断重复学、练的条件下才得以巩固并形成动力定型的。如果长时间中断练习，不仅所学动作得不到巩固，而且已经巩固了的动作也会逐渐消退遗忘。对网球技术的掌握、体质的增强、品德作风的培养也是同样的道理。因此，在教学中遵循条件反射的建立与消退规律的要求，对取得良好的教学效果有重要意义。对体质增强效果的不断巩固和提高，还需要遵循人体机能适应性规律的要求，因为增强体质的效果，是在运动负荷的作用下获得的。一定的运动负荷作用于身体,获得相应的身体锻炼效果。当身体适应于某种运动负荷时,它所产生的效果对发展体能的作用则不显著。因此,为了不断发展体能,既要以适量运动负荷反复作用于身体,使发展体能的效果得到不断的积累和巩固,又要在可接受的限度内逐步增大运动负荷,使机体在运动负荷的逐步增大中不断获得新的适应,从而使体质得到逐步的增强。

教学中运用巩固和提高原则应注意以下几点:

第一,使学生的认识正确、清晰,注重理解。通过教学使学生明确动作技术和技能的概念、完成的方法和要领,以及有关的理论知识,并注重理解。理解不仅使认识正确、深入,并且可使学习效果的巩固更为持久。

第二,坚持反复练习和经常复习。反复练习和经常复习是达到理解、巩固的基本条件和方法。复习要及时,要在未遗忘之前进行才能取得事半功倍的效果。学生反复练习动作不仅能加深对动作技术的理解和巩固,而且对动作技术的改进、提高也有重要的意义,为进一步学习和提高奠定了一定的基础。要经常复习,要有必要的练习次数和时间,才能使大脑皮质中建立的暂时神经联系得以巩固和定型。在反复练习中应逐步提高要求,不断完善动作技术。运动负荷的增大,教法和练习条件的变换等,都可成为促进巩固、提高动作技术的积极因素。

反复不是简单的机械重复。如学习技术动作,开始要求掌握动作轮廓、动作路线,而后渐渐过渡到要求把握技术细节;开始时将球打过去即可,而后逐渐提出对击球质量的要求。

第三,采用各种方法,不断重复,达到巩固提高的目的。如提问、测验(笔试、口试)、测试击球拍数、计命中率、比赛、讨论、请人辅导或给人辅导。

第四,加强学生对巩固、提高教学效果的认识。加强学生对经常学、练的必要性的认识,使其经常主动地学、练,积极地达到巩固、提高的要求。

三、常用的网球科学教学方法介绍

教学方法是指在教学过程中完成教学任务的途径和手段。教学方法的选择与运用是否切合实际和有效,对完成教学任务、提高教学质量有重要意义。

教学方法也是教师的工作方式,也就是说,教师在课堂中使用的教学方法无不体现和渗透教师的经验、知识、技能、口才以及道德风尚、责任心等方面的水平。教师的教学过程,也是教师进行创造性工作的过程,选择和运用教法本身就是一项再创造性工作。总之,教师要根据项目特点、教学对象的特点以及场地设备条件等诸多因素,经常对教法进行总结和思考,以适应教学的需要。

在实施和运用教法时,要注意贯彻循序渐进、个别对待、从实际出发的教学原则。由简到繁、由易到难,这是一般的学习规律,而对症下药、突出重点则是解决问题的有效方法，其关键都在于科学地运用。

网球运动是一项技术性强、动作细腻的项目，手臂、躯干稍有不规范的动作都会影响正确技术的形成。身体反应迟钝、不协调也会造成接受上的困难，所以网球课教学方法要求更系统和仔细，使学生能在较短的时间内，正确掌握网球基本技术。

（一）直观教学法

在教学中，借助视觉、听觉、肌肉本体感觉等感觉器官来感知动作是一种经常运用的教学方法，它有助于学生了解动作形象、结构、要领、完成方法以及时间和空间的关系。

在网球课的教学中常用的直观教学法主要有战术示范、比赛示范、电化教学示范。

1. 战术示范

方法：在进行某一战术练习时，教师可与班上技术较好的学生进行战术练习，其他学生进行观摩。教师要把战术运用的技术要求、打法和应变措施讲解清楚，充分利用讲解、示范、边讲解边示范的方法，使学生了解战术的运用和意图。

2. 比赛示范

在为期一年的教学结束前，在课内组织不同形式的比赛，以检查教学效果和学生掌握学习内容的实际水平，也是在教学中常用的一种方法。比赛示范的目的，是让学生了解比赛规则，确定基本打法的目标，在实战中加以运用，找出自己的差距和不足等。

方法：与战术示范相同，教师与技术较好的学生进行比赛示范，其他学生进行观摩；在比赛中，当任何一方出现战术运用成功、漂亮得分，或展现出运用得当的应变措施和能力等情况时，教师都应暂停并进行讲解，达到比赛示范的目的。

3. 电化教学示范

方法：可采用电影和电视录像等现代化的直观教学手段，其最大特点是生动形象，感染力强，能引起学生的学习兴趣，有助于明确动作进程，并可根据需要放慢放映速度或停顿，从而进行深入的分析和研究。

运用现代化的电化教学介绍网球的技术特点，是一个很好的教学辅助方法，随着技术的进步和条件的改善，这种直观方法肯定是教学方法发展的主要趋势。

示范要求：进行动作或其他内容的示范，也包括电视录像的播放都要做到：

第一，目的明确。教师的示范要明确所要解决的问题，要根据教学任务、步骤和学生的情况决定示范什么，怎样示范，还要注意按计划掌握示范时间，不能随意延长时间，影响学生的练习。

第二，注意示范的位置和方向。根据网球运动的技术特点和教学重点及要求，教师在做示范动作时一定要考虑到让学生从任何角度都能看清楚。为此，教师要不断调整示范位置以及正面、侧面、背面等示范方向的变换，以求达到示范的最大效果。

第三，示范动作要规范。教师的示范动作力求做到准确、熟练、轻快、优美，要留给学生以动作典范的印象，也可播放录像作为教师辅助示范。

（二）语言提示法

正确生动地运用语言，在教学中有着重要作用，也是在每个教学环节中不可缺少、不能替代的重要方法。运用语言必须限定时间，有些话要起到画龙点睛的作用。在网球教学中常用的语言提示法有讲解法、口令和指示法、口头评定法。

1.讲解法

讲解法是网球教学工作中运用语言提示法的最普遍的形式，即教师通过用语言向学生说明教学的任务、内容、要求、动作名称、动作要领等进行教学的一种方法。讲解法在理论教学、思想教育和技术教学中都起着重要的作用。

具体运用时，应注意以下几点：

第一，目的明确、有的放矢。教师根据教学任务和学生的实际情况，有针对性、有区别地进行讲解，注意客观效果。在理论课或专项技术教学时，讲解可以详尽；但在练习课或训练课上，讲解应尽量少一些，以练习训练为主。

第二，内容正确、阐述清晰。语言是人们交流和表达的主要工具，要使语言作用发挥得恰到好处。语言使用者应善于阐述，同时还必须注意选用最能够把概念表达清楚的语言。如果词不达意，往往会引起学生的误会，致使学生形成错误的概念。这就要求体育教师不仅要在语言上下功夫，而且还应对学生已学知识和理解程度有全方位的了解。其实，用语言来叙述和描绘技术动作并不轻松，因为肌肉的感觉是很难用语言表达清楚的，因此，从这个角度来讲，教师应该在教学语言上多做些功夫。

为了使体育教师表达清楚，除了在语言上下功夫外，还应厘清教学思路，只有思维清楚了，语言才可能表达得清楚。因此，体育教师在进行理论课教学时，可以把重点或提纲提前准备好，以方便后面的体育教学。

第三，讲解前要充分准备，语言简明扼要，重点突出，层次分明，口齿清楚，语气稳重而亲切，表达生动、幽默，力求以最短时间收到最大的讲解效果。这也客观地对教师提出了更高的要求，必须熟练掌握业务，加强备课和学习，特别是要努力更新知识。

2.口令和指示法

这是在教学中教师用语言命令进行体育教学的一种方式，如"上步""控制手腕""击球深一点"等。更多的是在实施调动队伍、队列练习、基本体操等教学内容时，运用口令和指示。教师发出的口令和指示要具有权威性，不容学生稍有迟疑和懈怠。口令要明确、有力，要起到使队伍严整、精神振奋的作用。

3.口头评定法

在网球课教学中，学生困惑烦躁的时候，教师对其进行及时的肯定、适时的鼓舞，能够帮助学生恢复自信，这就是所谓的口头评定法。这对维护课堂秩序、创设良好的教学氛围和提高教学质量都能产生良好的效果。

（三）指标训练法

训练一般都是以时间为界限的，如右方斜线对抽10分钟。指标训练法是以完成规定指标为界限的，如右方斜线对抽，以累计对抽100拍为限。

具体方法如下：

1.双方共同完成指标法

需双方共同努力来完成指标的练习，如正手对抽累计100拍。

2.单方完成指标法

要求一方完成规定指标的练习，如发球上网命中20拍。指标训练法的作用：及时得到定量的反馈，刺激性强，有利于调动运动员训练的积极性。

指标训练法的注意事项：所定指标以经过努力可以达到为宜，切忌指标过高或过低。

（四）练习法

在教学中，大部分时间是学生进行练习，通过实际练习来体验和掌握动作要领与教学内容。

网球教学中的练习法，可分为不打球的徒手动作练习（又可分为手法、步法及二者的结合练习）与打球练习；打球练习又可分为不上场（如垫球、对墙打、打吊球等）与上场（又可分为单球与多球练习）的打球练习。

高校体育教学活动的科学化保障研究：

一、"极点"和"第二次呼吸"

在剧烈运动时，特别是中长跑时，人体会产生胸闷、呼吸急促、动作迟缓而不协调甚至恶心等现象，这在运动生理学上称为"极点"。

"极点"出现后，应适当减慢跑速，并注意加深呼吸，坚持下去，上述生理反应则将逐步缓解与消失。而后动作将变得协调有力，呼吸均匀自如，一切不良感觉消失，身体恢复正常，此种现象，运动生理学称之为"第二次呼吸"。

（一）原因

产生"极点"的主要原因是人体各器官系统都有生理惰性，而内脏器官惰性大于运动器官，从事剧烈运动时，运动器官能很快达到最高机能水平，而内脏器官一时跟不上运动器官的需要，造成机体缺氧和酸性代谢产物的堆积。在这些代谢产物的刺激下，人体呼吸、循环系统活动失调，大脑皮层动力定型暂时紊乱，从而产生"极点"现象。"极点"出现后，如果坚持继续运动，内脏器官惰性将逐渐被克服，改善氧气的供应，加上"极点"出现后运动速度减慢，乳酸产生减少，使运动器官和内脏器官的功能关系基本协调，生理过程出现新的平衡，故出现了"第二次呼吸"。

（二）处置与预防

"极点"和"第二次呼吸"是长跑运动中常见的生理现象，无须疑惑和恐惧。"极点"现象出现的早晚和表现程度与准备活动、呼吸方式及心理状态有关。只要坚持经常锻炼，剧烈运动前做好准备活动，运动中适当增加呼吸深度，稳定情绪，"极点"现象是可以延缓和减轻的，甚至可以不出现。

二、肌肉痉挛

肌肉进行不自主的强直性收缩，变得坚硬、疼痛，俗称"抽筋"。运动中最容易发生痉挛的肌肉是小腿腓肠肌，其次是足屈拇肌和屈趾肌等。

（一）原因

在寒冷环境中运动，肌肉受到寒冷刺激易引起肌肉痉挛，这常在游泳或冬季户外锻炼时发生。有时准备活动不充分或肌肉进行快速连续的收缩，也会使其因舒张不全引起痉挛。从事长时间大强度运动，特别是在夏季从事长时间大强度运动时，由于大量排汗，也能使人体内水盐代谢失调而引起痉挛。情绪过分紧张也是导致肌肉痉挛的一个因素。

（二）症状

局部肌肉剧烈挛缩发硬，疼痛难忍，而且一时不易缓解。痉挛缓解后仍有不适感。

（三）处置

遇到肌肉痉挛要沉着、冷静。在一般情况下，对痉挛部位的肌肉做牵引即可使之缓解。例如小腿腓肠肌痉挛时，即伸直膝关节并用手牵拉脚趾使其背伸。此过程最好有同伴协助，但切忌施力过猛。此外，可配合按摩、揉捏、叩打以及点压穴位（委中、承山、涌泉穴等），以加速痉挛缓解和消失。

(四) 预防

首先应加强进行运动锻炼，提高身体对寒冷的适应能力；运动前做好准备活动，对容易发生痉挛的部位，事先应适当按摩；夏季进行长时间运动时，应适当补充盐分；冬秋季运动时，要注意保暖，游泳下水前，应先用冷水淋浴，游泳时，在水中停留时间不宜过长；疲劳和饥饿时，不要进行剧烈运动。

三、运动中腹痛

这是指在运动过程中或运动结束后，由于运动锻炼而引起或诱发的腹部疼痛，它常发生在长跑、马拉松跑和竞走等耐力性运动项目中。

（一）原因

主要原因是运动前人们的准备活动不充分，开始时运动过于剧烈，内脏器官功能尚未达到竞赛状态，致使脏腑功能失调，引起腹痛；也有的因为人们运动前饮食过饱、饮水过多或饭后不久就进行运动，或腹部受凉，引起胃肠痉挛；少数人因运动时间过长或过于剧烈，使下腔静脉压力上升，引起血液回流受阻，或者因肝脾瘀血，膈肌运动异常，致使两肋部胀痛；慢性肝炎、慢性阑尾炎、溃疡病等患者在进行剧烈运动时，病变部位受到震动、牵扯等刺激也可引起腹痛。

（二）症状

腹痛的部位主要依发病原因而定，由肝脾瘀血引起的腹痛，肝痛在右季肋部，脾痛在左季肋部，疼痛性质为胀痛或牵扯性痛；胃痉挛的疼痛部位在上腹部；肠痉挛、肠结核引起的腹痛在腹腔中部；食后运动疼痛常发生在上腹部或中腹部。

（三）处置

人们在运动中发生腹痛时，如果没有器质性病变的迹象，一般可采用减慢跑步速度和降低负荷强度，加深呼吸，按压痛部或弯腰跑一段距离等方法处理，疼痛常可减轻或消失。如果疼痛仍不减轻，甚至加重，应停止运动，并口服"十滴水"，或揉压内关、足三里等穴位。如仍无效果，则需请医生诊治。

（四）预防

膳食安排要合理，饭后须经过一定时间以后（约1.5小时）才可以进行剧烈运动，运动前不宜过饱或过饥，也不要饮用过多的汤水；要充分做好准备活动，加强训练的科学性，运动量要循序渐进，并注意呼吸节奏；夏季运动后要适当补充盐分；对于各种慢性疾病引起的腹痛应就医检查，病愈之前，应在医生和教师指导下进行运动。

四、运动性肌肉酸痛

参加运动锻炼的人，特别是刚开始参加锻炼的人，在运动之后往往感到肌肉有酸痛感觉，这在运动医学中叫作运动性肌肉酸痛。

（一）原因

近代运动生理学的研究表明，运动后肌肉酸痛是运动时肌肉活动量大，引起局部肌纤维及结缔组织的细微损伤，以及部分肌纤维的痉挛所致。这种酸痛不是立刻发生在运动结束后，而是发生在运动结束后的1~2天内，因此也称为延迟性疼痛。

（二）症状

由于这种酸痛现象只是局部肌纤维损伤和痉挛，不影响整块肌肉的运动功能，但存在酸痛、发胀、发硬等感觉，所以，酸痛后经过肌肉内部对细微损伤的修复，肌肉组织会变得更加强壮，以后同样的负荷将不易再发生酸痛。

（三）处置

运动性肌肉酸痛是经常发生的，当已经出现运动性肌肉酸痛后，采取以下方法有助于酸痛的减轻或缓解：

1. 静力牵拉法

可对酸痛局部进行静力牵拉练习，即将肌肉先慢慢拉长，然后在拉长位置保持2~3秒静止状态。例如，对人腿前侧肌群做静力牵拉时，可让学生俯卧在地上将腿伸直，让另一名学生将其腿慢慢抬起，然后静置2~3秒再放下，重复2~3次即可。注意做时不可用力过猛，以免牵拉时再使肌纤维损伤。

2. 按摩

运动后有条件应进行按摩，使肌肉放松，促进血液循环，缓解肌肉痉挛和损伤组织修复。

3. 热敷

对酸痛的局部肌肉进行热敷，可促进血液循环及代谢过程，有助于损伤组织的修复及痉挛的缓解。

4. 针灸和电疗

对酸痛的局部肌肉进行针灸和电疗，可起良好的效果。

（四）预防

人们在运动前，应充分做好准备活动，并注意对即将练习时负荷重的局部肌肉进行活动；运动时，应根据自身的身体状况科学安排运动负荷，尽量避免局部肌肉负担过重；运动结束后，也要做好相应的整理活动，除进行一般性放松练习，还应重视肌肉的伸展性练习，等等。

第三节　创新教育思想的应用

创新是当今高校体育教学的必然之路：

创新教育思想是当代人类教育实践的重要指导思想，也是我国教育改革需要遵循的重要指导方针。创新教育思想是关于知识经济时代人类教育的创新职能、创新观念、创新实践的思想。因此，我国教育改革应该以紧抓素质教育、培养创新精神为导向。

一、如何实现创新教育思想

首先，吸收创新教育思想，深化对教育的创新职能的认识。创新教育要求我们对传统教育的职能重新进行认识。传统的观念认为，教育的最大功能是韩愈所谓的"传道、授业、解惑"，即传播知识。但是，伴随着社会生产力的极大发展和知识经济时代的到来，为了适应时代的要求，教育除具有传播知识的功能，还需具备培养创新精神和创新人才的功能。教育作为国家创新体系的重要组成部分，对教育自身创新职能的认识是非常重要也是非常必要的。

其次，学习创新教育思想，以创新素质作为素质教育的重点目标，全面推进素质教育。1999年6月由中共中央办公厅颁布的中共中央、国务院《关于深化教育改革全面推进素质教育的决定》明确指出，素质教育要以培养学生的创新精神和实践能力为重点。也就是说创新教育并不是离开素质教育另搞一套，而是把培养学生的创新素质作为素质教育的重点来抓。深化教育改革，全面推进素质教育进程，其中最重要的一点就是对学生创新能力的培养，因为培养创新能力可以确保素质教育的顺利实施，并且促进其大步向前发展。

最后，学习创新教育思想，树立创新教育观念。学习创新教育思想，就要求我们必须借鉴和吸收古今中外人类社会的一切优秀文明成果，不断地丰富和发展创新教育思想。学习创新教育思想，同时还要求我们必须结合创新教育的实施原则，树立起一系列的创新教育观念，如个性化、自主性、探索性、开放性、民主性、实践性和启发性等，使我们提倡的创新教育在科学教育观念的指导下得以健康发展。

二、创新元素在高校体育教学中的应用研究

传统的体育教学模式主要以发展学生的体质为目标，以教授学生简单的运动

理论和运动技能为主,不能算作真正的体育教学。此外,体育课程的构成成分单一,充分考虑了教师的主导作用,却忽略了体育教学过程中学生的主体地位。传统式的体育教学只是一味地强调给学生传授什么,整个课堂以教师为核心,学生的需求被忽视,严重束缚了学生的积极投入和自由创造。另外,传统体育教学内容涉及面广,却不精,满足不了学生精钻的需求。传统的体育教学模式在现代社会是行不通的,因此,当今的体育教学模式要进行全方位的素质教育改革。

改革即要求在传统体育教学方法上,一改以往枯燥乏味的教学模式,倡导多元化教学模式的应用。此外,体育教师要对体育教学方法有灵活运用的本领,根据学生的实际情况和体育教学所要达到的目标,寻找一些行之有效的教学方法,合理设计课堂教学环节,进而激发学生的学习动力和无限潜能,最终为提高体育学科的教学效果和教学质量服务。

高校体育教学方法的创新思考:

一、现代教学手段引入的案例分析

引入现代多媒体技术是体育教学发展的大趋势,下面以某校在健美操教学中引入现代信息技术为例作具体分析。

曾有实验将100名学生平均分为人数相等、水平相当的两个组,其中一组采用多媒体信息教学,另一组采用传统方法教学。两个小组由同一名体育教师定时进行授课,一个月后对两个小组进行兴趣比较分析。实验结果表明,采用多媒体信息教学可以大大提高学生对体育学习的兴趣。从学生的体会和感悟中,我们也不难发现,学生大多喜欢这种新式的教学手段。

由此可知,在体育教学中引入现代信息技术能够大大提高教学的效果。

二、现代信息技术融入体育教学的创新思考

(一)校园网——网络教学的基础

当今校园教学资源越来越丰富,手段越来越多样化,校园网就是其中较为典型的一种,这就为体育教学创设了很好的硬件条件。我们可以充分发挥校园网的优势,让它为我们所用,在校园网上搭建体育平台,让网络教学的实现成为可能。

(二)多媒体——课堂教学的新手段

多媒体教学已成为现代各大高校一大教学趋势,在一定程度上弥补了传统教育的不足。传统体育教学的不足主要体现在教学时间有限、教学形式单一、审美疲劳等。因此,体育教师想要培养学生的兴趣、创新精神,提高教学质量,若仍然采用传统的、一成不变的教学方法是行不通的。教师必须充分利用多媒体教学,

帮助学生生动形象地接受新知识的学习。

(三) 微博——师生心得交流的新平台

微博已经成为人们交流沟通的主要工具，人们利用微博关注时事热点，是工作、学习的重要工具。时代发展的潮流，也给学校教育提出了新的要求。学生通过微博可以相互传递和交流知识，在交流的过程中，大家可以平等、自由地对话，这有利于促进学生的进步与成长，进而大大提高学习的效率。

(四) "BBS"论坛——课后学生讨论和提问的空间

"BBS"论坛主要是供人们对某一问题发表意见、进行讨论的电子公告。随着高校校园网的普及，"BBS"论坛也随之兴起。同学们经常在"BBS"论坛上提出一个问题或者观点后，就有别的同学进来解答或者相互讨论。很多学生会利用"BBS"论坛这一平台抒发自己课堂内外的真实感受。因此，体育教师利用"BBS"论坛接收课后反馈。体育教师可以结合教学所要达到的目标，配合新闻时事、时下热点、精彩赛事，对学生展开诱导。这样一来，不但能激发学生的学习热情，还能让学生掌握所学课程的要领，最终实现教学目标。

现代信息技术在体育教学中的应用，不仅为体育教师教学方法的创新带来了灵感和便捷，也为师生之间的互动提供了良好的平台，还延伸了体育课堂，为学生营造了良好的终身体育氛围。这也是现代体育教育改革的大势所趋。

高校体育教学中对学生创新能力的培养：

与传统教育不同，素质教育充分尊重人的主动精神和主体意识，它注重激活人的大脑深层，最终目标是发展一个健全的有个性的鲜活个体。体育教学是实施素质教育的有效途径，如何在体育教学中融入创新教育，对提高学生综合素质来说意义非凡。体育教学的终极目标就是完善学生的体育理论知识和运动技能，健全学生道德，促进学生全面发展。

一、树立以学生为本的理念，把学生作为教学的根本，培养学生的自主学习能力

体育教学应在尊重教师主导性的同时，充分尊重学生的主体地位，这就要求体育教学要以学生为本。以学生为本则要求体育教师激发学生的求知欲，调动学生自学的积极性，尊重学生的主动性，让学生能够自由地茁壮成才。

二、采用灵活多变的教学方式，鼓励学生积极参与，发展学生的观察力

与传统的文化课相比较而言，体育课的教学更加具有形象性、直观性、趣味性和生动性。在体育课堂上，教师是相对自由灵活的，可以在教学课堂中融入游戏、竞技因素来丰富教学内容，吸引学生参与其中。同时，体育活动是"身体语

言"固化为形象思维,再逐步形成抽象思维的过程。因此,在这个过程中,体育教师可以采用变化多端的教学方式,让学生在轻松、愉悦的游戏氛围中,提高学习兴趣、强壮体质、增强心智。

三、鼓励学生标新立异,在探索中创新

创新是事物向前进步的源源动力,因此,教师要鼓励学生创新,要勇于标新立异,推陈出新。当然,这里所说的标新立异并不是一味地"求异",不顾基础知识,而是要鼓励学生在掌握扎实的基本功之余,用新的思维去重新审视之前学习过的内容,不断进行知识的优化重组,进而形成新的认知理论和认知方法。与此同时,体育教师要学会利用学生的某些心理特点培养学生标新立异、推陈出新的能力。体育教师要学会"引而不发",提出某个问题,但不发表言论,一步一步地引导学生进行独立思考,最终培养学生独立创新解决问题的能力。

四、形成老师和学生间良好的沟通渠道

社会是一个群体,人与人之间要进行交流和沟通,社会才得以向前发展。体育教学也是一样,在体育课堂上,教师和学生之间也需要彼此交流和沟通。如果学生在头脑中形成创新意识和创新思路的时候,教师不作为,没有给他们提供创新的空间和平台,那么最终会把学生的创新思维和想法扼杀在摇篮里。久而久之,学生也便习惯性地压抑自己的想法,思维变得懒惰起来。填鸭式灌输的知识传授,对他们的长远发展也很不利。作为体育教师,应该从自身做起,想尽一切可行的办法,帮助学生的身心得到最大的释放。为学生创设一切可能的因素,促使他们启迪智慧、主动探究、强壮体格,充分尊重学生的主体地位,让学生成为学习的真正主人。

五、将创造力的培养延伸至课堂之外

"以学生发展为本,健康第一"是作为体育教师应有的态度。体育教师应该学会利用一切可以利用的因素,提升学生学习体育的动力,增加学生学习体育的兴趣,提高学生的学习创造力。在体育教学的实施过程中,体育教师应该在教学伊始,就对学生创新能力的培养做出长远规划,以此明确目标。在体育教学中,教师要充分尊重学生的个性和需要,从学生的生理和心理特点出发,夯实学生的体育基础理论知识,以多样化的课堂教学手段为学生锻炼提供良好的学习氛围,在体育课堂内构建和谐的师生关系,做有利于学生创新能力培养的准备。

当然,仅仅依靠课堂上的40分钟来培养学生综合能力是远远不够的,这就要求体育教师要把对学生创造力的培养延伸到40分钟之外,也就是人们常说的课

外。相较于课内而言，课外的时间和空间更为广阔。课外为学生提供更多思考和实践的时间和空间，有利于学生受到生活课堂的启发养成自主学习的习惯，也有利于学生提高学习能力，确立终身体育思想。

由此可见，培养学生创新能力的过程是一个长期而复杂的过程，需要教师和学生共同的坚持和努力。因此，体育教师要突破以往传统的教学模式，利用身边一切先进的资源，为学生构建一个宽松、民主、富于创新精神的教学天堂。在这个天堂里，教师尊重学生，尊重他们的主体地位，尊重他们的个性，尊重他们一切值得尊重的东西，并提升学生的自信，不断鼓励学生去发现、去认识、去创造，使学生在创造的过程中渐渐成才。

第四节 终身体育思想的强化

终身教育思想阐释：

"所谓终身教育是指一系列非常特殊的观念、实验与成就；换言之，就其最完整的意义而言，教育包含各个层面与方向，从出生到临终未曾间断的发展，以及各个不同的点与发展阶段之间非常密切且有机的关系。"这是终身教育的倡导者朗格朗给终身教育下的定义。终身教育思想并不是现代体育思想的一个新名词，它发源于古代，并在人类历史长河中不断积淀、丰富、发展和完善，并在现代得到提倡。

综观历史，终身教育思想之所以在现代得以倡导并广泛传播，是有其深刻的社会和历史原因的。终身教育思想的观点主要包括以下几点：第一，从教育历程来看，跨越学校的围墙，人从出生直至生命终结都是受教育的过程；第二，从学习方式来看，不再一味地被动接受学习，而是自我主动地学习；第三，从教育目标来看，终身教育重在发展完善的人和和谐的社会。由此可见，终身教育思想的产生和传播是有着深刻的社会和历史意义的，终身教育有利于教育往高效、公正、人道的方向发展，而且也有利于变革社会中主流的教育思想观念，使之朝科学化的方向发展。

终身体育思想下高校体育教学的改革研究：

当今的学校体育教育已经慢慢跨越了学校的围墙，时间上由学生时期延伸到工作后，空间上由学校延伸到社区。这就是所谓的学校体育体系整体化，简言之，就是把学校体育看作一个统一的整体，把学校体育教育的纵向横向紧密联系起来。

就纵向而言，学校体育分为学前体育、学中体育、学后体育，或幼儿体育、中学体育、大学体育以及就业以后的体育。纵向体育充分考虑到学校体育的阶段性、连续性、统一性和整体性，它还把学校体育内部各环节协调组合成一个统一的整体，从而发挥着各自的特定功能。就横向而言，学校体育体系是终身体育体系中的一个重要构成，它并列于家庭体育、社会体育，使得学校体育与社会体育、家庭体育统一发展，三者密切配合、相互协调、互相促进，形成一个由幼儿体育、青少年体育、中老年体育有机贯穿的以全民为对象的终身体育教育体系。

基于上述情况，高校终身体育教学主要可以从以下几个方面入手。

一、延伸教学范围

事实表明，体育课堂教学毕竟是有限的，只有把体育课堂向外拓展，才是真正培养学生的体育兴趣、激发学生的体育动机、提高技能的有效途径。此外，体育课堂的延伸还有利于学生之间技能的交流与展示。基于此，学校应该结合自己的实际情况，经常开展如年级联赛、俱乐部赛等丰富多样的课外竞赛活动，以便学生有选择、参与和展示自己的机会。课外竞赛是张扬学生个性和显示学生兴趣的最佳办法。此外，还可以通过开展一些知识竞赛，来提高学生对体育文化理论知识的理解和掌握。与此同时，体育教师还应给他们讲解一些常见的运动损伤，传授其应对方法，让他们防患于未然，对将来有可能发生的危险有所准备，不至于在突发状况发生时手足无措。他们能在实践中感受到学有所用，更加懂得保护自己，更加有成就感，从而激发他们的运动热情。

二、完善教学方法

（一）多种教学方法并用

在过去传统的体育教学中，教学方法一成不变，单一乏味，吸引不了学生的兴趣，激发不了学生的参与热情。因此，在现今的体育教学中，我们要一改以往的教学方法，多采用新奇的方式引起学生的注意和兴趣，并鼓励学生手脑并用，积极参与体育教学。只有教师经常向学生提出新要求、新任务，才能不断吸引学生的练习兴趣，保持神秘感，一直牵动学生那颗好奇的心。此外，在教学过程中，体育教师要广泛运用挂图、录像、示范等教学手段，吸引学生对体育的兴趣。这样一来，学生就会对所学的内容产生浓厚的兴趣，进而积极主动地参与学习过程。学生"动心""用心""专心"，注意力高度集中，教学秩序井然有序，学习效率也必将大大提高。

（二）用体育游戏激发学生兴趣

体育游戏的外在表现形式为游戏，但它实际上属于身体锻炼活动的一种。它在进行之初就设计好了目的和规则，因而是一种有组织的体育锻炼活动。体育游戏也是一种有意识的、创造性的活动。此外，体育游戏还具有普及性、趣味性、锻炼性等特点。由于体育游戏对设施要求不高，简单易行，而且难度低，趣味性强，因此它适合各类身体素质的学生共同参与。体育教师可以在日常枯燥乏味的体育教学过程中，融入一些符合教学内容和教学目标的游戏环节，想必会深受广大学生的喜爱。

体育游戏必须符合课程内容和学生的特点。例如，高校体育教学过程中选取的游戏就一定要符合大学生的年龄特点，游戏的动作、情节、规则和组织方法都要与大学生的身体素质和教学目标相适应。游戏的内容要有教育意义，其形式要简单易行，这样才有利于教学目标的最终达成。除此之外，游戏还有利于学生提高基本运动技能、提高身体素质、养成团队合作意识。游戏的设计也应当把教学场所和教学设备等实际情况考虑进去，要从学校的实际硬件设施出发，安排一些切实可操作的游戏活动。例如，有些游戏，虽然内容和形式都很新颖，很能吸引学生的注意力，但是由于受很多硬件设施的限制，不能很好地实施起来，因而也不能在体育教学中得到运用。所以，体育教师在设计游戏之初，就应该把简便性作为游戏选择的首要原则。同时还要考虑到游戏功能的发挥，选择游戏内容时，既要选择那些能够提高学生运动技能、发展学生身体素质的游戏，也要选择那些能够活跃教学氛围、增强团队精神的游戏。

三、培养学生的学习能力

终身体育思想的树立，应该同素质教育和现代体育教育结合起来，不可割裂来看。首先，在体育教学中，体育教师应注意增强学生的体育意识、培养学生锻炼身体的习惯、增强学生体育学习的能力，为终身体育奠定坚实的基础。其次，体育教学的方法和各个实施环节都要建立在学生综合素质提高的基础之上，体育教师要变革传统的体育教学方式和体育教学内容，把传统的体育理论知识和技能的教授转变为尊重学生的主体地位、发展学生的创造性思维、培养学生自主学习的教授过程。再次，体育教师应处理好自己和学生之间的关系，对教与学有个正确的认知，广泛利用周边一切的积极因素，最大限度地激发学生学习体育的热情和自觉性。最后，"以学生为中心"，让学生当自己学习的主人，使学生养成学会学习的习惯，培养学生自我摸索、自我发展、自我形成终身体育的态度和行为。

在现代社会，只有不断创新才能吸引人们的眼球。学校体育教育也是如此，只有创新的课程才能吸引学生的注意。这就要求体育教师要不断更新、与时俱进、把握时代的脉搏，丰富教学内容，采用创新的教学方法，并将其很好地融合到具体的体育教学实践当中，吸引学生参与体育活动过程，进而塑造学生自我锻炼的良好素养和提升学生自我学习的能力。只有这样的课堂才能打动学生的内心，终身体育才指日可待。

激发学生的体育兴趣，为终身体育奠基。

一、兴趣的重要性

心理学认为，人力求认识某种事物或进行某种活动的心理倾向就是"兴趣"。兴趣是一种稳定的、瞬时性的心理倾向。兴趣体现在教学活动中，具体表现为学生强烈的积极性和兴奋状态，一旦教学内容吸引了学生，学生就会对学习充满兴趣，引发前所未有的求知欲，进而表现出对所学内容想要理解和掌握的强烈需求。这就会促使学生学习积极主动，效率得以提高。学校体育作为众多教育学科的基础学科之一，与其他专业课程一样，也承载着教书育人的使命。培养身心健康的学生才是体育教学的最终宿命，因为大学生身心发展直接关系着祖国的现代化建设，直接关系着科学技术的发展，直接影响着综合国力的提升，当然与之最密切的当属他们自身的发展。因此，学生身心和谐发展才是体育教学的最终目标。体育锻炼之所以特殊，就在于它需要人们亲力亲为，不可代替，而且收益最大的永远是人自身。因此，帮助学生养成良好的体育锻炼习惯必将让学生受益终生，这也是体育教学优秀成果的一个展示。如果体育教师不注重对学生体育活动兴趣和锻炼的习惯的培养，那么终身体育也就如同无源之水、无本之木，遥不可及。因此，学校体育改革不仅要在学生基本运动技能和理论知识上下功夫，还应该侧重培养学生的体育能力，让学生体育在课内外有个很好的衔接过程，进而激发学生体育锻炼的动机和兴趣，最终培养学生终身体育锻炼的好习惯。

二、如何培养学生的体育兴趣

（一）树立体育重要的观点

受传统观念的影响，体育课长期得不到学校与家长的重视，甚至很多学生和教师也都觉得体育课程不重要。因此，体育教师在教学过程中，要更正学生的这种错误观念，使学生认识到体育的重要性，提高对体育课的重视程度。使学生明确体育的重要性如同经济、政治、军事、科技一样，都是国家、民族的综合实力的体现和主要构成部分。此外，体育课程对强健学生的体魄、培养学生的坚强意志、塑造敢想敢做的优良品质具有极其重要的影响。良好的身体是为祖国提供有用之才最基本的保障。

（二）确立教师的主导地位

体育教师在体育课程教学中占据着主导地位，同时也是体育课堂的指导者。因此体育教师要做好自己的本职工作，当学生遇到困难无法解决的时候，应该对他们进行及时的关怀和开解，并鼓励他们提高战胜困难的信心和决心。此外，体育教师作为人民教师，还应该为人师表，为学生起到表率作用，用自己特有的精神风貌去感染身边的每一个学生，让他们受到熏陶和感染。长此以往，学生和教师之间就会建立良性的师生关系，学生对教师既有崇拜之情，又有朋友之情，教师的举手投足都会影响到学生的言谈举止。学生会因为爱上体育老师，而爱上体育课程的学习，这也是体育教师的魅力所在。

（三）让学生体验成功的快乐

"成就感"能增强人的自信和兴趣，在教学过程中，体育教师要细分教学目标，让学生尽可能通过努力便能达成目标，获得成功的体验。在体育教学过程的点滴之中，最大限度地挖掘每个学生的优点和独特之处，不断地对他们进行肯定和表扬，欣赏他们身上的每一处发光点，进而增加学生的自信心和学习体育的兴趣。

（四）通过组织竞赛激发学生的兴趣

每个学生都想获得大家的赞美和认可，都想把自己最好的一面展示在大家面前，这就需要体育教师为学生提供一些可以尽情展示自己的平台。体育教师可以多组织体育竞赛。在竞赛中，每个学生都有获胜的机会，每个学生都可以尽情地展示自己，每个学生都能在竞赛中获得快乐体验。

（五）鼓励大胆创新，勇于实践

"创新"是国家兴旺发达的不竭动力，是推动民族进步的灵魂，是素质教育的核心目标。体育课堂为创新教育的实施提供了基本的平台，因此，在教学过程中，体育教师要竭尽所能为学生创设民主和谐的良好氛围，鼓励学生敢于创新、善于创新，不断超越过去，促进学生创新精神的培养，加速素质教育的实施进程。

（六）教学方法的采用

体育教学需要场地、运动器材等，教师在安排场地、器材时要以激发学生学习兴趣、营造快乐氛围为前提，这样有利于学生更好地学习和掌握运动技能。在教学过程中，要穿插多种教学手段，改变以往体育教学给学生留下的死板、单一的印象。体育教师可以在教学过程中广泛运用风趣、诙谐的语言，使学生在教学过程中得以放松和愉悦。在进行动作示范时，体育教师应尽量严格要求自己，让自己的动作尽可能的标准和美观，让学生受其影响，并努力效仿。

学校体育教育为终身体育意识奠基，它能够潜移默化地影响人的一生。学校体育教育不仅关系着学生终身体育的体质基础，还影响着学生终身体育的动机和行为习惯。学生在进行体育锻炼的过程中，形成一技之长，并发展自己进行体育锻炼的积极性和主动性，为将来终身体育意识和行为的形成奠定坚实的基础。让学生体会到体育和生命的价值，生命在于运动，运动使生活更美好。

第八章　高校体育的科学化训练

第一节　球类运动项目的科学化训练

球类运动中各个项目的科学化训练：

一、足球运动基本技术

（一）传球

1.脚内侧踢球技术

足球运动项目的练习者在传球开始之前，应该进行直线型助跑，在最后一步的时候，跨步要大。当支撑脚跨步向前进行支撑的时候，练习者的脚掌应该同地面之间保持一定的距离，同时保证落地支撑的积极、快速。当练习者的支撑脚落地的时候，先落地的应该是脚后跟，通过滚动式向前到全脚掌支撑过渡。此外，练习者需要注意的是，应该适当弯曲支撑腿的膝关节，使身体重心的稳定得到保持。

2.脚背内侧踢球技术

斜线助跑，助跑方向与出球方向约呈45度角。助跑最后一步要大一些，一般应保持在本人跨一大步的距离较好。支撑脚落地时以脚跟及脚掌的外侧沿先着地，然后过渡到全脚掌。支撑脚脚尖指向出球方向，膝关节微屈支撑身体重心，上体略向支撑脚一侧倾斜并稍侧转体（支撑脚一侧的肩部稍向前，踢球脚一侧肩稍向后）。支撑脚与球的位置以支撑脚脚尖与球的前沿保持平齐较好，左右距离以支撑脚的内侧沿与球的外侧沿保持15～20cm较好（不同骨盆宽度的人可以适当调整支撑脚与球的左右距离，但一般不要超过25cm）。在支撑脚着地的同时踢球腿以髋关节为轴，大腿带动小腿由后向前摆动（大小腿折叠要紧），当踢球腿膝关节摆至球的内侧垂直上方时，小腿做爆发式前摆（大小腿突然打开），脚尖稍向外侧转，脚尖指向斜下方，脚背绷紧固定，以脚背内侧部位踢球的正中后部（踢高球时，可踢球的中下部）。踢球后身体重心随踢球腿的前摆向前移动。

3.脚背正面踢球技术

直线助跑，最后一步要大一些，成跨步，支撑脚要积极跨步落地，以脚后跟先着地形成滚动式着地支撑。支撑脚的位置是左右为支撑脚的内侧沿与球的外侧沿距离在10～15cm之间，一般不应超过20cm。前后距离以支撑脚的脚尖与球的前沿保持平齐为好，过前过后都会影响踢球的效果。在支撑脚落地支撑的同时，踢球腿大腿带动小腿（大小腿折叠紧状态）由后向前摆，当膝关节摆到球的垂直上方前的瞬间，大腿制动减速而小腿爆发式突然加速前摆，以脚背正面部位触踢球的正中后部位。踢球后自然向前跟出保持身体重心的平稳。

4.脚背外侧踢球技术

踢平直球时，助跑、支撑位置与姿势、踢球腿的摆动基本与脚背跟及脚掌的外侧沿先着地，然后过渡到全脚掌。支撑脚脚尖指向出球方向，膝关节微屈支撑身体重心，上体略向支撑脚一侧倾斜并稍侧转体（支撑脚一侧的肩部稍向前，踢球脚侧肩稍向后）。支撑脚与球的位置以支撑脚脚尖与球的前沿保持平齐较好，左右距离以支撑脚的内侧沿与球的外侧沿保持15～20cm较好（不同骨盆宽度的人可以适当调整支撑脚与球的左右距离，但一般不要超过25cm）。在支撑脚着地的同时踢球腿以髋关节为轴，大腿带动小腿由后向前摆动（大小腿折叠要紧），当踢球腿膝关节摆至球的内侧垂直上方时，小腿做爆发式前摆（大小腿突然打开），脚尖稍向外侧转，脚尖指向斜下方，脚背绷紧固定，以脚背内侧部位踢球的正中后部（踢高球时，可踢球的中下部）。踢球后身体重心随踢球腿的前摆向前移动。

5.脚背正面踢球技术

直线助跑，最后一步要大一些，成跨步，支撑脚要积极跨步落地，以脚后跟先着地形成滚动式着地支撑。支撑脚的位置是左右为支撑脚的内侧沿与球的外侧沿距离在10～15cm之间，一般不应超过20cm。前后距离以支撑脚的脚尖与球的前沿保持平齐为好，过前过后都会影响踢球的效果。在支撑脚落地支撑的同时，踢球腿大腿带动小腿（大小腿折叠紧状态）由后向前摆，当膝关节摆到球的垂直上方前的瞬间，大腿制动减速而小腿爆发式突然加速前摆，以脚背正面部位触踢球的正中后部位。踢球后自然向前跟出保持身体重心的平稳。

6.脚背外侧踢球技术

踢平直球时，助跑、支撑位置与姿势、踢球腿的摆动基本与脚背正面踢球动作相同。只是用脚背外侧触踢球。在踢球腿的膝关节摆到球的垂直上方前的瞬间，小腿做爆发式前摆，小腿前摆时，脚尖向内转并向下指（踝关节内收并旋内），脚背绷紧，脚趾扣紧，以脚背外侧部位触击球的正中后部。踢球后身体随球向前自然移动，保持身体平衡。

（二）接球

本文此处关于足球运动接球技术的说明，主要以脚背正面接空中球技术为例。

支撑腿屈膝稳定支撑身体重心，支撑位置一般在球的侧后方适当位置。接球腿屈膝抬脚，踝关节保持适当紧张，以脚背正面正对来球，在球下落触到脚背的瞬间前接球，脚向下回撤将球在下撤过程中接在自己控制范围之内和下一个动作需要的位置上。并快速完成下一个连接动作。

另一种方法是接球脚基本不向上抬起，而是脚背向上勾起，踝关节保持中度紧张，在接近地面高度5～10cm处触球，通过球下落的冲击劫将勾起的接球脚背砸下去从而缓冲了球的力量，将球接控在自己下一个动作需要的控制范围之内，并快速完成下一个连接动作。

（三）运球

1.脚内侧运球技术

在足球运动的运球技术中，最慢的一种就是脚内侧运球。所谓的脚内侧运球，主要是指在需要练习者身体对球进行掩护的一些死角区域或者边线附近需要使用的足球运动项目运球方法。为了使对方队员不抢走球，练习者应该通过侧身转体的姿势将对方的防守队员挤靠住。此外，一般来讲，"之"字形的路线是通过脚内侧来完成。

在足球运动项目脚内侧运动的过程中，稍微向前跨出支撑脚，在球的前侧方踏住，弯曲膝关节，前倾上体，做出侧身运球的状态，即向运球脚的一侧转体，提起运球脚，在对球的后中部进行推拨的时候使用脚内侧部位。

2.脚背内侧运球技术

足球运动项目练习者在跑动的过程中，需要自然放松自己的身体，做出小些的步幅，前倾上体，同时微微朝着运球的方向转动。练习者提起运球脚的时候，要稍微弯曲膝关节，提起脚跟，稍微向外转脚尖，在迈步向前的时候通过脚背内侧向前推拨球，在对方向进行改变的时候，常常会对脚背内侧运球技术进行使用，同时，通常来讲，运动的过程中经常会走出"之"字形路线。

3.脚背正面运球技术

足球运动项目练习者在跑动的过程中，需要自然放松自己的身体，做出小些的步幅，前倾上体。当练习者提起运球脚的时候，要弯曲膝关节，提起脚后跟，稍微向下指脚尖，同时，在迈步向前的时候通过脚背正面部位对球的后中部向前推拨。

足球运动项目的脚背正面运球技术的适用情况是：在快速跑动的过程中，由于前方存在较大纵深距离而必须进行突破或者快速运球的时候。

二、篮球运动基本技术

（一）移动

1.起动

篮球运动项目开展过程中的起动，主要是指在球场中练习者的一种动作，即从静止状态向运动状态转变，同时，起动也能够作为一种方法，促进位移初速度的获得。

在篮球运动项目开展过程中，起动的动作要领在于在动作开始前降低重心，前倾上体，双手手臂的肘部弯曲，在体侧自然垂直，后脚或者异侧脚的前脚掌的蹬地动作要用力，伴随手臂快速摆动的动作进行起动。

起动中比较容易出现的错误是：没有及时地移动重心，后脚的前脚掌或者是异侧脚没有做出充分地蹬地动作，存在较大的步幅。

对阵篮球运动中起动常见的错误，纠正的有效方法是，蹬地时快速用力，尚未向前倾上体，突然的摆动手臂起动，最开始的两步或者散步应该快速且步幅小。

2.跑

在篮球运动项目开展的过程中，跑作为一种脚步动作，目的在于争取时间促进攻守任务的完成。一般来讲，在篮球运动项目的比赛活动中，主要有以下几种常见形式的跑。

（1）变向跑

如果方向的改变是由右边向左边的时候，在最后的一步应该通过右脚的前脚掌内侧做用力蹬地的动作，同时还要稍微内扣脚尖，屈膝迅速，之后左转腰部，向左前方前倾上体；对重心进行移动，向左前方跨出左脚，之后再快速地前进。

（2）变速跑

在篮球运动项目开展的过程中，一种练习者跑动时通过改变速度来促进攻守任务完成的方法就是变速跑。练习者从慢跑向快跑转变的时候，前倾上体，短促有力地用前脚掌向后蹬地，同时摆动手臂要迅速，在开始的两步或者三步的时候，应该夫妇药效，使跑的频率得到加快。当练习者从快速跑向慢速跑转变的时候，需要抬起上体，加大步幅，用过前脚掌同地面接触，使冲力得到减缓，进而使练习者跑步的速度得到降低。

（3）后退跑

在篮球运动项目开展的过程中，当练习者做后退跑动作的时候，需要交替地使用双脚的前脚掌蹬地且跑动向后，同时，还要挺直、放松上体，双手手臂的肘部弯曲同摆动相配合，使身体保持平衡，两只眼睛半视，对于场上的情况进行观察。

（4）侧身跑

在篮球运动项目中，侧身跑的关键目的在于，当练习者跑向前方的时候，朝着跑动的方向将脚尖对准，同时将头部与上体向着球所在的方向转动，以便于对场上的情况进行观察。

3.滑步

在篮球运动项目的防守移动中使用频率比较高的一种步法就是滑步。滑步对于练习者身体平衡的保持是非常有利的，能够移动向任何一个方向。对于滑步而言，一般可以将其分成三种类别，即前滑步、后滑步、侧滑步，其中侧滑步也就是横滑步。

4.急停

急停是队员在运动中突然停止的一种脚步动作，分跳步急停和跨步急停两种。

（1）跳步急停

在篮球运动项目的慢速移动与中速移动中，练习者的起跳可能会使用单脚，也可能会使用双脚，同时会稍微向后仰上体，两只脚要同时落向地面，同时，在双脚落地的时候保持两腿膝盖的弯曲状态，且双手手臂肘部弯曲向外张开，使身体保持平衡。

（2）跨步急停

在篮球运动项目开展的过程中，如果快速移动的时候练习者需要急停，那么就需要跨一大步向前，后仰上体，后移重心，先着地的一定是要用脚跟，然后向全脚掌抵住地面过渡，快速地弯曲膝盖。之后就可以进行第二步了，当双脚落地以后，稍微向内转脚尖，通过脚前脚掌内侧做出蹬地动作，弯曲双腿的膝盖，使上体向侧稍微转动同时向前微倾，在双脚之间保持重心，双手手臂的肘部弯曲自然打开，使身体保持平衡。

5.转身

转身作为一种篮球运动项目中的脚步动作，是以练习者的一只脚作为中轴的存在，同时用力地将另外一只脚蹬地，旋转身体，进而使练习者的身体方向得到改变。在转身动作完成的过程中，身体重心向中枢脚转移，将脚提起，将前脚作为中轴，用肋向下碾地的同时，移动脚步使劲蹬地，随着移动脚的转动，上体也要转动。需要注意的是，身体重心不能上下起伏，其转动需要沿着一个水平面。当练习者的转身动作完成以后，使自身身体保持平衡，以促进同下一个动作之间的衔接。

通常来讲，我们会将转身分成两种，即前转身与后转身。所谓的前转身，主要指的是移动脚跨步转向中枢脚前方，进而使练习者的身体方向得到改变；而所谓的后转身，主要指的是移动脚撤步转向中枢脚，进而使身体方向得到改变。

（二）传、接球

在篮球运动项目中，比较重要的基本进攻技术之一就是传、接球技术。通常或经过多次及时、准确地传、接球才能够实现一次成功的进攻，进而实现攻击时机的创造。

1.双手胸前传球

双手胸前传球是比赛中最基本、最常用的传球方法，用这种方法传出的球快速有力，可在不同方向、不同距离中使用，而且便于和投篮、突破等动作结合运用。双手持球的方法是两手手指自然分开，拇指相对成"八"字形，用指根以上部位持球，手心空出。

2.单手肩上传球

单手肩上传球是单手传球中一种最基本的方法。这种传球的力量大，速度快，常用于中、远距离传球。

（三）投篮

投篮是进攻队员为将球投向球篮而采用的各种专门动作的总称。

1.原地单手肩上投篮

它是现代篮球比赛中应用比较广泛的一种投篮方法。

2.行进间单手肩上投篮

它是在比赛中切入到篮下的一种投篮方法。

3.行进间单手低手投篮

行进间单手低手投篮是在快速跑动中超越或在空中探身超越对手后的一种投篮方法。

4.急停跳起单手肩上投篮

急停跳起单手肩上投篮具有突然性的一种投篮方法。球的出手点高，不易被防守。

动作要领：以右手投篮为例。快速向篮下运动，突然利用跳步或跨步急停起跳，同时两手持球上举；当身体达到或接近最高点时，右臂向前上方伸直，手腕前屈，食、中指拨球，通过指端将球投出。

（四）运球

运球是进攻技术中重要的基本技术，是组织全队进攻配合和突破防守的手段。

（五）防守技术

防守对手是防守队员合理地运用脚步移动和手臂动作积极地抢占有利位置，阻挠和破坏对手的进攻动作，并以争夺控球权为目的的行动。要达到上述目的，防守时必须积极主动、认真负责，综合地联系脚步移动、位置站法、手臂动作、防守姿势，以及抢、打断球技术等多项内容，同时还要对其有效地使用，以促进防守任务的更好完成。

（六）抢篮板球

在篮球运动项目开展的过程中，双方攻守时的争夺焦点就是篮板球，同时，它也直接决定了攻守的转换，可以说球权获得的主要途径就是对篮板球的抢夺。在所有的篮球运动项目比赛活动中，投篮命中率与抢夺篮板球次数相比较，后者比前者更加容易影响到比赛的最终输赢，因此，在现代篮球运动中，争夺主动、获得控制球权的主要根据就是篮板球的争夺，同时展示了个人的实力与全队的实力。如果能够将进攻篮板球抢夺到，那么就获得了明显优势，能够增加进攻次数和篮下得分，并增加队员的信心；抢防守篮板球，不仅能控制球权，创造更多的快攻反击机会，而且会对进攻队员的投篮产生巨大的心理压力。教练员一般都很重视抢篮板球能力的训练和提高。

三、排球运动基本技术

（一）准备姿势和移动

排球运动项目的一项最基本的技术就是准备姿势和移动，上述两项内容都是无球技术的展示，能够作为重要的基础与前提，促进各项有球技术的完成，例如，传球技术、发球技术、点球技术、扣球技术与拦网技术，等等，同时，还能够作为纽带，串联其各种有球技术运动。在排球运动项目中，其准备姿势同移动之间的关系的相辅相成的，准备姿势的存在目的是移动，可以说，如果想要实现快速移动，就必须将准备姿势先做好。

1. 半蹲准备姿势

在排球运动项目中，最为基本的一种准备姿势，也是比较常见的准备姿势就是半蹲准备姿势。要求练习者两腿的膝盖微微弯曲，双脚抵地。

2. 移动

在排球运动项目中，移动的意义在于将球及时接好，同时将人和球之间的位置关系保持好，为击球动作做好准备。比较常见的有以下几种步法。

（1）交叉步

在排球运动项目开展的过程中，交叉步移动的基础和条件是来球同练习者的体侧存在三米左右的距离。交叉步移动具有步幅大、动作快的显著特点。

如果对向右侧交叉步进行使用的时候，需要稍微向右倾上体，在右脚前面，左脚交叉迈出一步，之后右脚跨出一大步向右边，同时使身体向来球方向转动，对击球之前的姿势进行保持。

（2）并步与滑步

在排球运动项目开展的过程中，如果练习者身体同球之间的距离是一步左右的话，那么就能够对并步移动进行使用。当移动进行的过程中，例如，移动向前，前脚跨出一步向来球方向，后脚蹬地跟上。如果来球同练习者之间的距离较远的时候，仅仅使用并步是不能向球接近的，这时可以对快速的连续并步进行使用。连续并步也被我们称作滑步。

不仅如此，移动包含的步法不只有交叉步、并步、滑步，还有跨步、跑步、跨跳步，等等。

（二）发球

在排球运动项目开展的过程中，所谓的发球主要是指在发球区域，练习者将自己抛起来的球用一只手向对方场区直接击入的动作。作为排球运动项目的一种基本技术，发球也是一种重要的进攻性技术广泛地使用在排球比赛中。伴随排球运动的不断发展，也促进了其发球技术的持续创新与提高。

1.正面下手发球

动作要领：面对球网两脚前后开立，左脚在前，两膝微屈，上体稍前倾，重心偏于右脚，左手持球于腹前。发球时将球抛起在体前右侧，离手约20cm高。抛球前，右臂伸直，以肩为轴向后摆动。击球时，右脚蹬地，身体重心随着右手向前摆动击球移至前脚上，在腹前以手掌击球的后下方。手触球时，手指手腕紧张，手呈"勺"形。击球后，迅速进入场地。

2.侧面下手发球

动作要领：左肩朝向球网，两脚左右开立，与肩同宽。两膝微屈，上体前倾，重心落在两脚之间，左手持球于腹前。发球时，左手把球平稳抛送于胸前，距身体约一臂远。离手约30cm高。抛球同时，右臂摆至右侧后下方，接着利用右脚蹬地向左转体的力量带动右臂向前上方摆动，在腹前用全掌击球的右下方。

3.正面上手发飘球

动作要领：击球前的动作与正面上手发球相同，只是抛球稍低、不旋转。挥臂时由后向前做直线加速挥摆，用掌根或半握拳击球的后下部，用肋要突然、短促，使作用力通过球体中心，球在飞行中不旋转而产生飘晃。击球后手臂突停、下拖、突停回收或平砍等动作，可以发出不同性能的飘球。

（三）传球

传球是排球技术之一，是利用手指手腕的弹击动作将球传至一定目标的击球动作。传球是排球运动中的重要技术，是组织进攻战术的基础。

1. 正面传球

动作要领：传球时拇指、食指和中指承担球的压力，其余手指触球两侧协助控制球球触手的瞬间手指和手腕应保持一定的紧张程度，利用其弹力和伸臂与脚蹬地的协调力量传球。

2. 侧向传球

动作要领：身体不转动，主要靠双臂向侧方伸展的传球动作叫侧传。侧传有一定的隐蔽性。准备姿势和迎球动作与正面传球相同，击球点保持在脸前或稍偏于出球方向一侧。一侧手臂要低一些，另一侧手臂要高一些。用力时，蹬地后上体要向出球方向倾斜。双臂向传出一侧用力伸展，异侧手臂动作幅度较大，伸展较快。

3. 跳传

动作要领：跳起在空中传球叫跳传。跳传在当前的排球比赛中已被大量运用，有的优秀运动员甚至把跳传作为主要的传球方式，这是因为跳传的击球点较高，能有效地缩短传扣的时间间隔，保证快速进攻战术的实施。同时跳传还能够与两次球进攻战术联系在一起，因此具有较大的迷惑性。

跳传的起跳动作无论是原地起跳还是助跑起跳，最好都要向上垂直起跳，保持好身体的平衡。当身体上升到最高点时，靠迅速伸臂以及加大指腕力量将球传出。跳传可以正传、背传和侧传，其传球手形、击球点分别与正传、背传、侧传的手形和击球点基本相同。

（四）垫球

垫球是排球基本技术之一，指的是通过手臂或身体其他部位的迎击动作使来球从垫击面上反弹出去的击球动作。

（五）扣球

扣球指队员跳起在空中用一只手或手臂将本方场区上空高于球网上沿的球击入对方场区的一种击球方法。扣球是排球比赛中最积极最有效的进攻手段，是得分和得发球权的主要方法，扣球的成败，是完成全队战术配合、决定胜负的关键技术。

1. 正面扣球

在排球运动中，最基本的扣球技术是正面扣球，只有掌握正面扣球的基础动作，才能学习和掌握其他难度大的扣球技术。

2.勾手扣球

在起跳后，左肩对网，通过转体动作，带动右臂向左上方挥动击球的一种方法。这种扣球适合远网扣球或由后排调整过来的球。它可以扩大击球范围，并能弥补起跳过早或冲在球前起跳的缺陷。

3.单脚起跳扣球

单脚起跳扣球是指助跑的最后一步以单脚踏地，另一只脚直接向前上方摆动帮助起跳的一种扣球方法。这种扣球在现代排球中由于各种冲跳扣球的大量采用，使其有了新的发展前景。

（六）拦网

拦网是指在球网附近的队员，将手伸向高于球网上沿，阻挡对方击过来的球并触及球，是排球的基本技术之一。

1.单人拦网

动作要领：

（1）准备姿势

面对球网，两脚左右开立，约与肩同宽，距球网30～40cm。两膝稍屈，屈肘置于胸前。

（2）移动

为了及时对准扣球点，一般情况下采用与网平行的移动，常用的移动步法有并步、滑步、交叉步、跑步。

（3）起跳

原地起跳时重心降低，两膝弯曲肋，同时两臂在体侧屈肘做划弧线摆动，使身体垂直起跳。起跳的时机应根据对方的扣球变化而有所不同，一般应比扣球队员起跳晚半拍，但拦快球时应与扣球者同时起跳。

（4）空中击球

拦网时，两臂贴耳垂直，两肩上提，两手距离不能超过球的半径，并要尽量接近球的上空。拦网时手指自然张开，手腕略后仰，手指微屈，分开呈"勺形"，以便包住球。当手触球时，两肩上送，两手要突然紧张，手腕用力下压，盖住球的前上方，将球拦在对方场内。

（5）落地

拦网后要正面对网屈膝缓冲落地。若未拦到或拦起球在本方时，则应在身体下落时向落球方向转体，便于后撤接应或反攻。

2.集体拦网

集体拦网有双人拦网和三人拦网两种，集体拦网技术动作除要求具备个人拦网技术要求外，还应注意互相配合。

（1）集体拦网要确立以谁为主，密切协调配合。

（2）起跳时应避免互相冲撞或干扰。

（3）起跳后，手臂在空中既不要互相重叠，也不要间隔太大，以免造成拦击面小而漏球。

（4）身材高矮不同的队员要加强配合。

（5）身材高、弹跳力强或拦网好的队员，应排到拦网重要的3号区域，或对准对方的主攻者。

3.学练方法：主要以徒手动作为主

（1）徒手原地模仿拦网动作，体会拦网的伸臂和拦击球动作。

（2）网前做原地起跳徒手拦网动作。

（3）网前两人一组，隔网相对，做并步、交叉步等徒手移动拦网。要求移动迅速，两人密切配合。

（4）两人一组，徒手移动配合拦网。

（5）网前三人站在本方高台上，分别持球在本区上空网上沿，多人在对方网前轮流移动拦网。要求起跳后在空中压腕"盖帽"并触球。

四、乒乓球运动基本技术

（一）握拍法

1.直握球拍法

直握球拍法常见的有快攻型握拍法、弧圈型握拍法和削攻型握拍法。

（1）直拍快攻类型握拍法

直拍快攻型握拍出手较快，正手攻球快速有力，攻斜、直线时拍面变化不大，对手不易判断。反手攻球因受身体阻碍，较难掌握，防守时照顾面积较小。其打法因反手大都采用推挡，进攻较弱，反手比较被动，并容易出现漏洞。

（2）直拍弧圈类型握拍法

直拍弧圈类型握拍法可分为四种：

①中式直拍弧圈握拍法。

②单面攻类型握拍法。

③日式直握拍法。

④直板横打型握拍法。

（3）削攻型握拍法

此种握拍法是拇指自然弯曲、紧贴拍柄左侧，第一指关节用力下压，其余四指自然分开托住球拍背面。

（二）基本站位与基本姿势

1.基本站位

（1）进攻型打法的基本站位

距离球台端线50cm左右。擅长近台进攻的选手，站位可稍近些（如左推右攻打法者站位距球台端线约40cm）；擅长中近台进攻的选手，站位可稍后些（如直拍弧圈打法的站位距球台端线60cm，横拍两面拉打法的站位距端线约65cm）；擅长正手侧身抢攻的运动员，可站在球台偏左侧（如直拍、横拍以侧身抢拉为主的选手，左脚约站在位于球台左边线延长线外约25cm处）；擅长打相持球或反手实力较强的运动员，可站于球台中间略偏反手的位置。

（2）削攻型打法的基本站位

距球台端线100～150cm，多在球台中间略偏反手的位置。进攻能力强的，站位可稍近些；以防守为主的选手，站位可稍远些。

（三）步法移动

常用的步法有单步、跨步、跳步、并步、交叉步、侧身步。

（1）单步：以一脚为轴，另一脚向前、后或左、右移动一步，随之身体重心落在移动脚。

（2）跨步：来球方向的脚先向来球方向跨出一大步，另一脚向同一方向跟着移动一步。常在来球距身体远时使用。

（3）跳步：以一脚用力蹬地，两脚同时离地向前、后或左、右移动。常在来球较快、角度较大、距身体远时使用。

（4）并步：以一脚向来球方向跨一步，另一脚随即跟上来。常在来球距身体稍远时使用。

（5）交叉步：先以来球反方向的脚向来球方向跨出一大步，体前交叉，然后另一脚跟着向来球方向迈出一大步。常在来球距身体很远时使用。

（6）侧身步：一种是对方来球追身，以左脚为轴，右脚向左后移动一步；一种是对方来球追身偏左方，应以左脚向左迈出一步，然后右脚向左后移动一步。常在来球逼近身体时使用。

（四）发球与接发球技术

接发球是乒乓球技术中一个重要的组成部分，比赛中如果接发球不好，不仅会给对方较多的进攻机会，而且更重要的是常会引起自己心理上的紧张和畏惧，造成一连串的失误；反之，如果接发球接得好，不仅有时可以直接得分，而且还可以破坏对方的抢攻，从而为自己的进攻创造有利的条件。常用的接发球技术有挡、推挡、搓球、削球、抢攻、抢拉等。

1. 正手发左侧上、下旋球

动作要领：正手发左侧上旋球时，手臂自右上方向左下方挥拍，球拍从球的右侧中下部向左侧面摩擦，手腕迅速上勾。正手发左侧下旋球时，球拍由球的右侧中下部向左下方摩擦。

2. 正手发下旋球与不转球

动作要领：发下旋球时，持拍手向前下方挥摆，击球前拍面稍平，击球时手腕发力摩擦球的底部。发不转球时，持拍手向前下方挥摆，击球前拍面稍竖直些，击球时不是摩擦球体而是推打球的中下部。

3. 反手发右侧上、下旋球

动作要领：持球手将球抛起时，持拍手快速向左上后方引拍，以球拍引至左肘下方外侧为宜，手腕适当内屈，拍面向左上方，待球在高点下降时，即向前击球。向前击球分两部分动作完成。从左后上方向右前下方挥摆为第一部分；从右前下方向右前上方挥摆为第二部分。这样，当发右侧下旋球时，用第一部分动作最后阶段击球，拍面从球的中下部向右侧下摩擦，触球后仍做第二部分动作，也称假动作。当发右侧上旋球时，第一部分动作为假动作，不击球，用第二部分动作击球。触球时球拍从球的中下部向右上方摩擦。

4. 反手发急上旋球

动作要领：发球时、持球手将球向上抛起的同时，持拍手迅速向左后方引拍，拍形稍前倾，腰稍向左转，待球从高点下降到低于球网时，用前臂和手腕发力，击球的中上部，同时，腰从左侧向右侧转动。

5. 接左侧上旋球

动作要领：接左侧上旋球时，球触拍后向自己的右侧上方弹出，因此，采用推挡回接时拍面稍前倾并略向左偏斜，击球中上部偏右侧的部位，用肋向前推挡，以抵消来球的左侧上旋力。如对方的球发到你的正手，也可采用攻球技术进行回击，拍形适当下压。

6. 接下旋球

动作要领：接近网下旋球时可采用搓、挑技术；接旋转强度较强的下旋球时，主要采用搓球技术；击来球下降期时，引拍比接一般下旋球稍高些，延长球在拍面上的摩擦时间。如果攻球回接，应注意调节拍形前倾角度，适当向上用力提拉。

以上只是简单地介绍了几种接发球的方法。若想进一步提高接发球的成功率和质量，还应在长期的训练中认真加以研究，根据自身的特点灵活地加以组合运用。

应当提出的是，无论采用哪种方法去接旋转发球，都应该有一定的击球速度作为保证,用速度来克制旋转常常是比较有效的。在比赛中如果不敢大胆用力回击球,采用将对方的发球被动地"碰"过去,这样更容易造成回击球失误。

(五) 反手推挡球

推挡是我国直拍快攻打法的基本技术之一,它在直拍左推右攻打法中占有极其重要的地位。

推挡技术的特点是站位近,动作小,速度快,变化多。它在比赛中常常会起到由被动变为主动的作用,所以推挡是乒乓球运动的最基本技术之一。

动作要领:站位近台,身体重心保持在两脚之间。击球前持拍手上臂和肘关节内收,前臂略向外旋。击球时手臂快速向前伸,手腕外旋,食指压拍,在来球反弹的上升期向前击球,触球中上部。击球后,手臂继续前送一段距离再还原。

(六) 搓球技术

搓球是用类似削球的动作,在近台回击对手下旋来球的一种击球方式。搓球技术包括慢搓、快搓、摆短、搓侧旋4种技术。下面以慢搓球、快搓球和搓侧旋球技术为例:

1. 慢搓球

动作要领:站位近台,两脚左右开立。反手搓球时,向左上方引拍,拍形稍后仰。击球时,身体重心向前移动,同时前臂作旋内转动,由上向前下挥拍,在来球的下降期摩擦球的中下部。

2. 快搓球

动作要领:反手快搓球时,站位近台,引拍至身体左上方。击球时,上臂迅速前伸,前臂由上向前下方用力,手腕控制拍面稍后仰,在来球的上升期击球的中上部。

3. 搓侧旋球

动作要领:搓球前,球拍先迎前。搓球时,手臂向左发力摩擦球的同时,手腕用力,在球的高点期或下降前期搓球中下部。

(七) 攻球技术

攻球技术是乒乓球的重要基本技术,是得分的主要手段之一,它包括快攻、快点、快带、快拉、突击、扣杀、杀高球等技术。下面以正手快攻和正手扣杀球技术为例进行学练:

1. 正手快攻

动作要领:站位近台,转腰带动前臂向后弓拍。根据来球的长短距离和高低情况调节好拍面的前倾角度,加速挥拍击球。击球时间在高点期或上升期,击球时拍面稍前倾,触球的中上部,向前下方用力。球击出后,迅速还原,准备下一次击球。

2.正手扣杀

动作要领：站位的远近要视来球的长短而定，短的来球站位靠近台，长的来球站位靠中远台。击球前，腰部转动带动手臂向体侧后方引拍，加大球拍与来球的距离，以便获得更大的挥拍速度。击球时，拍形略前倾，在高点期或上升期击球，通过腰、腿同时发力以增大扣勒量，在手腕向前下方挥拍用力的同时，控制球的落点和方向，击球的中上部。

（八）弧圈球技术

弧圈球是以旋转为主要特征的进攻技术，是乒乓球比赛中进攻得分的主要手段。弧圈球技术的主要特点是上旋性强、稳定性高、速度快、威胁大。

1.正手拉加转弧圈球

动作要领：左脚在前，右脚在后，两膝微屈，重心落在右脚上。毛臂自然下垂，拍形略前倾，当来球从台面弹起时，右脚蹬地，腰部向左上方转动，带动肩、上臂、前臂和手腕发力。在来球的下降期摩擦球的中部或中上部，击球后，身体重心移至左脚。

2.正手拉前冲弧圈球

五、羽毛球运动基本技术

（一）握拍法

1.正手握拍技术

以下介绍（如未做具体说明）均以右手握拍者为例，左手持拍者则反之。

一切在身体右侧的正手正拍面击球及头顶后场击球都用正手握拍法。

动作要领：

（1）先用左手握住球拍的中杠，使拍框与地面垂直。

（2）张开右手，使虎口对准拍柄斜棱上的第二条棱线（此时眼睛从左至右可同时看见4条棱线），然后用近似握手的方法握住拍柄，拇指和食指贴在拍柄两侧的宽面上，其余的三指自然握住拍柄。

（3）拍柄与掌心不要贴紧，应留有空隙。握拍的位置可视个人的情况而定，一般情况下，以球拍柄端靠近手掌的小鱼际为宜。

（4）握拍力度适宜，恰似握着一个鸡蛋，重则恐破损，轻则恐滑落。

2.反手握拍技术

一切在身体左侧的反手反拍面击球都用反手握拍法。

动作要领：

(1) 在正手握拍的基础上，将球拍柄稍向外旋，拇指贴在拍柄第一斜棱旁的宽面上，也可将大拇指放在第一、Ⅰ棱线之间的小窄面上，食指稍向下靠。

(2) 击球时，靠食指以后的三指紧握拍柄，同时拇指前顶发力击球。

(3) 为了便于发力，掌心与拍柄间要留有充分的空隙。

3. 初学者常见的握拍错误

(1) 虎口对在第一、三或第四条斜棱上或者拍柄宽面上。

(2) 如同握拳头一样地将拍柄紧紧攥住。

(3) 食指按在拍柄宽面的上部，而仅用其余四指攥住球拍。

（二）羽毛球发球技术

就发球的姿势而言，有正手发球、反手发球之分。人们可视自己的习惯或战术的需要来选用正手或反手发球。一般情况下，单打中多采用正手发球，而在双打、混合双打中常用反手发球。

就球飞行的角度和距离而言，可将其分为后场高远球、后场平高球、后场平射球和网前小球4种。

（三）羽毛球接发球技术

接发球与发球一样，是开局至关重要的一击。接发球时应保持沉着冷静并作出准确判断，争取抓住这一机会变被动为主动。

（四）羽毛球击球技术

1. 高远球

以较高的弧线将来球击到对方场区底线附近叫击高远球。击高远球是一切上手击球动作的基础。高远球的特点是球的弧线高、滞空时间长，它的作用是逼迫对方远离中心位置退到底线去接球一方面可减弱对方进攻的威力，为己方进攻寻找机会；另外在己方被动情况下，有较多的时间来调整站位，摆脱被动局面。

击高远球分为：正手击高远球、头顶击高远球、过手击高远球、反手击高远球。

2. 网前击球

网前击球即击球位置在网前，它概括了网前击球各种各样的可能性。可以细分为：放网前球、搓球、挑球、推球、勾球、扑球、抹球。

作为前场击球，这些技术的动作小，所需力量也较小，特别要以巧取胜。首先要以快速、合理的上网步伐为基础，只有快速到位，争取从网的较高部位击球，才能给对方更大的威胁。

六、网球运动基本技术

（一）握拍法

在所有的网球技术中，最基本的乃是握拍法，它能直接影响球拍接触球的角度。目前，世界上最流行的握拍法有两种：东方式和西方式。专家在总结教学实践经验后得出结论，业余网球的基本技术首先应从东方式正手击球技术开始，这样效果最好，掌握最快。所以，在此只向大家介绍东方式握拍的方法。

1.正手握拍法

用左手握住拍颈，使拍面与地面垂直，拍柄底部正对身体，右手掌展开，放在拍面上，然后慢慢向拍柄底部滑动，掌握到拍柄底部后，五指自然分开，像握手一样握住拍柄。东方式握拍又称握手式握拍，

此时由拇指与食指形成的"V"形虎口对准拍柄把手的右上斜面。

2.反手握拍法

东方式反手握拍法是从正手握拍法把手向左转动（或把拍子向右转动），使拇指与食指形成的"V"字形对准拍柄的左上斜面。

（二）击球

击球是指球员站在后场或端线附近击打从地面反弹后的球，它包括正手击球和反手击球。

（三）发球

发球是比赛的开始动作，也是唯一由自己控制而不受对方干扰的击球技术，高质量的发球可直接得分。根据速度、旋转、落点变化不同，可分为平击发球、大力发球、切削发球和旋转发球。

（四）接发球

接发球是网球运动中的一项重要技术，只有接发球成功，才有打第二拍、第三拍的可能。网球的发球和接发球由于它们分别是比赛双方的第一拍，在很大程度上对该方的胜负起决定性的作用。

1.握拍

接发球时，握拍要松弛，引拍和前挥也要保持松弛，但从球拍接触球的一刹那，要紧紧握住球拍，特别是拇指、无名指和食指要用力抓拍。加之手腕固定保证拍面稳定，即使不能有力还击对手凶猛来球，也可用牢固的拍面顶住来球，或者以合适的角度控制还击方向。

2.技术要领——站位与准备

一般情况下取位于单打边线附近、底线后0.5~1m的地方就可以了，如果偏离单打边线太远，那么就会给自己造成防守上的空虚；同时也不能站得离底线太远或站到场地里面去。针对一发和二发应该有所不同，对方第一次发球时多采用大力发球，站位应偏后一些，如果是第二次发球时可略向前移，利于采取攻击性的还击。

3.引拍

击球时动作与正常抽击球等击球技术基本相同，只是没有明显的后引，特别是对于快速来球，回球多数采用阻挡式动作，与截击球技术差不多，引拍动作不要做过大，主要是控制好拍面角度并握紧球拍以免拍面被震转动。判断来球，迅速移动，向预测击球点起动时，双肩与身体重心同时移动，并向击球方向踏出异侧步，转肩时要使肘部离开身体，持拍臂腋下大约能有一个球的空隙。

4.击球

向前挥击时尽量使拍子运行轨迹由高处向下再向上，但上下幅度要小。击球点在体前稍侧略高于胸部位置。

5.随挥

击球后很少有随挥动作，拍头梳起，打势结束在较高处。身体重心停在前脚掌上，后脚可以略抬起，一般不要离开地面。

6.还原

接球后迅速复位，准备姿势再次迎接对方击过来的球。

（五）截击球

截击球是在落地之前便将球在网前击回对方场区。它通常速度快、力量大，具有较大的威胁性，在高水平的比赛中，常以主动上网截击控制对手。网前截击分为正手截击和反手截击。

第二节 有氧运动项目的科学化训练

有氧运动中各个项目的科学化训练：

一、健身走

走是人们生活中最基本的运动形式之一，也是人们最早掌握的健身方法。千百年来，长久不衰，原因是它不分年龄、性别、体质强弱，不受场地器材的限制，只要坚持就能强身健体，防治疾病，延年益寿。

(一) 健身走的锻炼价值

世界卫生组织在1992年明确指出,世界上最好的运动是步行。步行时由于下肢肌肉和机体许多肌肉得到活动,可防止肌肉萎缩。科学研究表明:坚持走步的人比一般人腿部肌肉群收缩增多。步行速度越快,时间越长,路面坡度越大则负担越重,表现为心肌加强收缩,心跳加快,心输出量增大,这对心脏是个有效的锻炼。医学家认为,一般人一天之内行走不应少于60分钟的路程,相当于5千米。每天步行少于1小时的男子,心脏局部贫血率比每天步行1小时以上的男子高出4倍。

饭前饭后走步,不仅能增加食欲,促进消化,而且还能有效地防治糖尿病。唐代著名医学家孙思邈说:"食毕当步行""行三里二里及三百二百步为佳""令人能饮食无病"。现代医学证实,步行能提高机体新陈代谢率。糖尿病患者徒步旅行一天,血糖可降低60mg。轻快散步还可以缓解神经肌肉紧张,改善大脑的血液循环,因而可有效地发挥脑细胞功能。

(二) 健身走的基本技术

健身走看似简单却蕴藏着巨大的学问。掌握健身走的基本技术,形成正确的走姿,可以有效地增强体质和健美形体。

1.走路时头要正,目要平,躯干自然伸直,沉肩,胸腰微挺,腹微收。这种姿势有利于经络畅通,气血运行顺畅,使人体活动处于良性状态。

2.步行时身体重心前移,臂、腿配合协调,步伐有力、自然,步幅适中,两脚落地要有节奏感。

3.步行过程中呼吸要自然,应尽量注意腹式呼吸的技巧,即尽量做到呼气时稍用力,吸气时要自然,呼吸节奏与步伐节奏要配合协调,这样才能在步行较长距离时减少疲劳感。

4.步行时要注意紧张与放松、用力与借力之间相互转换的技巧,即可以用力走几步,然后再借力顺势走几步,这种转换可大大提高走步的速度,并且会感到轻松,节省体力。

5.步行时,与地面相接触的一只脚要有一个"抓地"动作(脚趾内收),这样对脚和腿有促进微循环的作用。

6.步行快慢要根据个人具体情况而定。研究发现,以每分钟走80~85米的速度连续走30分钟以上时,防病健身作用最明显。

(三) 健身走的方式

1.自然步法

自然步法分缓慢走(每分钟60~70步)、普通走(每分钟70~90步)和快速走（每分钟90～120步）。缓慢走和普通走适用于一般保健，每次30～60分钟。患有冠心病、高血压、脑中风后遗症或呼吸系统疾病的老年人应减为每次20～30分钟。快速走适用于一般健身，每次30～60分钟。因快速走运动强度稍大，故适合需增强心脏功能者和减肥者采用。

2.摩腹散步法

摩腹散步法即在散步时，两手柔和旋转按摩腹部，每走一步按摩一周，正转反转交替进行。我国传统保健将之列为腹功，认为"两手摩腹移行百步除食滞"，此法可促进胃液的分泌和胃肠道的蠕动，有助于防治消化不良和胃肠道疾病。每天坚持摩腹散步，对保持优美形体和消除腹部脂肪也有良好的效果。

3.倒行法

预备姿势立正、挺胸、抬头、平视、双手叉腰，拇指向后，按腰部的"肾俞"穴位，其余四指向前。倒行时，左脚开始，左大腿尽量向后抬，然后向后迈出，全身重心后移，前脚掌着地，重心移至左脚，再换右脚交替进行。为了安全应选择场地平坦，周围无障碍物的地方进行。

由于日常生活中躯体向前活动量超过向后的活动量，加上躯体俯仰活动不平衡，背伸活动较少，因此人体易形成姿势性驼背和四肢关节功能障碍以及腰肌劳损。而倒行法锻炼能使腰部肌肉有规律收缩或放松，有利于腹部的血液循环改善，加强腰部组织新陈代谢。长期倒行锻炼，可以防治腰肌劳损、姿势性驼背，有利于保持人的形体健美和增强运动能力。

4.摆臂步行法

以每分钟60～90步步行，两臂用力前后摆动，可增进肩部和胸廓的活动。适用于有呼吸系统慢性病的患者。

5.竞走法

躯干保持直立或稍向前倾，两臂弯90°左右，配合两腿前后摆动。先脚跟着地然后滚动全脚掌落地，膝关节要伸直。脚落地后，身体顺惯性前移，当支撑腿垂直地面时，摆动腿大腿向前摆，小腿随大腿向前摆出，此时摆动腿带动同侧髋关节向前送出。竞走法适用于中青年人，可增强人的耐力和关节灵活性。也可用于散步之间进行短暂调剂，以减少因长期用一种姿势走路而造成的疲劳，增加健身走的乐趣。

二、健身跑

健身跑是通过跑步有效地增强身心健康的一项群众性健身活动。它虽然不那么吸引入，但确实是最简单、最有效的有氧运动。

（一）健身跑的锻炼价值

健身跑的锻炼价值主要表现在以下几个方面。

1. 可以保护心脏

跑步锻炼可以使冠状动脉保持良好的血液循环。长期练习跑步的人，冠状动脉不会因年龄增长而缩窄，保证有足够的血液供给心肌，从而可以预防各种心脏病。

2. 能够加速血液循环，调整血液分布，消除瘀血现象，提高呼吸系统功能

跑步是一项全身性的健身运动，能有力地驱使静脉血液回流，减少下肢静脉和盆腔瘀血，预防静脉内血栓形成。另外，跑步时加强了呼吸力量，加大呼吸深度，有效地增加肺的通气量，对呼吸系统有良好的影响。

3. 能够增强神经系统的功能，消除脑力劳动者的疲劳，预防神经衰弱

跑步可以调整大脑皮层的兴奋与抑制，也对调整人体内部平衡、调剂情绪、振作精神有一定的作用。

4. 能够促进人体新陈代谢，控制体重，预防肥胖症

跑步要消耗能量，促进机体新陈代谢，这是中老年特别是中年人减肥的极好方法。同时跑步也能改善脂质代谢，预防血内脂质过高，可以防治高脂血症。

（二）健身跑的基本技术

1. 跑步的姿势

跑步时姿势正确，才能跑得快而省力。其上体要正直微前倾，头与上体在一条直线上不要左右摇晃。两臂的摆动除了维护身体平衡，还能帮助两条腿的蹬地和摆动，加快跑的速度。摆臂时两臂稍离躯干，前后自然摆动；两手自然半握拳，肘关节要适当弯曲，以肩关节为轴，尽量做到前摆不露肘，后摆不露手，并且注意不要低头、弯腰和端肩。两腿后蹬是推动身体前进的动力，后蹬时应积极有力，髋、膝、踝三关节充分伸直，腿的前摆可以加大跑的步伐，前摆时大腿放松惯性向前成自然折叠。

2. 跑步的呼吸

跑步是一项消耗体力比较大的运动。在跑步过程中，要通过肺脏吸收大量氧气和排出二氧化碳。肺的换气量是否充分，呼吸动作是否正确，是疲劳出现迟早的关键。跑步时最好用鼻呼吸，在呼吸深急的情况下，也可用口协助呼吸。呼吸要慢而深，有一定的节奏，一般是两步一呼两步吸，也可以三步一呼三步一吸。随着跑的速度加快，呼吸深度应加深，节奏加快，以满足身体对氧气的需要。

在进行强度较大的跑步练习时，呼吸频率增加很快，初学者往往会感到呼吸困难，要防止呼吸困难现象的出现，首先要适当安排运动强度和负荷量，要从实

际出发，力而行；其次要注意呼吸动作，调整呼吸节奏和加大呼吸深度。

（三）健身跑的方式

1. 慢速放松跑

慢速放松跑较简单，慢的程度可以根据自己体质而定，老年人或体弱者可以比走步稍快一点，呼吸以不喘大气为宜。全身肌肉放松，步伐轻快，双臂自然摆动。在跑步一开始应注意呼吸的深、长、细、缓，有节奏。运动时间一般以每天20～30分钟为宜，每周5～6次，也可隔1天1次。

2. 变速跑

变速跑就是在跑的过程中，快跑和慢跑交替进行的一种跑法，它适合体质较好的锻炼者，变速跑可根据自己的身体状况随时改变速度。如可慢速跑与快速跑交替，或中速跑与快速跑交替等。随着锻炼水平的提高，逐渐提高变速跑的速度，逐渐增大运动量，以最大限度地发挥健身跑的作用。

3. 跑走交替

此方式适合初学初练者或体弱者采用。通过十几周走跑交替的锻炼，就可以连续跑15分钟，几个月后就可以连续跑几公里了。

在跑走交替的锻炼方式中，也可以做一些变化，如可以跑跳交替，即跑一段后跳上3～5次，再跑一段，再跳3～5次。这样可使肌肉关节在长时间墨守成规活动中得到休息，可缓解疲劳，同时锻炼弹跳力，也可增加跑步乐趣。

4. 定时跑

定时跑有两种。一种是每天必跑一定时间而不限速度的跑步。如第一阶段：适应期10～20周，每周3次，每次连续跑15分钟。第二阶段：适应期6～8周，每周3次，每次30分钟；巩固期4周，每周3～5次，每次30分钟。身体允许进行更大强度锻炼的年轻人，还可以每周跑3次，每次45分钟，最长可达60分钟。另一种是限定在一段时间内跑完一定距离的方法，开始时，可限定较长时间跑完较短距离，如在5分钟之内跑完500米。以后随着体质水平的提高可缩短时间加快跑的速度，或延长距离加快速度，以提高速度耐力素质。

5. 跑楼梯

跑楼梯是一种时尚的健身健美项目。医学论证，它既是一项增强心肺功能的全身性有氧运动，又是一项可以灵活掌握运动量、无须投资及男女老幼皆宜的锻炼方法，也是一项日常生活中去脂减肥的健身新招。跑楼梯要求腰、背、颈部和肢体不间歇地活动，肌肉有节奏地收缩和放松，可促进肺活量，加速血流，改善代谢和增强心肺功能。

6. 越野跑

凡在公路、田野、山地、森林等进行健身跑锻炼的，称为越野跑。由于越野跑将运动和自我锻炼结合起来，所以越野跑的健身效果更佳。

第三节 塑身运动项目的科学化训练

一、瑜伽

瑜伽健身是使心灵、肉体和精神和谐统一的一种运动方式，即使身心处于相对稳定、平衡的状态。瑜伽也是指个体与更宏大的某种事物之间的合一，也可称为具有灵性的存在。

（一）瑜伽的功能

1.预防疾病，消除忧郁

随着竞争的日益激烈，工作压力的不断增大，人的心态变化和承受力比较大，随之而来的心理疾病不断增加瑜伽练习会使人们的内心变得更平静更平和，没有怒气，没有怨言。这意味着，较少患上可能由于紧张与忧虑引起的疾病。瑜伽的一些姿势是轻柔的按摩和伸展身体同时使身体的每一个部分都得到益处。

2.提高平衡能力

瑜伽练习对保持人体生理功能，如呼吸调整、心率、流汗、血压、新陈代谢的频率、体温和其他一些重要的机制的平衡很有好处。瑜伽重建，人体功能的平衡效果显著。有些姿势是针对提高人的身体平衡能力。在练习活动的规律性开展下，人们能够获得许多，例如，坚韧、平衡、灵活性，一定抵抗疾病的免疫力，此外，还能够使自身的神经得到安定，疲劳得到消除，进而在睡眠的状态下使人们获得真正意义上的放松与安定。

（二）基本坐姿

1.简易坐

坐在地上或垫子上，将右小腿弯曲，放在左大腿之下，将左小腿弯曲放在右大腿之下。双手放于两膝之上，头、颈、躯干都保持在一条直线上。

2.半莲花坐

坐在地上或垫上，弯曲右小腿让右脚底板顶紧左大腿内侧，弯起左小腿并将左脚放在右大腿上，头、颈、躯干都保持在一条直线上。交换两腿的位置，继续再坐下去。

患坐骨神经痛的人不宜做此练习。

3.莲花坐

坐在地上或垫上，双手抓住左脚，将其放于右大腿上，脚跟放在肚脐区域下方，左脚底板朝天。双手抓住右脚，扮过左小腿上方，放在左大腿上，右脚底板朝天，脊柱保持伸直。尽量长久地保持这个姿势。交换两腿位置练习。

这个姿势较为难做，但它是一个很有用的松弛练习，掌握好它之后，能引发顺畅的呼吸，增加上半身的血液循环，对哮喘和支气管炎病人有益。每次打坐之后，要按摩两腿、两膝和脚踝。

4.三角转动式

做法：（1）保持两膝伸直的同时，将右脚向右方转90°左脚向右方转约60°。

（2）呼气，双臂伸直，将上身躯干转向右方，让左手在右脚外缘碰触地板。右手臂向上伸展，与左手臂成一直线。双眼注视右手指尖，伸展双肩及肩胛骨。保持约30秒。

（3）恢复时吸气，慢慢先将双手、躯干以致最后将两脚转回各自原来的伸展状态，再转回基本站立式。

（三）瑜伽松弛法

瑜伽松弛法是一种让瑜伽练习者得到极好休息的功法，包括瑜伽休息术、瑜伽松弛法和瑜伽冥想。通过有意识的调身、调息、调心，使人体肌肉、精神、心灵达到松、静、自然的放松状态。

1.休息术

瑜伽休息术由三个部分组成，即准备部分（瑜伽语音冥想）、基本部分（放松身体各部位和瑜伽场景冥想）、结束部分（充沛精力后起身放松）。

瑜伽休息术在日间练习的主要目的是快速消除疲劳，恢复精力。因此，练习时间比较短，仅做基本部分和结束部分的练习，练习者最好保持清醒状态。如果有人在练习时打起鼻鼾，弄醒的正确方法是按摩和揉擦其头顶（百会穴），这人醒来就不感到难受。如果鼾声不是非常响，那就别惊扰他们，顺其自然；也有些人刚开始时打鼾，但很快就不打了，不要匆忙制止，也应顺其自然。

瑜伽休息术在夜间练习的主要目的是帮助人们尽快放松身心，消除失眠的痛苦，直到自然而然地睡着。因此，休息术的时间因人而异。相对于日间练习的时间长些，可以做三个部分的练习，如果做到基本部分，放松身体各个部位就睡着，那就更好。

瑜伽休息术有两种练习方法，第一种方法是由一个人读引导词，其余的人就聆听做练习；第二种方法是自己在心里默默自我引导练习。但人们必须经过第一种方法练习后，才能够做第二种方法练习。

2.松弛法

（1）仰卧放松功

仰卧式，两腿分开与肩同宽，脚尖自然朝外，两臂放在身体两侧，掌心向上；双眼闭合，全身放松，自然呼吸；意守呼吸，每次吸气或呼气，都对自己说："我正在吸气或呼气。"

（2）俯卧放松功

俯卧式，两臂上举，掌心向下，双眼闭合，全身放松；意守呼吸，每次吸气或呼气，都对自己说："我正在吸气或呼气。"

（3）鱼戏式放松功

俯卧式，头右转，两臂上举，十指相交，置于头部下方，右腿弯曲，靠近胸部；转动两臂，左肘朝上，右肘放在右大腿上，头靠在左臂弯曲处；保持姿势；还原成俯卧；换左侧同样练习。

（4）仰卧伸展放松功

仰卧式，两腿稍分开，两臂上举，掌心向上，平放地上，双眼闭合，全身放松；吸气，右臂和身体右侧向上伸；呼气，右臂和身体右侧还原；吸气，右腿向下伸展；呼气，右腿还原；换左边做同样练习。

（5）动物式放松功

长坐式，右腿屈膝，右脚抵住左大腿内侧；左腿后屈，左脚跟抵住臀部；吸气，两臂上举，掌心向前；呼气，上体前屈，前额触地，保持姿势；吸气，还原；换左边做同样练习。

（6）婴儿式放松功

跪坐式，两臂下垂，两手放在两脚旁，掌心向上，指尖向后；上体前屈，腹部胸部紧靠大腿，前额轻轻触地，两臂放松，保持姿势；还原成跪坐式。

（7）月亮式放松功

跪坐式，两臂上举，掌心向前；上体前屈，前额轻轻触地，保持姿势；还原成跪坐式。

（8）手抱膝放松功：

仰卧式，两腿屈膝，大腿贴近胸部，两手十指交叉抱住双膝，双眼闭合，全身放松，保持姿势；还原成仰卧式。

（9）摇摆放松功

仰卧式，两腿屈膝，大腿靠近胸部；两手十指交叉至大腿下，抱住两腿；低头，让身体前后摇摆5次，顺势成蹲式。

（10）站立放松功

开立式，低头，下巴贴近锁骨，双眼半闭，两臂、两手和所有手指垂下；放松肩背、大腿、小腿肌肉，全身放松，保持姿势；抬头，还原成开立式。

3.瑜伽冥想

瑜伽冥想，简单地理解，就是一种克服物质欲念的方法，是在精神完全放松时给自己的一种暗示。目的在于获得内心平和与安宁。瑜伽冥想练习是将思绪停留在一个点上，固定不动，通过排空杂念，渐渐地找回自我，明晰自身，最终达到精神快乐和智慧。

瑜伽冥想有许多体系，如著名的八支分法瑜伽和哈他瑜伽。然而，有一种瑜伽冥想体系既可以说是上述体系中的一部分，也可以把它看成一个独立的体系，这就是瑜伽语音冥想。瑜伽语音冥想现在被认为是现代最实用、最有价值的瑜伽精髓。

通过瑜伽冥想练习。能很好地调理身心，消除由于精神紧张和忧虑引起的各种疾病，改正很多有害于身心健康的不良习惯，成为最有效的预防身心疾病的良药。

（1）瑜伽冥想坐姿

瑜伽冥想坐姿指的就是打坐姿势。瑜伽冥想打坐有很多种，最常用的姿势包括简易坐式、至善坐式、半莲花坐式、莲花坐式、雷电坐式。

其中，简易坐式是初学者最理想和最适合的瑜伽冥想姿势。由于至善坐式具有镇定安神的效果，通常也成为瑜伽练习者最常用的姿势之一。

所有瑜伽冥想坐姿都具有减少下肢血流量，减缓身体血液流速，消除下肢僵硬和疲劳，补养脊柱下半段，改善腹部脏器的功能。

瑜伽冥想练习时要求全身放松，腰背挺直，自然呼吸，面带微笑，双目垂帘，下巴里合，舌抵上颚，嘴唇轻闭，心无杂念，专注练习。

（2）瑜伽冥想手势

可以把瑜伽冥想手势当作个体能量和宇宙能量融合的姿势。它既可以是精神的、情感的、信仰的，也可以是单纯的动作。通过瑜伽冥想手势的练习，可以使练习者消除紧张和忧虑，获得身体与精神两方面的健康。

常用的瑜伽冥想手势有：智慧手势、大地手势、流体手势、能量手势、生命手势。

①智慧手势

至善坐式，两手放在两膝上，掌心向上，大拇指和食指相触，其余三指自然伸直。

②大地手势

至善坐式，两手放在两膝上，掌心向上，拇指和无名指相触，其余三指自然伸直。

③流体手势

至善坐式，两手放在两膝上，掌心向上，拇指和小指相触，其余三指自然伸直。

④能量手势

至善坐式，两手放在两膝上，掌心向上，拇指、无名指、中指相触，其余两指自然伸直。

⑤生命手势

至善坐式，两手放在两膝上，掌心向上，拇指、无名指、小指相触，其余两指自然伸直。

二、普拉提

（一）普拉提训练原则

1.专注力

普拉提运动疗法是融合肢体和心灵（body-mind）运动，训练以意动去控制身体动作。专注力对身心的重要性是不需要质疑的，它有利于理清思绪、集中精神、增加和培养冷静处理突发状况的能力。在普拉提练习开展的过程中，必须保证每一个动作的完成都是全身心投入的，在保证动作准确度的同时，还要对身体动作观察的敏锐度进行培养，从而使其自身姿势正确性评断与动作自我纠错的多项能力得到建立与培养。

2.控制力

运动时若对动作无控制力，不但无法从运动中受益，反倒容易造成伤害。的运动疗法没有随性或偶然发生的动作，每一个动作都是经由意识性的引导，例如头的位置、背部的弧度、手指的方向、手腕弯直、膝盖面向，而非听任身体的摆布限制。

3.流畅感

想要有优雅的举止，就得从动作流畅感的训练做起。僵硬的肢体动作通常是因为肌肉过度紧绷，限制了关节活动范围，或是因肌力无法支撑肢体所造成。如想拥有芭蕾舞般的优雅身形，并改善僵硬的肢体动作，则得从矫正身体的不平衡做起。

4.核心

运动疗法指的"核心"是肋骨以下至骨盆的部位，这个部位又称作能量室（powerhouse）。加强此部位的肌肉群可提高身体的稳定性及全身姿势的正确性。例如常穿高跟鞋的女士，因身体的重心前移，而造成骨盘前倾，小腿、大腿的前侧肌肉紧绷，若腹肌又不够强壮无法稳定骨盆的位置，则相当容易造成腰部的负担，引起腰椎疼痛等问题。交错骨盆部位的肌肉群包括了腹肌、背肌、臀肌、髋关节屈区肌、髋关节伸展肌与髋关节内外侧肌，而这些肌肉群也是运动训练的重点。

（二）普拉提的课程形式

为确保学员的安全与学习效率，一对一的教学方式是最理想的上课形式。就算是团体课程，也皆以小班制的方式教学，一堂课时间约为一小时。

1.个人课程

这种方法是一位教师指导一位学生的上课方式。的训练相当强调动作进行的过程与细节，许多看似容易的动作如不知其训练目的和动作的正确性，不但徒劳无功反而有可能造成运动伤害。由于每个人的肢体结构与训练目标各不相同，若能通过一对一的教学方式，教师更能针对个人需求做更深入的观察与加强，并依据个人学习状况随时调整课程内容，以达最高学习效率。

以运动伤害康复为目的的学生更需注意训练过程的安全性。如果你是初学者，建议先从个人课程着手，因指导教师可以较深入地观察与了解你个人的肢体状况。通常教师会先替初学者做肢体的评鉴，评估项目如：肌力、柔软度、协调感、姿势正确性、肢体认知能力、有无特殊肢体畸形等。

许多潜在或早已存在的肢体问题，只有经过专业训练的教师才能通过观察给出判断。对于练习过的人来说，团体课程若能定期搭配个人课程也有助动作学习的正确性提高。

2.团体课程

为确保学员的学习效益，器材练习的团体课程通常只采用小班制的上课方式，由1位教师教导3~4位学生。垫上训练的课程大多则以团体方式教学，上课人数约10~15人。学员在加入团体课程之前，应确定对此运动技巧已有足够的了解和练习，才能充分收益并避免所谓的伤害。有经验者可依个人喜好和需要作选择。

（三）普拉提动作解读

1.使颈部保持弯曲状态

（1）练习者在垫子上面仰卧，分开自己的双腿，保持与胯部同样的宽度；收紧自身的腹肌，保持骨盆的中立状态，在地面上紧贴上自己的肩胛骨，同时打开胸部。

（2）练习者将自身的后颈部伸长，同时轻轻地用下巴去尽量与前胸接触；练习者吸气，将头部通过腹肌的力量向上，微微地向前拉起。

（3）练习者呼气，向初始位置还原，通过腹肌来控制头部。

2.使腹部保持弯曲状态

（1）练习者在垫子上仰卧，保持双腿的弯曲状态，且同胯部之间保持同样宽度状态；练习者两双手在地板上平放，手心朝下；吸气。

（2）练习者将后颈部伸长，使自身的腹肌收缩，在脑后枕住双手。

（3）练习者吸气，与此同时将头部用双手扶住，向上将连肩胛骨在内翘起。

（4）练习者朝着骨盆的方向将前部的胸骨与肋骨进行放松，伸直双腿；练习者吸气，同时保持原有姿势不变，保持骨盆的中立状态，伸直自身的脖颈与脊柱；练习者呼气，向初始位置还原，将腹肌收紧。

3.练习者的伸腿练习

（1）练习者在垫子上仰卧，保持双腿和胯部之间的同等宽度，弯曲左腿，伸直右腿；收紧自身的腹肌，保持骨盆的中立状态，在地面上紧贴肩胛骨，同时打开胸部。

（2）练习者吸气，抬高自己的右腿，与骨盆之间呈现出45°的状态，同时保持骨盆的中立状态，放松脊柱。

（3）练习者呼气，将自身的右腿向初始位置还原。并且此期间将腹肌始终收缩，需要注意的是肩胛骨与地面之间要始终保持接触；完成上述动作以后，再换成左腿，对上述的动作进行重复。

4.桥式练习

（1）练习者在垫子上仰卧，双腿保持弯曲且平行的状态，在身体的两侧平放双手，手心朝下；练习者吸气，向着肋骨方向下沉肩膀，挺直背部，收紧腹肌。

（2）练习者呼气，抬起骨盆，平行于背脊的中部；将腹肌，臀肌和脚筋收紧，两只脚掌完全同地面接触。

参考文献

[1] 尚新茂、毛振明：《体育教学内容论》，北京体育大学出版社2014年版。

[2] 毛振明：《体育教学论（第2版）》，高等教育出版社2011年版。

[3] 周登嵩：《学校体育学》，人民体育出版社2014年版。

[4] 龚正伟：《体育教学论》，北京体育大学出版社2014年版。

[5] 肖林鹏：《现代体育管理》，北京体育大学出版社2013年版。

[6] 胡爱本：《体育管理学导论》，高等教育出版社2014年版。

[7] 冯卉：《体育教学之美学》，《辽宁师专学报》2016年第2期。

[8] 龚坚：《现代体育教学论》，西南师范大学出版社2011年版。

[9] 潘凌云：《体育教学模式探讨》，硕士学位论文，华中师范大学，2012年。

[10] 史兵：《体育教学论》，陕西师范大学出版社2016年版。

[11] 邓星华、谭华：《新编体育教学论》，华东师范大学出版社2008年版。

[12] 杜俊娟：《体育教学设计》，北京体育大学出版社2017年版。

[13] 杨雪芹、刘定一：《体育教学设计》，广西师范大学出版社2014年版。

[14] 邓凤莲：《体育教学设计系统观和设计程序研究》，《体育教学》2011年第11期。

[15] 张玉生：《体育教学设计的新视角》，《体育教学》2011年第10期。

[16] 张伟、李智：《浅谈现代教育技术在体育教学中的应用》，《学苑教育》2013年第9期。

[17] 肖晶品：《构建体育教育专业学生社会实践能力培养的"太极"模式研究》，硕士学位论文，长江大学，2014年。

[18] 吴迪：《论普通高校体育教育专业学生能力培养》，《体育科技文献通报》2015年第5期。

[19] 李启迪、邵伟德：《体育教学基本理论研究》，北京师范大学出版社2014

年版。

［20］马行风：《对高校体育弱势群体的赏识教育方法研究》,《南京体育学院学报》2014年第4期。

［21］晁嘉文：《对高校学生体育弱势群体的研究》,《青春岁月》2013年第10期。

［22］罗敏：《论高校体育粥势群体的赏识教育》,《新西部》2015年第3期。